Zufrieden in den Ruhestand

Nadine Seiferling • Alexandra Michel

Zufrieden in den Ruhestand

Manual für ein ressourcenorientiertes Gruppencoaching

Springer

Nadine Seiferling
khs worklab
Institut für Arbeitspsychologie
Heidelberg, Deutschland

Alexandra Michel
Psychologisches Institut
Universität Heidelberg
Heidelberg, Deutschland

ISBN 978-3-658-42727-6 ISBN 978-3-658-42728-3 (eBook)
https://doi.org/10.1007/978-3-658-42728-3

Die Deutsche Nationalbibliothek verzeichnet diese Publikation in der Deutschen Nationalbibliografie; detaillierte bibliografische Daten sind im Internet über https://portal.dnb.de abrufbar.

Einbandabbildung: autumn and bridge © ジュン 美容師田村 / stock.adobe.com

Springer ist ein Imprint der eingetragenen Gesellschaft Springer Fachmedien Wiesbaden GmbH und ist ein Teil von Springer Nature.
Die Anschrift der Gesellschaft ist: Abraham-Lincoln-Str. 46, 65189 Wiesbaden, Germany

Wenn Sie dieses Produkt entsorgen, geben Sie das Papier bitte zum Recycling.

Vorwort

Der demographische Wandel in Deutschland ist von hoher gesellschaftlicher, politischer und wirtschaftlicher Bedeutung. Im Jahr 2009 war von 82 Mio. Deutschen jeder fünfte 65 Jahre oder älter. Hochrechnungen besagen, dass bereits 2030 der Anteil der Über-65-Jährigen 39 % betragen wird. Mit der Lebenserwartung steigt auch die Chance auf ein langes gesundes Leben (Statistisches Bundesamt, 2011) inklusive einer hohen Lernfähigkeit bis ins höhere Alter. Ältere Menschen sind mit ihren Fähigkeiten und Fertigkeiten also eine gesellschaftlich und wirtschaftlich bedeutende Gruppe. Deshalb liegen Wohlbefinden und Gesundheit nicht nur in ihrem eigenen Interesse. Gelingt es, die angehenden Ruheständler:innen darin zu unterstützen, gesund zu bleiben und weiter aktiv am gesellschaftlichen Leben teilzuhaben, schafft dies auch Voraussetzungen, um das staatliche Gesundheitssystem zu entlasten und bürgerschaftliches Engagement zu fördern.

Bisherige Interventionen für ältere Berufstätige zur Vorbereitung auf die Nacherwerbsphase umfassen überwiegend Maßnahmen der Arbeitszeitpolitik, Bildungsmaßnahmen zu veränderten Zeit- und Tätigkeitsstrukturen und Initiativen zur Wissensweitergabe von Personen im Ruhestand. Evaluierte Maßnahmen zur Förderung von Ressourcen und Eigensteuerung gibt es bislang kaum, lediglich für Rentner und Rentnerinnen mit erhöhter Vulnerabilität wie beispielsweise ausgeprägter Depression oder Einsamkeit.

In diesem Buch stellen wir eine von uns entwickelte ressourcen-orientierte Coaching-Intervention im Gruppenformat vor, die ältere Berufstätige darin unterstützt, den Übergang in den Ruhestand und den nächsten Lebensabschnitt so eigenständig und unabhängig zu gestalten, dass sie dabei motiviert, emotional positiv gestimmt, kognitiv aktiv und gesund sind. Dabei ist es unser Ziel, den Teilnehmenden Strategien der Selbststeuerung aufzuzeigen, mit deren Hilfe sie ihre eigenen Ressourcen steigern können, um gesund und zufrieden in den Ruhestand zu starten. Sie werden befähigt im Sinne der Ressourcenperspektive individuelle Ressourcen zu erkennen, zu aktivieren und zu steigern um sich so auf die anstehenden Veränderungen und Anpassungserfordernisse vorzubereiten. Zudem ist der Austausch mit Gleichgesinnten ein wesentlicher Bestandteil des Coachings, durch den zugleich soziale Ressourcen und die Bildung sozialer Netzwerke angeregt werden.

Dieses Buch richtet sich an Coaches, Trainer:innen, HR-und Bildungsverantwortliche, Lehrende und Studierende. Dabei wird in diesem Manual nicht nur die strukturierte ressourcenorientierte Coaching-Intervention ‚Zufrieden in den Ruhestand' inklusive der vollständigen Materialsammlung zur Trainingsdurchführung vorgestellt, sondern auch deren empirischen und theoretischen Grundlagen zur Entwicklung des evidenzbasierten Gruppencoachings beschrieben. Darüber hinaus präsentieren wir im Überblick Methodik und Ergebnisse der wissenschaftlichen Studien, die wir zur Evaluation des Coachings durchgeführt haben und deren Ergebnisse die Wirksamkeit unterstreichen.

Wir danken allen Teilnehmerinnen und Teilnehmern, die an unseren Gruppeninterventionen teilgenommen haben. Ihre motivierte Teilnahme und ihr Feedback über individuelle Lernprozesse und -erfolge hat uns darin bestätigt, dass wir mit unserer Intervention ein für die Praxis sinnvolles und relevantes Training entwickelt haben.

Herzlich gedankt sei auch Janina Tschech vom Springer Verlag für die sehr engagierte redaktionelle Unterstützung.

Mit unserem Training möchten wir dazu beitragen, dass ältere Beschäftigte gestärkt werden, gesund, zufrieden und motiviert in den Ruhestand zu starten und die nächste Lebensphase selbstbestimmt und ihren individuellen Wünschen entsprechend zu gestalten.

Nadine Seiferling
Heidelberg, Deutschland

Alexandra Michel
Heidelberg, Deutschland
Juni 2024

Inhaltsverzeichnis

1 **Einleitung** 1

2 **Theoretischer Hintergrund und Ziele der Intervention** 3
2.1 **Aktuelle Entwicklungen und Veränderungen** 4
2.2 **Der Übergang in den Ruhestand – eine Chance zum Neuanfang oder ein kritisches Lebensereignis?** 6
2.3 **Theorien und Modelle** 7
2.3.1 Rollentheorie 8
2.3.2 Kontinuitätstheorie 9
2.3.3 Life Course Perspective 9
2.3.4 Die Ressourcenperspektive 10
2.4 **Wichtige Einflussfaktoren für den Übergang in den Ruhestand** 12
2.4.1 Ruhestandsvorbereitung und -planung 12
2.4.2 Ressourcen für den Ruhestand 13
2.4.3 Ruhestandserwartungen 14
2.4.4 Ruhestandsangst 15
2.4.5 Ruhestandsvorsätze 16

3 **„Zufrieden in den Ruhestand" – Konzeption und Zielsetzung der Gruppenintervention zur Vorbereitung auf den Übergang in die Nacherwerbsphase** 17
3.1 **Ressourcenorientierung und -aktivierung** 18
3.2 **Gestaltung der Intervention** 19
3.3 **Aufbau der Gruppenintervention** 20
3.4 **Empfehlungen zur Durchführung des Programmes** 21

4 **Die Coaching Intervention** 23
4.1 **Einführungsveranstaltung** 26
4.1.1 Einstieg 27
4.1.2 Hintergrund des Coaching-Programms „Zufrieden in den Ruhestand" (15 min) 30
4.1.3 Ausklang (10 min) 31
4.2 **Baustein I: Blick in die Gegenwart und in die Zukunft** 31
4.2.1 Einstieg (30 min) 34
4.2.2 Das Haus des Lebens (15 min) 36
4.2.3 Meine Rollen (45 min) 38
4.2.4 Stages of Change 41
4.2.5 Blitzlicht (Ausklang) (10 min) 43
4.3 **Baustein II: Ressourcen – heute und in Zukunft** 43
4.3.1 Einstieg (10 min) 45
4.3.2 Menschen in meinem Leben (40 min) 48
4.3.3 Meine Ressourcen und Stärken (50 min) 51
4.3.4 Ausklang und Blitzlicht 54

4.4 **Baustein III: Träume realisieren – meine Ziele** 55
4.4.1 Einstieg 57
4.4.2 Von der Vision zum Ziel: die Walt-Disney-Strategie 58
4.4.3 Ausklang: Blitzlicht & Reflexion 64
4.5 **Baustein IV: Strategien und Ressourcen für die Zukunft** 64
4.5.1 Einstieg 66
4.5.2 Strategien 67
4.5.3 Meine Stärken: Mein Ressourcenportfolio 71
4.5.4 Ausklang und Blitzlicht 72
4.6 **Baustein V: Auf den Weg machen – unterwegs sein** 73
4.6.1 Einstieg (20 min) 75
4.6.2 Stages of Change (10 min) 76
4.6.3 Förderliche und hinderliche Bedingungen (55 min) 77
4.6.4 Meine Stärken 80
4.6.5 Ausklang: Blitzlicht & Reflexion 82
4.7 **Baustein VI: Eigenständig den Weg gehen: Integration, Resümee und Ausblick** 83
4.7.1 Einstieg 85
4.7.2 Rückblick und Resümee (15 min) 86
4.7.3 Den eigenen Weg gehen & Erfolge feiern 87
4.7.4 Rituale: Übergänge gestalten (20 min) 89
4.7.5 Erinnerungs-Symbol (10 min) 91
4.7.6 Ausklang: Blitzlicht und Feedback (20 min) 91

5 **Evaluation der Intervention** 93
5.1 **Forschungsfragen und Hypothesen** 94
5.2 **Evaluationsdesign, Methode und Ergebnisse** 99
5.2.1 Stichprobe 100
5.2.2 Messinstrumente 101
5.2.3 Analysen 102
5.2.4 Ergebnisse 103
5.3 **Ergebniszusammenfassung und Diskussion der Evaluation** 106
5.4 **Rückmeldungen der Teilnehmenden zu der Intervention** 111

6 **Fazit** 113

7 **Material** 115
7.1 **Instruktionen Achtsamkeit** 116
7.1.1 Instruktion Achtsames Essen (Baustein2) 116
7.1.2 Instruktion Achtsam Atmen (Baustein 3) 117
7.1.3 Instruktion der Träumer (Baustein 3) 118
7.1.4 Instruktion Achtsames Hören (Baustein 4) 119
7.1.5 Instruktion Gedankenzug (Baustein 5) 120
7.1.6 Instruktion Gedankenreise (Baustein 6) 121

Serviceteil
Anhang 161
Literatur 163

1 Einleitung

N. Seiferling, A. Michel, *Zufrieden in den Ruhestand*, https://doi.org/10.1007/978-3-658-42728-3_1

1

Zusammenfassung
Der Übergang von der Erwerbsarbeit in den Ruhestand ist mit vielen Veränderungen verbunden, die eine Herausforderung darstellen können. Interventionen zur Vorbereitung auf den Ruhestand können hier hilfreich sein, um den Übergang zu erleichtern.

> „Entschuldige, das ist mein erster Ruhestand. Ich übe noch.",

Mit diesen Worten fasst Heinrich Lohse in Loriot's Pappa ante Portas (Wendlandt & von Bülow, 1991) die Herausforderungen der Anpassung an den (überraschenden) Vorruhestand zusammen. In dem Film bringen insbesondere die Kompensationsversuche des Firmenchefs, indem er sich mit großem Eifer im Haushalt engagiert und die daraus resultierenden Konflikte mit seiner Ehefrau den Zuschauer zum Schmunzeln und Lachen. Satirisch greift der Film damit eine wichtige Thematik auf: Das einschneidende Ereignis der Verrentung, d. h. des Übergangs in die Nacherwerbsphase und der Anpassung an den Ruhestand, das gravierende Veränderungen mit sich bringt und eine hohe Anpassungsleistung erofrdert. Häufig gelingt diese Anpassung gut, doch es kann dabei auch Schwierigkeiten geben.

Auch in der psychologischen Forschung zeigt sich der Übergang in den Ruhestand und die Anpassung an die Nacherwerbsphase als ein potenziell kritisches Lebensereignis das einschneidende Veränderungen mit sich bringt. Allerdings birgt das Ereignis eine gewisse Ambiguität: einerseits gelingt die Anpassung häufig gut, andererseits sind negative Auswirkungen oder Schwierigkeiten in der Anpassung ebenso beobachtbar (Dave et al., 2008; Kim & Moen, 2002; Pinquart & Schindler, 2007; Wang, 2007; Wang et al., 2011).

Ein möglicher Ansatzpunkt, um den Übergang in den Ruhestand und die Anpassung an die Nacherwerbsphase zu erleichtern, stellen Ruhestandsvorbereitung und -planung dar, da sie einen maßgeblichen Einfluss auf die erfolgreiche Anpassung an den Ruhestand haben (Earl et al., 2015; Reitzes & Mutran, 2004; Taylor-Carter et al., 1997; Wang, 2007). Zwar gibt es bereits evaluierte Vorbereitungsprogramme, diese beschränken sich jedoch meist auf finanzielle oder gesundheitliche Themen des Ruhestands (Kloep & Hendry, 2007; Peila-Shuster, 2011) und vernachlässigen für einen erfolgreichen Übergang und die Anpassung an den Ruhestand ebenfalls relevante psychosoziale Aspekte der Ruhestandvorbereitung. Hier setzt das in diesem Buch beschriebene Interventionskonzept an. Im Rahmen des durch die Exzellenzinitiative II der DFG – Innovationsfond „FRONTIER" der Universität Heidelberg geförderten Projekts „Entwicklung eines Coaching-Ansatzes zur Förderung von Selbstregulation, Wohlbefinden und Gesundheit beim Übergang in den Ruhestand" wurde eine theorie- und empirie-basierte ressourcen-orientierte Gruppenintervention für ältere Berufstätige zur Vorbereitung auf den Übergang in die Nacherwerbsphase entwickelt. Die Intervention hat die Förderung individueller Ruhestandsressourcen, positiver Erwartungen und Ruhestandsvorsätze sowie die Reduktion ruhestandbezogener Ängste zum Ziel.

Theoretischer Hintergrund und Ziele der Intervention

Inhaltsverzeichnis

2.1 Aktuelle Entwicklungen und Veränderungen – 4

2.2 Der Übergang in den Ruhestand – eine Chance zum Neuanfang oder ein kritisches Lebensereignis? – 6

2.3 Theorien und Modelle – 7
2.3.1 Rollentheorie – 8
2.3.2 Kontinuitätstheorie – 9
2.3.3 Life Course Perspective – 9
2.3.4 Die Ressourcenperspektive – 10

2.4 Wichtige Einflussfaktoren für den Übergang in den Ruhestand – 12
2.4.1 Ruhestandsvorbereitung und -planung – 12
2.4.2 Ressourcen für den Ruhestand – 13
2.4.3 Ruhestandserwartungen – 14
2.4.4 Ruhestandsangst – 15
2.4.5 Ruhestandsvorsätze – 16

N. Seiferling, A. Michel, *Zufrieden in den Ruhestand*, https://doi.org/10.1007/978-3-658-42728-3_2

2

Zusammenfassung
Die Konzeption und Evaluation der ressourcen-orientierten Coaching-Intervention „Zufrieden in den Ruhestand“ erfolgte basierend auf wissenschaftlichen Erkenntnissen der Ruhestands- und Interventionsforschung sowie bewährten Coaching-Methoden. In diesem Kapitel werden relevante liegende Theorien und methodische Grundlagen des Programms vorgestellt und erläutert.

2.1 Aktuelle Entwicklungen und Veränderungen

Der demografische Wandel ist gekennzeichnet von einer steigenden durchschnittlichen Lebenserwartung und gleichzeitig sinkenden bzw. niedrigen Geburtenraten. Diese Entwicklung bedingt eine „Alterung“ der Bevölkerung, insbesondere in westlichen Industrieländern (Eurostat, 2017; United Nations, 2017). Dieser Trend lässt sich gut in der Veränderung der sogenannten Bevölkerungspyramide darstellen, die über die letzten Jahrzehnte ihre Form deutlich von der Pyramide hin zur Säule verändert hat (◘ Abb. 2.1).

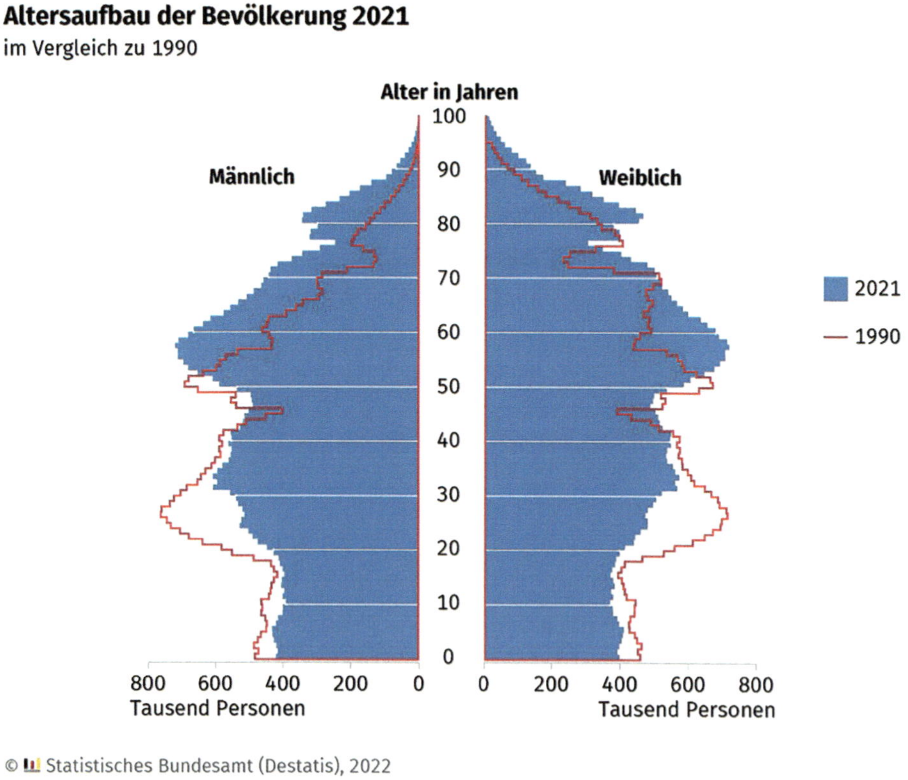

◘ **Abb. 2.1** Bevölkerungspyramide: Entwicklung 1990–2021. (Quelle: destatis (▶ https://www.destatis.de/DE/Themen/Querschnitt/Demografischer-Wandel/_inhalt.html; abgerufen am 02.05.2023))

Eine anschauliche Visualisierung der Bevölkerungspyramide für die Jahre 1950 bis 2060 (Prognose) findet sich auf der Homepage des statistischen Bundesamtes unter ► https://service.destatis.de/bevoelkerungs-pyramide/index.html. Die DESTATIS Sonderseite zum Thema Demografischer Wandel (► https://www.destatis.de/DE/Themen/Querschnitt/Demografischer-Wandel/_inhalt.html; abgerufen am 31.08.2022) bietet außerdem viele weitere aktuelle Informationen zum Thema.

Neben der Bevölkerungspyramide ist auch der Altersquotient, d. h. das Verhältnis der Bevölkerung im erwerbsfähigen Alter (definiert von 20–64 Jahren) relativ zur Anzahl älterer Menschen (ab 65 Jahren) ein wichtiger Indikator für den demografischen Wandel. Dieser sank in der EU von 3,9 im Jahr 2001 auf 2,8 im Jahr 2021 (Eurostat, 2022). Und dieser Trend wird sich auch fortsetzen. Laut Basisprojektionen von Eurostat ist zu erwarten, dass diese Quote bis 2080 auf 1,6 zurückgeh (Eurostat, 2022).

Aktuellen Bevölkerungsprognosen zufolge wird in den nächsten Jahren insbesondere die Zahl der Menschen im Alter von über 65 Jahren zunehmen, sodass in Deutschland im Jahre 2060 ein Drittel der Bevölkerung über 65 Jahre alt sein wird (Statistisches Bundesamt, 2015). Dies hat zur Folge, dass unter anderem der Anteil an Personen im Ruhestand steigt. Dadurch gewinnt die die Nacherwerbsphase als solche aber auch deren Gestaltung – sowohl aus individueller, gesellschaftlicher und wissenschaftlicher Perspektive – an Relevanz (Brussig, 2015; Clemens, 2012; Statistisches Bundesamt, 2015). Obwohl das gesetzliche Renteneintrittsalter in Deutschland angehoben wurde, verbringen heutige Erwerbstätige dank steigender Lebenserwartung bis zu einem Viertel ihrer Lebenszeit in der Nacherwerbsphase.

Mit diesen Entwicklungen wandelt sich auch das vorherrschende Alter(n)sbild in der Gesellschaft. Trotz einer nach wie vor hohen Jugendorientierung gewinnen die Altersgruppen der über 50- bzw. 60-Jährigen zunehmend an Bedeutung – sowohl im Hinblick auf gesellschaftliche als auch marktwirtschaftliche Aspekte. Statt vom „Alten Eisen“ wird immer häufiger von den „Best Agern“ gesprochen. Dies ist sicher auch auf die Tatsache zurückzuführen, dass viele Menschen die zusätzlichen Lebensjahre, auf die wir durch die gestiegene Lebenserwartung hoffen können, häufig bei guter Gesundheit verbringen können. Im Vergleich zu früheren Generationen sind Ältere heute häufig auch noch deutlich gesünder, leistungsfähiger und aktiver. Dies konstatiert auch der sogenannte Indikator für gesunde Lebensjahre (GLJ; Eurostat, 2017), der auch als behinderungsfreie Lebenserwartung bezeichnet und. Diese Kennzahl zur Erfassung der Lebensqualität im Sinne guter Gesundheit wird über die geschätzte Zahl der bei der Geburt zu erwartenden gesunden (d. h. ohne größere gesundheitliche Einschränkungen) Lebensjahre ermittelt. Für Frauen und Männer in Deutschland verzeichnete dieser Indikator im Vergleich der Jahre 2005 und 2015 eine deutliche Zunahme (von 54,8 auf 67,5 Jahre bei Frauen und von 54,5 auf 65,3 Jahre bei Männern; Eurostat, 2017; Eurostat). Im Jahr 2005 konnten Hochrechnungen zufolge Frauen im Alter von 65 Jahren noch mit weiteren 5,9 Jahren ohne größere Einschränkung rechnen, gleichaltrige Männer mit 6,4 Jahren. Im Vergleich dazu waren es im Jahr 2015 bereits 12,3 Jahre bei Frauen und 11,4 Jahre bei Männern – ein weiterer Anstieg in der Zukunft scheint wahrscheinlich.

Angesichts dieser verlängerten Altersbiografien eröffnen sich für das Älterwerden viele (mehr oder weniger neue) Chancen für das Älterwerden. Dies betrifft insbesondere auch die Zeit nach dem Berufsleben. Diese neue Lebensphase optimal zu gestalten und bei hoffentlich guter Gesundheit zu genießen, ist das Ziel vieler älterer Erwerbstätiger. Dies stellt die Betroffenen aber auch vor die Herausforderung, den

Übergang in den Ruhestand erfolgreich zu meistern und die Nacherwerbsphase ihren Vorstellungen entsprechend aktiv und eigenverantwortlich zu gestalten.

Dass das Thema des Übergangs in die Nacherwerbsphase zunehmend an Aufmerksamkeit gewinnt, zeigt sich sowohl, in der medialen Präsenz des Themas, als auch an einer steigenden Anzahl an verfügbaren Studien, Ratgebern, Foren und Artikeln. Hierbei werden häufig Schwierigkeiten und mögliche Risiken (wie z. B. Depressionen, Verlust der Arbeitsrolle) thematisiert. Aber auch positive Aspekte des sogenannten jungen oder dritten Alters (ca. 65–80 Jahre) werden betont (Dörhöfer, 2017; Wahl, 2017). Diese Sichtweise stellt die Nacherwerbsphase als eine positiv konnotierte Zeit dar, die neben Verlusten (wie z. B. finanzielle oder sogar gesundheitliche Einbußen) auch viele Gewinne (z. B. zeitliche Souveränität) mit sich bringt.

2.2 Der Übergang in den Ruhestand – eine Chance zum Neuanfang oder ein kritisches Lebensereignis?

Der Übergang in den Ruhestand und die neue Lebensphase kann ganz unterschiedlich erlebt werden. Dies wirft die Frage auf, ob es sich dabei eher um ein positiv besetztes Ereignis, das die Chance eines Neubeginns bietet, oder vielmehr um ein kritisches Lebensereignis, das eine hohe Anpassungsleistung und Verarbeitung erfordert, handelt (Seiferling, 2019). Diese Ambiguität bezüglich der Chancen und Risiken der Verrentung zeigt sich auch in häufig heterogenen Ergebnissen der Ruhestandsforschung. Während sich in einigen Studien vorwiegend positive Auswirkungen des Ruhestands auf Wohlbefinden und Zufriedenheit (Gall et al., 1997; Reitzes & Mutran, 2004) sowie Gesundheit (Coe & Zamarro, 2011; Mein et al., 2003) zeigen, fanden andere Forscher eher negative Effekte auf das Wohlbefinden (Richardson & Kilty, 1991), die Lebenszufriedenheit (Wetzel et al., 2015), die Gesundheit (Behncke, 2012; Dave et al., 2008), die kognitive Leistungsfähigkeit (Bonsang et al., 2012) oder auch depressive Episoden (Kim & Moen, 2002). Entsprechend stellen sich auch Ruhestandsforscher nach wie vor die Frage, ob die Verrentung oder Pensionierung vorrangig ein kritisches Lebensereignis oder aber eine Möglichkeit für persönliche Weiterentwicklung und Wachstum darstellt (Matthews et al., 1982; Nuttman-Shwartz, 2004; Reitzes et al., 1996).

Bei der Anpassung an den Ruhestand sind auch interindividuelle Unterschiede von Bedeutung (Nuttman-Shwartz, 2004; van Solinge, 2013; van Solinge & Henkens, 2008; Wang, 2007, Wang & Shi, 2014). In unterschiedlichen Studien in verschiedenen Ländern (USA: Wang, 2007; Deutschland: Pinquart & Schindler, 2007; Australien: Heybroek et al., 2015), die die Anpassung an den Ruhestand durch die Lebenszufriedenheit operationalisierten, wurden differenzierte Anpassungsprofile identifiziert. Die Studien zeigten, dass bei einigen Personen die Lebenszufriedenheit stabil blieb, während sie bei anderen abfiel, anstieg, oder einen u-förmigen Verlauf aufwies. Mit Hinblick auf diese unterschiedlichen Verläufe implizieren diese Studien, dass eine rein übergreifende Betrachtung der Effekte des Renteneintritts nicht ausreichend ist, sondern auch intraindividuelle Veränderungen im Längsschnitt betrachtet werden müssen.

Angst oder Depressionen und somit zu reduziertem Wohlbefinden in der Nacherwerbsphase führen (Riley & Riley, 1994). Es kann aber auch zu gegenteiligen Effekten kommen. Dies kann insbesondere dann der Fall sein, wenn die Verrentung (z. B. aufgrund hoher physischer oder psychischer Beanspruchung bzw. wenig Sinnerleben bei und Spaß an der Arbeit) eine willkommene Abwechslung und Erleichterung darstellt (Wang et al., 2011). Entsprechend der Rollentheorie kommt auch der Ruhestandsvorbereitung in Form einer vorausschauenden Vorbereitung auf die Übernahme neuer Rollen eine besondere Bedeutung zu (Curl & Ingram, 2013).

2.3.2 Kontinuitätstheorie

Die Kontinuitätstheorie (Atchley, 1989, 1999, 2003) postuliert, dass Menschen dazu tendieren, bestehende Lebensmuster und Gewohnheiten sowie Selbstvertrauen und persönliche Werte möglichst aufrecht zu erhalten, auch wenn sie einschneidende Lebensereignisse oder Veränderungen wie auch das Ausscheiden aus dem Berufsleben und den Eintritt in die Nacherwerbsphase erleben (Atchley, 1989; Osborne, 2012; Richardson & Kilty, 1991). Eine solche Kontinuität von Identität sowie Selbstkonzept trägt maßgeblich dazu bei, wie sich eine Person an die neue Lebensphase anpasst (Atchley, 1999). In der Regel verändern sich Persönlichkeit, persönliche Einstellungen und Verhaltensweisen nicht maßgeblich beim Eintritt in die Nacherwerbsphase (Osborne, 2012). So kann trotz großer Veränderungen auch beim Eintritt in den Ruhestand Stabilität erlebt werden.

Der Theorie zufolge gibt es durch den Eintritt in den Ruhestand keine gravierenden negativen Auswirkungen auf das Wohlbefinden. Diese Annahme hat allerdings nur dann Bestand, wenn es keine besonderen Schwierigkeiten bei der Aufrechterhaltung alter Muster gibt. Probleme können dann entstehen, wenn relevante Aspekte nicht übertragbar sind bzw. bestimmte Muster nicht aufrechterhalten werden können. Dazu gehören z. B. grundlegende Veränderungen im eigenen Selbstkonzept (z. B. Wegfall der Sinnhaftigkeit der eigenen Person durch Wegfall der Arbeit).

Diese theoretischen Annahmen der Theorie wurden im Schwerpunkt mit Hinblick auf die Weiterarbeit im Ruhestand untersucht, da dies zur Aufrechterhaltung bestehender Muster und Strukturen beitragen und sich so positiv auf die Anpassung an den Ruhestand auswirken kann (Kim & Feldman, 2000; Wang et al., 2008). Die Theorie wird entsprechend auch häufig zur Erklärung positiver Effekte des Eintritts in den Ruhestand herangezogen (Latif, 2011).

2.3.3 Life Course Perspective

Die Life Course Perspective oder Lebens(ver)laufstheorie (Elder, 1995) postuliert, dass Transitionen beziehungsweise Übergänge Teil des Lebens sind. Wie diese verlaufen, hängt von Kontextfaktoren ab. Der Theorie zufolge gehen Übergänge meist mit reduziertem Wohlbefinden einher. Daraufhin erfolgt eine Anpassung, im Rahmen derer das Wohlbefinden wieder ansteigen sollte. Die Theorie betont, dass bei der Anpassung insbesondere dynamische Prozesse der Entwicklung und Veränderung über die Lebensspanne relevant sind. Die eigene (Lebens-)Geschichte sowie die individuellen sozialen Umstände beeinflussen die persönliche Entscheidungsfindung und wie Chancen genutzt werden. Diese Kontextfaktoren und sozialen Umstände beinhalten u. a. persönliche Eigenschaften und Einstellungen sowie demografische Daten. Dazu zählen beispielsweise finanzieller Status, Gesundheit sowie Fähigkeiten, die einen Bezug zur Gestaltung des Übergangs in die Nacherwerbsphase haben (Kim & Moen, 2002). Darüber hinaus sind ebenso individuelle geschichtliche Faktoren wie z. B. der individuelle Umgang mit früheren Übergängen, aber auch aktuelle und vergangene arbeitsbezogene Erfahrungen wie beispielsweise arbeitsbezogene Einstellungen und Karriereübergänge (van Solinge & Henkens, 2008) relevant.

Auch wird postuliert, dass Erfahrungen eines Lebensbereichs (z. B. Arbeit) auch Erfahrungen in anderen Lebensbereichen (z. B. Familie) beeinflussen können. Deshalb sind auch Lebensbereiche außerhalb der Arbeit von besonderer Bedeutung, denn sie können den Übergang in den Ruhestand vereinfachen (Wang et al., 2011). Allerdings sind nach diesem Prinzip auch negative Effekte denkbar. So fanden van Solinge und Henkens (2005) in einer Studie heraus, dass Anpassungsprobleme eines Ehepartners sich negativ auf die erlebte Ruhestandqualität des anderen Ehepartners auswirken können. Generell besteht die Annahme, dass Menschen, die bisher flexibel mit Lebensübergängen umgehen konnten, und die zudem bei der Arbeit weniger stark sozial integriert sind bzw. viele soziale Kontakte außerhalb der Arbeit haben, sich besser auf den Renteneintritt vorbereiten und sich auch besser an das Leben in der Nacherwerbsphase anpassen können (Wang et al., 2011; Wang & Shultz, 2010).

2.3.4 Die Ressourcenperspektive

Die drei zuvor beschriebenen Perspektiven der Rollen-, Kontinuitäts- und Lebensverlaufstheorie (Wang, 2007) werden in der Ressourcenperspektive integriert. Diese liefert insbesondere für Interventionen wichtige Ansatzpunkte und bildet auch die Grundlage für die Entwicklung des Coachingprogramms ‚Zufrieden in den Ruhestand'.

Hobfoll (1989) definiert Ressourcen als all diejenigen Dinge, die ein Mensch wertschätzt bzw. die Mittel, die man braucht, um wertgeschätzte Aspekte bzw. Dinge zu erlangen (z. B. Geld, soziale Unterstützung). Noch verallgemeinerter dargestellt, sind Ressourcen die Gesamtheit der Fähigkeiten und der Mittel, die einem Menschen zur Verfügung stehen, um persönliche zentrale und wertvolle Bedürfnisse zu befriedigen (Hobfoll, 2002). Den Grundannahmen der Conservation of Resources Theory (Modell der Ressourcenkonservierung; Hobfoll, 1989, 2002; Hobfoll & Wells, 1998) zufolge, streben Personen nach dem Aufbau und der Erhaltung wertgeschätzter Ressourcen. Der Aufbau bzw. die Zunahme von Ressourcen geht dabei mit Wohlbefinden und Gesundheit einher, wohingegen potenzielle oder aktuelle Ressourcenverluste als Bedrohung wahrgenommen werden. Entsprechend ist Stress in diesem Zusammenhang als Reaktion auf Bedingungen in der Umwelt definiert, die die Gefahr des Ressourcenverlustes nach sich ziehen könnten. Ferner tritt Stress auch bei einem tatsächlichen Verlust von Ressourcen auf, oder wenn auf die Investition von Ressourcen kein angemessener zusätzliche Ressourcengewinn erfolgt.

Basierend auf Hobfolls grundlegenden Annahmen postuliert die Ressourcenperspektive (Wang, 2007; Wang et al., 2011), dass die Verfügbarkeit individueller Ressourcen direkt bedingt, wie leicht die Anpassung an den Ruhestand gelingt. Auch wird angenommen, dass Veränderungen in der Ressourcenverfügbarkeit sich eben-

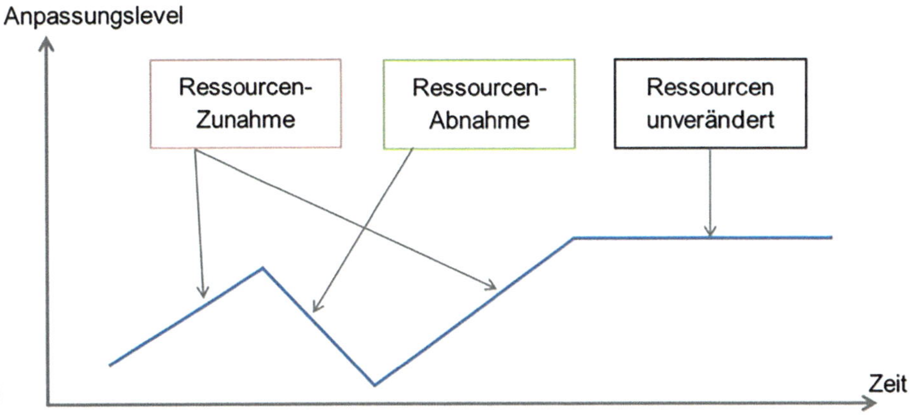

Abb. 2.2 Resource-based dynamic Perspective (in Anlehnung an Wang et al., 2011)

falls auf die Anpassung an die Nacherwerbsphase auswirken. Sie beeinflussen insbesondere das psychologische Wohlbefinden und die Zufriedenheit im Ruhestand. Die ressourcenbasierte dynamische Perspektive (Wang et al., 2011) erweitert dieses Modell nochmals. Diesem erweiterten Modell zufolge ist die Anpassung an den Ruhestand ein longitudinaler dynamischer Prozess. Im Rahmen dieses Prozesses verändert sich das individuelle Anpassungslevel als direkte Funktion von individuellen Ressourcen und Ressourcenveränderungen (Wang et al., 2011) (Abb. 2.2).

Schwankungen oder Veränderungen im Anpassungsniveau entstehen also immer dann, wenn sich die zur Verfügung stehenden Ressourcen sich wandeln. Durch den Wegfall sozialer Kontakte und die Unterstützung durch Kolleg:innen bei der Arbeit kann beispielsweise die Anpassung an den Ruhestand erschwert sein. Allerdings kann der Eintritt in den Ruhestand aber auch zur Folge haben, dass durch den Wegfall der Arbeit mehr (z. B. kognitive oder soziale) Ressourcen zur Verfügung stehen. Diese können wiederum reinvestiert werden, um zentrale persönliche Bedürfnisse zu erfüllen und dementsprechend einen positiven Einfluss auf das Anpassungslevel nehmen. Im Zentrum dieses Modells stehen dabei weniger die absoluten förderlichen oder hinderlichen Auswirkungen des Eintritts in den Ruhestand auf das Wohlbefinden, sondern vor allem die zugrunde liegenden Wirkmechanismen. Deshalb ist es besonders relevant Variablen zu untersuchen, die direkten Einfluss auf die individuellen Ressourcen haben können (Wang et al., 2011). Werden diese Annahmen auf die Zeit vor dem Eintritt in den Ruhestand übertragen, ist anzunehmen, dass der Übergang in die Nacherwerbsphase und die Anpassung an die neuen Lebensumstände umso besser einfacher gelingen sollte, je mehr individuelle Ressourcen zur Verfügung stehen. Umgekehrt können insbesondere dann Probleme beim Übergang bzw. bei der Anpassung auftreten, wenn relevante Ressourcen fehlen oder wegfallen.

Die ressourcenbasierte dynamische Perspektive ist sehr flexibel und ermöglicht den Einbezug vieler verschiedener Einflussfaktoren. Außerdem sind die Annahmen konsistent mit dem „balance of resources to deficits"-Ansatz, der oft in Übergangssituationen Anwendung findet (Goodman et al., 2006). Demnach spielt insbesondere das Verhältnis von Ressourcen zu Defiziten eine zentrale Rolle für die Anpassung in Lebensübergängen. Dabei können sich Ressourcen und Defizite auch über verschiedene Bereiche hinweg ausgleichen. In Erweiterung anderer Theorien und Modelle wie z. B. der Rollentheorie (Ashforth, 2001) und der Kontinuitätstheorie (Atchley, 2003), die spezifische Vorhersagen für positive oder negative Entwicklungen im Wohlbefinden bei Übergängen treffen, können mittels der ressourcenbasierten dynamischen Perspektive auch Verläufe von Übergangsprozessen untersucht werden.

2.4 Wichtige Einflussfaktoren für den Übergang in den Ruhestand

Neben dem Übergang in den Ruhestand stellt auch die Anpassung an die Nacherwerbsphase einen komplexen und sehr individuellen Prozess dar (Kim & Moen, 2002; Pinquart & Schindler, 2007; Wang, 2007). Wie gut die Anpassung an die neue Lebensphase gelingt, hängt dabei maßgeblich von beteiligten Einflussfaktoren und deren Wechselwirkung ab. Dabei spielen nicht nur kontext- und situationalen Determinanten wie beispielsweise die Freiwilligkeit der Verrentung (Bender, 2012; van Solinge & Henkens, 2005), Familienstand und Einkommen (Wong & Earl, 2009), sowie Arbeitsmerkmale (Kim & Moen, 2002), sondern ebenso individuelle Faktoren wie z. B. die Persönlichkeit (Löckenhoff et al., 2009; Robinson et al., 2010), Gesundheitsfaktoren (Wong & Earl, 2009), individuelle Ressourcen (van Solinge, 2013; Wang et al., 2011) sowie persönliche Einstellungen und Erwartungen bezüglich des Ruhestands eine zentrale Rolle. Zu nennen sind hier beispielsweise, allgemeine Überzeugungen und Einstellungen wie beispielsweise die ruhestandsspezifische Selbstwirksamkeitserwartung (Topa & Alcover, 2015; van Solinge & Henkens, 2005) sowie Erwartungen und Sorgen bezüglich des Ruhestands (Newman et al., 2013; Taylor et al., 2008; van Solinge & Henkens, 2008).

In den nachfolgenden Abschnitten werden zunächst die Rolle von Ruhestandsvorbereitung und -planung im Allgemeinen beschrieben, bevor genauer auf Ressourcen für die Nacherwerbsphase, Ruhestandserwartungen und Ruhestandsvorsätze eingegangen wird, auf deren positive Beeinflussung die entwickelte Intervention abzielte. Auch wird das Konstrukt der Ruhestandsangst vorgestellt, da die Teilnahme an der Intervention diese reduzieren sollte.

2.4.1 Ruhestandsvorbereitung und -planung

Für eine erfolgreiche Anpassung an den Ruhestand ist es empfehlenswert, den Übergang in diesen sowie die Nacherwerbsphase gut vorzubereiten und zu planen, da Vorbereitung und Planung relevante Determinanten für eine erfolgreiche Anpassung an die Nacherwerbsphase sind. Dies unterstreichen verschiedene empirische Untersuchungen, die positive Effekte unterschiedlicher Art von Ruhestandsvorbereitung und -planung auf verschiedene ruhestandsbezogene Aspekte, wie beispielsweise Erwartungen, Einstellungen und Wohlbefinden zeigen konnten. So konnte eine Studie den positiven Einfluss informeller Freizeitplanung für die Nacherwerbsphase auf Erwartungen und Selbstwirksamkeitserwartung zeigen (Taylor-Carter et al., 1997). Mehrere andere Studien (Earl et al., 2015; Reitzes & Mutran, 2004; Wang, 2007) analysierten die Auswirkung von Ruhestandsvorbereitung und -planung auf das Wohlbefinden im Ruhestand. Auch hierbei zeigten sich überwiegend positive Effekte. Den Studienergebnissen zufolge erlebten diejenigen Befragten die sich auf den Ruhestand gut vorbereiteten, während des Übergangs in die Nacherwerbsphase weniger negative Schwankungen im Wohlbefinden (Wang, 2007). Des Weiteren kann Ruhestandsplanung zu einer positiveren Einstellung gegenüber der Verrentung führen (Reitzes & Mutran, 2004; Yeung, 2013) und positive Effekte auf das Wohlbefinden im Ruhestand haben (Earl et al., 2015; Reitzes & Mutran, 2004). Auch konnte gezeigt werden, dass Planung und Vorbereitung positive Auswirkungen auf die psychosoziale Anpassung an den Ruhestand (Rosenkoetter & Garris, 2001) sowie die Lebens- (Earl et al., 2015) und Ruhestandszufriedenheit (Topa et al., 2009) hatten. Außerdem konnte empirisch gezeigt werden, dass Ruhestandsvorbereitung und -planung zu reduzierter Ruhestandsangst führten (Fretz et al., 1989) und die Ruhestandszuversichtlichkeit stärkten (Kim et al., 2005).

Für eine gelungene Anpassung an die Nacherwerbsphase spielt insbesondere die vorausschauende psychosoziale Vorbereitung auf zu die zu erwartenden Veränderungen sowie die neuen Rollen eine zentrale Rolle (Curl & Ingram, 2013). Allerdings untersuchten diese Studien primär finanzielle Aspekte der Ruhestandsvorbereitung und basierten auf retrospektiven Selbstauskünften der Studienteilnehmer:innen bezüglich ihrer Ruhestandsvorbereitung/-planung. Auch gibt es bisher nur sehr wenige Studien zur systematischen Evaluation von Ruhestandsvorbereitungsprogrammen und ihrer Wirksamkeit (Hershey et al., 2003; Peila-Shuster, 2012). In den wenigen Studien, die Effekte psychosozialer oder ressourcen-orientierter Vorbereitungsprogramme evaluiert haben, lag der Fokus auf ruhestandsspezifischer Selbstwirksamkeitserwartung (Peila-Shuster, 2012), sozialen Rollen (Heaven et al., 2013), Ruhestandsangst (Comish, 1996) oder Unsicherheit bzgl. des Ruhestands (Glamser & DeJong, 1975).

Das Forschungsprojekt ‚Zufrieden in den Ruhestand' knüpft an die bestehende Forschung an und erweiterte diese entsprechend. Unser Ziel war es insbesondere, individuelle Ressourcen für den Ruhestand zu fördern, die Ruhestandserwartungen und -vorsätze der Interventionsteilnehmer:innen zu thematisieren, sowie ihre Ruhestandsängste zu reduzieren. Warum dies zentrale Determinanten für einen gesunden Ruhestand sind, wird nachfolgend dargestellt.

2.4.2 Ressourcen für den Ruhestand

Entsprechend der Ressourcen-Perspektive (▶ Abschn. 2.3.4) stellen Ressourcen für die Anpassung an den Ruhestand eine wichtige Einflussgröße dar (Wang, 2007; Wang et al., 2011). Dies wird auch durch Studien unterlegt, die die Bedeutsamkeit von Ressourcen für die Ruhestandsanpassung und das Wohlbefinden im Ruhestand zeigten (Fehr, 2012; Kubicek et al., 2011; Leung & Earl, 2012; Taylor & Schaffer, 2013; Taylor-Carter & Cook, 1995; Zaniboni, 2015).

Ähnlich der eingangs vorgestellten Definition Hobfolls (1989, 2002), beschreiben Halbesleben et al. in ihrer Definition Ressourcen als Alles, was als hilfreich zur Erreichung eigener Ziele angesehen wird (Halbesleben et al., 2014). In Ergänzung zu dieser breiten Definition von Ressourcen befassten sich jedoch auch Studien mit spezifischen ruhestandsrelevanten Ressourcen. In einem Überblicksartikel beschreibt Wang (2007) sechs verschiedene ruhestandsrelevante Ressourcendomänen. Diese umfassen *körperliche* (physische und psychische Gesundheit), *kognitive* (z. B. kognitive Leistungsfähigkeit, Anpassungsfähigkeit), *motivationale* (z. B. Zielverfolgung), *finanzielle* (z. B. Einkünfte, Vermögen), *soziale* (z. B. soziale Unterstützung, Qualität und Quantität sozialer Interaktionen) und *emotionale* (z. B. das Erleben positiver Emotionen) Ressourcen.

Das Konzept des *Mattering* beschreibt eine weitere ruhestandsspezifische Ressource und relevante Variable für eine erfolgreiche Anpassung an die Nacherwerbsphase (Schlossberg, 2009). Mattering (deutsch „von Bedeutung zu sein") stellt das individuelle Bedürfnis, gebraucht und geschätzt zu werden dar (Schlossberg, 2009). Das Gefühl des Mattering kann sich positiv auf den Übergang in den Ruhestand auswirken und diesen erleichtern. Daher wird die Variable auch als kritisches Verbindungselement für den Zusammenhang zwischen sozialer Unterstützung und Ruhestandsanpassung angesehen (Froidevaux et al., 2016).

Um der hohen Relevanz von Ressourcen im Ruhestandskontext – insbesondere für den Übergang in die Nacherwerbsphase und die Anpassung an die neuen Lebensumstände – Rechnung zu tragen, standen Ressourcen im Fokus der von uns entwickelten Intervention ‚Zufrieden in den Ruhestand'. Diese zielte insbesondere darauf ab, individuelle Ressourcen der Teilnehmenden zu aktivieren und zu stärken.

2.4.3 Ruhestandserwartungen

Einschneidende Lebensereignisse wie beispielsweise der Übergang von Schule beziehungsweise Studium ins Berufsleben, Umzug, Geburt eines Kindes oder auch der Renteneintritt sind mit gravierenden Veränderungen, Entwicklungsaufgaben und Anpassungsanforderungen verbunden. Im Vorfeld sind diese anstehenden Ereignisse meist mit verschiedenen Erwartungen und Vorstellungen verbunden.

Ruhestandserwartungen sind Attribute des Ruhestands (Newman et al., 2013). Dazu zählen Vorstellungen, Überzeugungen sowie Annahmen über Eigenschaften und Veränderungen des Übergangs in den Ruhestand und der Nacherwerbsphase. Solche individuellen Einstellungen und Erwartungen in Bezug auf Verrentung und Ruhestand können in Abhängigkeit persönlicher Werte und Überzeugungen (Davies & Cartwright, 2011) erheblich variieren. Insbesondere für Ruhestandsentscheidungen, Anpassung an den Ruhestand und das Wohlbefinden in der Nacherwerbsphase stellen persönliche Erwartungen einen wichtigen Einflussfaktor dar. Auch können Ruhestandserwartungen wichtige ruhestandsbezogene Entscheidungen wie zum Beispiel den Entschluss zur Verrentung (Adams & Beehr, 1998; Henkens & Tazelaar, 1997; Schmidt & Lee, 2008) und den Zeitpunkt der Verrentung bzw. das Ruhestandsalter (Beehr et al. 2000) bedingen. So haben angehende Ruheständler:innen, die positive Einstellungen zum Ruhestand haben, oftmals eher den Wunsch, frühzeitig in den Ruhestand zu gehen. Des Weiteren sind sie im Ruhestand zufriedener (Gall et al., 1997; Taylor & Shore, 1995). Im Gegensatz dazu stehen negative Erwartungen eher mit einem späteren Eintritt in den Ruhestand im Zusammenhang (Henkens & Tazelaar, 1997). Zudem wirken sich positive Ruhestandserwartungen positiv auf die Anpassung an den Ruhestand aus (Taylor et al., 2008) wohingegen Personen, die im Vorfeld negativere Erwartungen bezüglich des Ruhestands aufweisen, vermehrt von Anpassungsproblemen, einer niedrigeren Zufriedenheit in der Nacherwerbsphase (van Solinge & Henkens, 2005) sowie gesundheitlichen Probleme berichteten (van Solinge, 2007). Daher ist es sinnvoll, dass Interventionen zur Vorbereitung auf den Ruhestand derart konzipiert sind, die Erwartungen der Teilnehmenden bezüglich des Ruhestands positiv zu beeinflussen. Entsprechend ist es das Ziel der von uns entwickelten Intervention positive Erwartungen bezüglich des Ruhestands zu fördern und negative Erwartungen zu reduzieren.

Eine explorative Studie (Gee & Baillie, 1999) identifizierte vier verschiedene Sichtweisen des Ruhestands (bzw. von Ruhestandserwartungen). Während ein Großteil der Studienteilnehmer:innen die Verrentung als einen (a) willkommenen Neuanfang sahen, erschien der Ruhestand anderen eher als Übergang zu einer (b) Phase der Erholung und Ruhe oder als (c) ein unkritischer Übergang mit hoher Kontinuität. Für einen Teil der befragten Personen stellte die Nacherwerbsphase allerdings auch einen (d) auferzwungenen Bruch dar. Die Autor:innen schlussfolgern, dass insbesondere diese letzte Personengruppe Unterstützungsbedarf (z. B. in Form von Beratung oder Interventionen) bei der Vorbereitung auf den Übergang in den Ruhestand hat.

2.4.4 Ruhestandsangst

Einschneidende Veränderungen und Umbrüche im Leben sind häufig nicht nur mit positiven und negativen Erwartungen verbunden, sondern gehen oft auch mit Ängsten, Ungewissheit, Sorgen oder Befürchtungen einher. *Ruhestandsangst* wird definiert als generalisiertes Gefühl von Anspannung oder Sorge in Bezug auf die ungewissen und nicht vorhersehbaren, möglichen negativen Folgen der Verrentung (Fletcher & Hansson, 1991). Dabei sind nicht nur gesundheitliche und finanzielle Sorgen (Hayslip et al., 1997) von Bedeutung beim Übergang in den Ruhestand, sondern auch Ängste und Befürchtungen bezüglich sozialer Veränderungen, auch *soziale Ruhestandsangst* genannt (Mariappanadar, 2013; Taylor-Carter & Cook, 1995). Im Fokus stehen hier der antizipierte Verlust der Arbeitsrolle sowie der damit verbundenen Sinnstiftung und der Wegfall der Tagesstruktur. Zudem kann der Eintritt in den Ruhestand auch eine Bedrohung für Freundschaften und das soziale Netzwerk am Arbeitsplatz darstellen (Fletcher & Hansson, 1991). Angehende Ruheständler:innen stehen also vor der Herausforderung, trotz fehlender (täglicher) Kontakte bei der Arbeit alte Beziehungen und Netzwerke zu erhalten und zu pflegen. Daneben gilt es aber auch neue Freunde zu finden oder neue Netzwerke aufzubauen, um stabile Beziehungen außerhalb des Arbeitskontexts auf- und auszubauen (Clemens, 2012; Fletcher & Hansson, 1991; van Solinge & Henkens, 2008).

Ruhestandsangst kann ferner relevante Auswirkungen auf Ruhestandsentscheidungen (Fletcher & Hansson, 1991; Quine et al., 2007) und Weiterarbeit im Ruhestand (Mariappanadar, 2013) haben. Des Weiteren zeigte sich, dass Ruhestandsangst – insbesondere aufgrund der sozialen Folgen der Verrentung – Anpassungsprobleme verursachen (van Solinge & Henkens, 2008) kann und zudem einen negativen Zusammenhang mit ruhestandsspezifischer Selbstwirksamkeitserwartung und Planung aufweist (Fretz et al., 1989). Entsprechend zeigten Studien auch eine negative Beziehung zwischen empfundener Ruhestandsangst und Ruhestandsvorbereitung beziehungsweise -planung (Feldman, 1994; Glamser & DeJong, 1975; Gutierrez & Hershey, 2013; Kornadt et al., 2015; Taylor et al., 2008; Taylor-Carter et al., 1997; Yeung, 2013). Dies ist relevant, da Ruhestandsvorbereitung, wie zuvor beschrieben, ein wichtiger Einflussfaktor für einen gelingenden Übergang in und die Anpassung an den Ruhestand ist (vgl. z. B. Earl et al., 2015; Rosenkoetter & Garris, 2001).

Nicht zuletzt besteht ein Zusammenhang von Ruhestandsangst mit persönlichen Ressourcen (Wang et al., 2011; Zaniboni, 2015). Demzufolge sollten ressourcenorientierte Interventionen besonders hilfreich und effizient sein, um Ruhestandsangst zu reduzieren. Daher hatte die von uns entwickelte Intervention auch die Verringerung von Ruhestandsangst zum Ziel, um negative Konsequenzen aufden Übergang in die Nacherwerbsphase sowie auf die Anpassung an das Leben im Ruhestand zu reduzieren.

2.4.5 Ruhestandsvorsätze

Individuelle Intentionen bezüglich des Ruhestands können Vorstellungen, Visionen, Ziele aber auch Ideen zur Gestaltung des Übergangs und des Lebens in der Nacherwerbsphase umfassen. Diese Intentionen beeinflussen ebenfalls, ob und wie gut der Ruhestandsübergang und die Anpassung an den Ruhestand gelingen (Barbosa et al., 2016; Taylor-Carter & Cook, 1995; van Solinge & Henkens, 2005). Ruhestandsvorsätze definieren wir in unserem Projekt und in der von uns gestalteten Intervention als die feste Absicht, nicht nur den Übergang in die Nacherwerbsphase erfolgreich zu bewältigen, sondern auch die Zeit und das Leben im Ruhestand entsprechend der eigenen Vorstellungen und Ziele zu gestalten. Insbesondere Zielsetzung, -verfolgung und -realisierung spielen in diesem Zusammenhang eine bedeutende Rolle. Denn nur, wenn angehende Ruheständler:innen klare Vorstellungen und Absichten zur Gestaltung dieser wichtigen neuen Lebensphase entwickeln können, kann es gelingen, diese Visionen und Pläne auch vorzubereiten und umzusetzen.

In diesem Zusammenhang sind außerdem Kontrollüberzeugungen sowie Selbstwirksamkeitserwartung von großer Relevanz (Taylor-Carter & Cook, 1995). Entsprechend wurden in der bisherigen Forschung persönliche Ziele und wahrgenommene persönliche Kontrolle, d. h. eigene Entscheidungen zu treffen und umzusetzen, bereits als Prädiktoren von Ruhestandsanpassung benannt (Barbosa et al., 2016; van Solinge & Henkens, 2005). So zeigte sich zum Beispiel, dass mangelnde Kontrollüberzeugung sowie eine geringe Selbstwirksamkeitserwartung zu Anpassungsschwierigkeiten an den Ruhestand führen können (van Solinge & Henkens, 2005).

Vorbereitungsprogramme zum Übergang in den Ruhestand sollten deshalb auch darauf abzielen, individuelle Konzepte, Vorstellungen sowie Intentionen zur eigenverantwortlichen Gestaltung des Übergangs und der neuen anstehenden Lebensphase zu stärken. Dies wurde auch in der von uns entwickelten Gruppen-Intervention umgesetzt. Darin werden die Teilnehmenden dazu angeleitet, individuelle Konzepte, Vorstellungen sowie Absichten zur individuellen Gestaltung des Übergangs und der neuen Lebensphase (weiter) zu entwickeln und zu stärken.

„Zufrieden in den Ruhestand" – Konzeption und Zielsetzung der Gruppenintervention zur Vorbereitung auf den Übergang in die Nacherwerbsphase

Inhaltsverzeichnis

3.1 Ressourcenorientierung und -aktivierung – 18

3.2 Gestaltung der Intervention – 19

3.3 Aufbau der Gruppenintervention – 20

3.4 Empfehlungen zur Durchführung des Programmes – 21

N. Seiferling, A. Michel, *Zufrieden in den Ruhestand*, https://doi.org/10.1007/978-3-658-42728-3_3

Zusammenfassung

In diesem Kapitel werden die grundlegenden Konzepte und Gestaltungsprinzipien sowie der strukturelle Aufbau der entwickelten Intervention beschrieben. Insbesondere die Ressourcenorientierung sowie die Konzeption als Gruppenintervention werden dabei thematisiert. Ferner werden wichtige übergreifende Hinweise zur Vorbereitung und Durchführung des Coachings-Programms diskutiert. Hierzu zählen unter anderem Informationen zu Gruppengröße, zeitlichem Umfang und Räumlichkeiten sowie zur Nutzung des Manuals. Ferner werden Informationen zu organisatorischen und forschungsrelevanten Aspekten der (durchgeführten) Evaluation sowie zur möglichen zukünftigen Evaluation des Programms bereitgestellt.

Aufbauend auf bestehenden Theorien und Forschungserkenntnissen (vgl. ▶ Abschn. 2.3 und 2.4) wurde eine Intervention im Gruppenformat zur Vorbereitung auf die Verrentung und den Übergang in den Ruhestand konzipiert, wobei die Ressourcen-Perspektive (Wang, 2007; Wang et al., 2011, vgl. ▶ Abschn. 2.3.4) als übergreifendes Rahmenmodell diente. Die Coachingintervention zielt darauf ab, die individuellen Ressourcen der Teilnehmenden zu stärken und zu aktivieren. Für die Entwicklung der Intervention wurden sowohl geeignete Coaching-Techniken als auch relevante Konzepte aus Therapie und Beratung sowie bewährte Theorien herangezogen, um die sechs ressourcen-orientierten Module zusammenzustellen.

Im Folgenden werden zunächst die der Intervention zugrunde liegenden Rahmenkonzepte und Gestaltungsansätze vorgestellt. Anschließend erfolgt in ▶ Kap. 4 die Beschreibung der einzelnen Interventionsmodule (▶ Kap. 4).

3.1 Ressourcenorientierung und -aktivierung

Wie in ▶ Abschn. 2.3.4 beschrieben, spielen der Ressourcen-Perspektive (Wang, 2007; Wang et al., 2011) zufolge, die persönlichen Ressourcen eine wichtige Rolle für die Anpassung an die Nacherwerbsphase und das Wohlbefinden im Ruhestand. Aufbauend auf dieser Annahme stand die Stärkung und Aktivierung der individuellen Ressourcen der Teilnehmenden im Mittelpunkt der sechs Interventionsmodule. Ferner wurde das Coaching als ressourcen-orientierte Intervention konzipiert. Im Gegensatz zu problem-orientierten Ansätzen stehen dabei nicht Probleme und Fehler, sondern vor allem persönliche Stärken, Ressourcen und Erfolge im Fokus (Flückiger et al., 2010). Die Ressourcenaktivierung umfasst neben der aktiven Hinwendung zu persönlichen Ressourcen auch den Auf- und Ausbau sowie die Intensivierung der Wahrnehmung und Nutzung von Ressourcen.

Hintergrund dieses Zugangs ist die Annahme eines sich selbst erhaltenden Kreislaufs positiver Emotionen, Kognitionen und Verhaltensweisen als zugrunde liegender Wirkmechanismus: positive Erfahrungen (z. B. persönliche Erfolge und Kompetenzerleben) erzeugen positive Emotionen, die sich wiederum positiv auf Kognitionen (z. B. Selbstwirksamkeitserwartung) und persönliches Verhalten (z. B. aktives Coping) auswirken. Dadurch wiederum werden erneut positive Emotionen erlebt (Grawe, 2004).

Ressourcenaktivierung kann in Therapie, Beratung und Coaching positive Effekte auf das Wohlbefinden und die Stressreduktion haben (Flückiger et al., 2010) und ferner zum Therapieerfolg beitragen (Gassmann & Grawe, 2006). In verschiedenen Domänen wurden bereits erfolgreich präventive ressourcen-orientierte Maßnahmen eingesetzt. Diese konnten u. a. erfolgreich Depressionen und psychologischen Stress verringern (Koivisto et al., 2007; Vuori et al., 2012), persönliches Stressmanagement fördern (Storch et al., 2007) sowie Selbstbewusstsein und Kontrollüberzeugungen stärken (Haug et al., 2010). Zudem bewährten sich Ressourcen-orientierte Interventionen auch zur Vorbereitung auf kritische berufliche oder schulische Übergangsphasen (Koivisto et al., 2007; Vuori et al., 2012). Dementsprechend stellt der Ansatz auch einen geeigneten Zugang zur Vorbereitung auf die Nacherwerbsphase dar.

3.2 Gestaltung der Intervention

Die Intervention wurde im Gruppensetting konzipiert und erprobt, da sich Gruppeninterventionen gut zur Unterstützung älterer Erwachsener eignen (Anderson et al., 2012). Im Zentrum der Module stehen insbesondere aktivierende Lehr- und Lernmethoden wie z. B. Partner- und Gruppendiskussionen. Diese schaffen ein unterstützendes (Lern- und Entwicklungs-)Umfeld für gegenseitige Unterstützung und wechselseitiges Lernen (Koivisto et al., 2007; Vuori et al., 2005). Das Format der Gruppenintervention ermöglicht den Teilnehmenden außerdem das Teilen und den Austausch ihrer Gedanken, Einstellungen und Sorgen über den Ruhestand mit Gleichgesinnten. Dieser aktive gegenseitige Austausch individueller Eindrücke und Ansichten erweitert die persönliche Perspektive und fördert neue Ideen und Gestaltungsansätze. Auch andere Vorbereitungsprogramme, wurden bereits erfolgreich im Gruppenformat durchgeführt (Comish, 1996; Glamser & DeJong, 1975; Peila-Shuster, 2012).

Ferner weist die Intervention eine hohe Zukunftsorientierung auf. Diese soll die Teilnehmenden dazu anregen, sich antizipierend mit der nahenden Nacherwerbsphase und den damit verbundenen Veränderungen auseinanderzusetzen – mit dem Ziel ein klares, positives Bild von der Verrentung, dem Übergang in den Ruhestand sowie die Zeit danach zu zeichnen und hilfreiche Strategien und Ziele für die Zukunft zu entwickeln.

Um die Wirksamkeit der Intervention zu erhöhen, wurde ein wöchentliches Design gewählt. Somit die Teilnehmenden die Möglichkeit zwischen zwei Sitzungen gewonnene Erkenntnisse zu reflektieren, weiter über Inhalte der Sitzung nachzudenken und neue Ideen (weiter) zu entwickeln. Andere Gruppen-Coachings verwendeten ebenfalls wöchentliche Sitzungen (Green et al., 2006). Zudem zeigten Metaanalysen zu Lernen und Übung (Cepeda et al., 2006; Donovan & Radosevich, 1999), dass intermittierendes Üben wirksamer als massiertes Training ist.

In der Erprobungsphase wurde die Gruppenintervention von zwei Psychologinnen mit Trainings- und Coachingerfahrung durchgeführt. Die maximale Anzahl an Teilnehmenden pro Gruppe war auf 12 Personen begrenzt.

3.3 Aufbau der Gruppenintervention

Das Gruppencoaching umfasst insgesamt sieben Bausteine: eine Einführungsveranstaltung sowie sechs wöchentliche zweistündige Module.

Beim ersten Treffen (Einführungsveranstaltung) erhalten die Teilnehmenden relevante Informationen über Ablauf, Ziele, Inhalte und Schwerpunkte der Intervention. In den sechs wöchentlichen Sitzungen, die daran anschließen, werden jeweils verschiedene Themen des Übergangs in den Ruhestand und der Nacherwerbsphase behandelt. Dabei stehen insbesondere persönliche Ressourcen und Stärken zur erfolgreichen Bewältigung des Übergangs in den Ruhestand im Vordergrund. Die Struktur jedes Modules orientiert sich an einem festen Schema (vgl. ◘ Abb. 3.1).

Zu Beginn jeder Sitzung wird eine kurze Achtsamkeitsübung durchgeführt, die den Teilnehmenden helfen soll, im „Hier und Jetzt" anzukommen, sich voll und ganz auf die Intervention zu konzentrieren und den Alltag hinter sich zu lassen. Unter Achtsamkeit wird ein Zustand der nicht urteilenden Aufmerksamkeit gegenüber Erfahrungen im Hier und Jetzt verstanden (Bishop et al., 2004). Neben der Offenheit für neue Erfahrungen und Perspektiven fördert Achtsamkeit außerdem auch die Konzentration auf die Sitzungsinhalte (Bosch & Michel, 2016; Cavanagh & Spence, 2013).

Jedes Modul legt einen Schwerpunkt auf ein bestimmtes Thema der Verrentung bzw. der Nacherwerbsphase. Dieses wird mittels entsprechender theoretischer Inhalte, verschiedener praktischer Übungen und Techniken betrachtet und bearbeitet. In allen Sitzungen sind außerdem individuelle Reflektionen sowie Partner- und Plenumsdiskussionen ein wichtiger Bestandteil. In diesen Gruppen-Diskussionen teilen die Teilnehmenden ihre Gedanken und gewonnenen Erkenntnisse. Um die individuellen Reflektionen und Partner-Diskussionen zu erleichtern und anzuregen, werden Leitfragen zur Verfügung gestellt, die das Thema beleuchten. Am Ende jeder Sitzung erfolgt außerdem ein kurzes Blitzlicht, in dem die Teilnehmenden ihre Erkenntnisse, Überlegungen und aktuellen Gefühle nach dem Coaching in der Gruppe teilen können.

Die Ressourcenaktivierung steht dabei im Fokus aller Interventionsbausteine. Entsprechend haben die eingesetzten Techniken und Übungen zum Ziel, neue und bestehende Ressourcen, die für den Übergang in die Nacherwerbsphase und den Ruhestand von Nutzen sein können, zu erkennen, sich ihnen bewusst zu werden und diese zu aktivieren und zu stärken. Zur Visualisierung und Strukturierung dieser Ressourcen werden diese in einem persönlichen „Ressourcenportfolio" gesammelt. Darin strukturieren die Teilnehmenden ihre persönlichen Ressourcen und Stärken

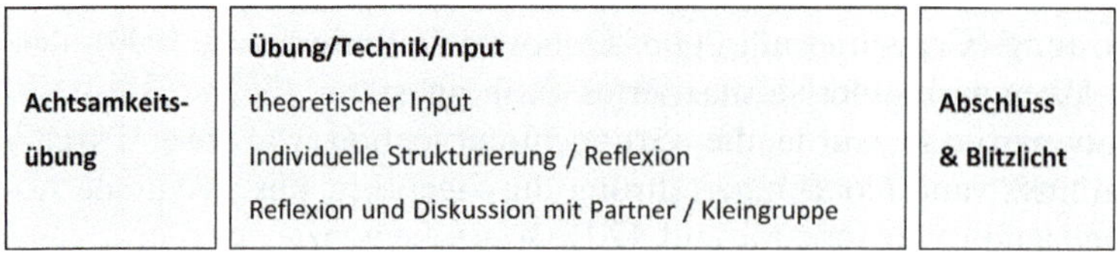

◘ **Abb. 3.1** Sitzungsaufbau

anhand fünf verschiedener Kategorien: *persönliche* (z. B. Kompetenzen, Vorstellungen, kognitive und motivationale Ressourcen), *soziale* (z. B. Freunde, Familie, soziale Unterstützung), *gesundheitliche* (z. B. Fitness), *Freizeit-* (z. B. Hobbies, ehrenamtliches Engagement) und *materielle* (z. B. Finanzen, Eigentum, Transportmittel) Ressourcen. Das Ressourcenportfolio trägt einerseits dazu bei, bestehende Ressourcen sichtbar zu machen, andererseits hilft es auch dabei, besonders gut aufgestellte oder noch ausbaufähige Ressourcendomänen zu identifizieren. Dies kann wertvolle Hinweise auf Handlungsbedarfe und besondere Stärken geben.

3.4 Empfehlungen zur Durchführung des Programmes

Die Intervention wurde zur Durchführung in kleinen bis mittleren Gruppen (ca. 6–12 Personen) und für einen Durchführungs-Zeitraum von ca. acht Wochen konzipiert. Jedes Modul wurde für zwei Stunden ausgelegt. Dieser Rahmen bietet ausreichend Raum für den erforderlichen Austausch und die Reflexionen in den Kleingruppen, sowie genügend Zeit dafür auch individuelle Eindrücke, Ansichten und Anliegen zu äußern, und auf diese einzugehen zu können.

Die Räumlichkeiten für die Intervention sollten so gestaltet sein, dass sie für alle Teilnehmenden die Möglichkeit bieten, etwas aufzuschreiben (beispielsweise Tische oder Stühle mit Schreib-Platte). Dabei sollte die Anordnung der Sitzmöglichkeiten kommunikationsförderlich gewählt werden. Hierfür eignen sich insbesondere ein Stuhlkreis oder eine U-Form bei Tischen. Ferner sollte der Raum groß genug sein oder es sollten mehrere Räume zur Verfügung stehen, damit sich die Teilnehmenden in Kleingruppen etwas im Raum bzw. auf verschiedene Räume verteilen können, um sich in Ruhe auszutauschen und zu diskutieren.

Das Programm sollte von einer Person durchgeführt werden, die mit dem Manual vertraut ist. Das Manual bietet eine gute Grundlage zur Durchführung der Intervention, jedoch kann es notwendig sein, die Intervention und die Abläufe etwas anzupassen, um auf die individuellen Bedarfe der Gruppe oder einzelner Gruppenmitglieder einzugehen. Auch die Zeiten sind als Richtwerte zur Durchführung zu sehen, die natürlich abweichen können (z. B. bei abweichender Gruppengröße, bei vermehrten Nachfragen, oder wenn die Teilnehmenden mehr Zeit zur Bearbeitung einer Fragestellung benötigen). Alle Sitzungen sind zunächst auf zwei Stunden terminiert. Ggf. kann auch eine Pause mit eingeplant werden, wobei die Sitzungen dann entsprechend verlängert werden sollten.

In der Modulbeschreibung sind die erforderlichen Arbeitsmaterialien für jeden Baustein des Coachings aufgeführt. Immer benötigt werden außerdem (bestenfalls verschiedenfarbige) Stifte für die Teilnehmenden, sowie Flip-Chart-Stifte für die Moderation. Das Manual ist so strukturiert, dass zunächst ein zusammenfassender Überblick über den Sitzungsablauf gegeben wird, bevor die einzelnen Modulbausteine und deren Ablauf im Detail beschrieben werden. Dieser Moderationsplan kann durch seine Überblicksdarstellung inklusive der betreffenden Zeitangaben sehr gut als „Fahrplan" bzw. „Moderationsplan" zur Durchführung der Module genutzt werden (dennoch sollte die durchführende Person sich vorab mit der detaillierten Darstellung und Erläuterung der Module auseinandersetzen).

Die Beschreibung der einzelnen Bausteine erfolgt immer schrittweise. Dabei wird für jede Übung oder Technik zunächst das Ziel, dann die Vorgehensweise und zuletzt der theoretische bzw. konzeptionelle Hintergrund beschrieben, um das entsprechende Hintergrundwissen zu vermitteln. Diese Informationen sind (zunächst) nicht Teil des Coachings, können aber zum tieferen Verständnis der Zusammenstellung für den Coach oder im Falle von Nachfragen der Teilnehmenden hilfreich sein.

In den Modulbeschreibungen werden außerdem auch mögliche Textvorschläge für Instruktionen und Erklärungen vorgestellt. Diese Vorschläge dienen der Veranschaulichung möglicher Textbausteine und müssen selbstverständlich nicht wörtlich verwendet werden, sondern sollten entsprechend der Person und Persönlichkeit des Coaches adaptiert werden. Ferner werden im Verlauf auch immer wieder entsprechende Tipps und Empfehlungen für die Durchführung ergänzt.

Die Coaching Intervention

Inhaltsverzeichnis

4.1 Einführungsveranstaltung – 26
4.1.1 Einstieg – 27
4.1.2 Hintergrund des Coaching-Programms „Zufrieden in den Ruhestand" (15 min) – 30
4.1.3 Ausklang (10 min) – 31

4.2 Baustein I: Blick in die Gegenwart und in die Zukunft – 31
4.2.1 Einstieg (30 min) – 34
4.2.2 Das Haus des Lebens (15 min) – 36
4.2.3 Meine Rollen (45 min) – 38
4.2.4 Stages of Change – 41
4.2.5 Blitzlicht (Ausklang) (10 min) – 43

4.3 Baustein II: Ressourcen – heute und in Zukunft – 43
4.3.1 Einstieg (10 min) – 45
4.3.2 Menschen in meinem Leben (40 min) – 48
4.3.3 Meine Ressourcen und Stärken (50 min) – 51
4.3.4 Ausklang und Blitzlicht – 54

4.4 Baustein III: Träume realisieren – meine Ziele – 55
4.4.1 Einstieg – 57
4.4.2 Von der Vision zum Ziel: die Walt-Disney-Strategie – 58
4.4.3 Ausklang: Blitzlicht & Reflexion – 64

Ergänzende Information Die elektronische Version dieses Kapitels enthält Zusatzmaterial, auf das über folgenden Link zugegriffen werden kann [https://doi.org/10.1007/978-3-658-42728-3_4].

N. Seiferling, A. Michel, *Zufrieden in den Ruhestand*, https://doi.org/10.1007/978-3-658-42728-3_4

4.5 Baustein IV: Strategien und Ressourcen für die Zukunft – 64
4.5.1 Einstieg – 66
4.5.2 Strategien – 67
4.5.3 Meine Stärken: Mein Ressourcenportfolio – 71
4.5.4 Ausklang und Blitzlicht – 72

4.6 Baustein V: Auf den Weg machen – unterwegs sein – 73
4.6.1 Einstieg (20 min) – 75
4.6.2 Stages of Change (10 min) – 76
4.6.3 Förderliche und hinderliche Bedingungen (55 min) – 77
4.6.4 Meine Stärken – 80
4.6.5 Ausklang: Blitzlicht & Reflexion – 82

4.7 Baustein VI: Eigenständig den Weg gehen: Integration, Resümee und Ausblick – 83
4.7.1 Einstieg – 85
4.7.2 Rückblick und Resümee (15 min) – 86
4.7.3 Den eigenen Weg gehen & Erfolge feiern – 87
4.7.4 Rituale: Übergänge gestalten (20 min) – 89
4.7.5 Erinnerungs-Symbol (10 min) – 91
4.7.6 Ausklang: Blitzlicht und Feedback (20 min) – 91

Zusammenfassung
In diesem Kapitel erfolgt die detaillierte Beschreibung der sieben Module der Intervention. Hierbei wird zunächst ein Überblick über die Ziele und Inhalte des jeweiligen Moduls gegeben. Danach werden die einzelnen Elemente und Schritte des Moduls inklusive des zeitlichen Rahmens in Kürze dargestellt (Moderationsplan). Diese zusammenfassende Darstellung des Ablaufs jedes Moduls kann als Moderationsplan zur Durchführung der Sitzung verwendet werden. Ferner werden die benötigten Materialien aufgelistet, um die Module vorzubereiten. Im Anschluss erfolgt die detaillierte Beschreibung der Modul-Durchführung inklusive zeitlicher Angaben sowie relevanter Erläuterungen, Hinweise und Beispiele.

Die Intervention besteht aus insgesamt sieben Modulen (Bausteine 0-VI), die sich mit verschiedenen relevanten Aspekten des Übergangs in den Ruhestand beschäftigen. Jeder Baustein enthält praktische und theoretische Elemente und widmet sich einem bestimmten Themenschwerpunkt. ◘ Tab. 4.1 gibt einen Überblick über die sieben Coaching-Module.

Nachfolgend werden die einzelnen Bausteine der Intervention beschrieben. Dabei werden zunächst die Ziele und Inhalte umrissen, und anschließend der Ablauf der einzelnen Sitzungen im tabellarischen Überblick dargestellt. Ferner werden die benötigten Materialien aufgeführt, die für die Sitzung vorbereitet und mitgebracht werden sollten.

Anschließend erfolgt die Beschreibung der Inhalte und der Durchführung der einzelnen Sitzungen im Detail. Dabei werden sowohl die Ziele als auch das (vorgeschlagene) Vorgehen (inkl. möglicher Textbausteine) und Moderationsangaben sowie Informationen zum theoretischen beziehungsweise methodischen Hintergrund aufgeführt. Außerdem sind die einzelnen Inhalte mit zeitlichen Angaben versehen, um die Moderation der Sitzungen sowie das Zeitmanagement zu erleichtern.

Tipp

Die detaillierte Beschreibung der Sitzungsinhalte dient insbesondere der inhaltlichen Vorbereitung der Durchführenden. Wenn die durchführende Person bereits mit den Inhalten vertraut ist, kann und sollte anstelle der detaillierten Beschreibung der tabellarische Überblick der einzelnen Sitzungen als Moderationsplan für die Durchführung der Sitzung genutzt werden, um eine „freie" Moderation bzw. Anleitung zu ermöglichen.

Tab. 4.1 Übersicht Coaching Module „Zufrieden in den Ruhestand" (Quelle: Seiferling, 2019)

Modul	Inhalt und Ziele
0 Einführungs-veranstaltung	- Informationen über Inhalt und Ablauf der Intervention
I Blick in die Gegenwart und in die Zukunft	- Persönliche Rollen im Privat- und Arbeitsleben (Reflektion aktueller und zukünftiger Rollen, Antizipation relevanter Entwicklungen und Strategien, um unerwünschten Veränderungen entgegenzuwirken) - Konzept der ‚Stages of Change'.
II Ressourcen – heute und in Zukunft	- Aktivierung individueller Ressourcen und Reflektion über aktuelle und zukünftige Nutzung dieser Ressourcen (insbesondere soziales Netzwerk) - ‚Haus des Lebens' (Ressourcenportfolio zur Ressourcenvisualisierung)
III Träume realisieren – meine Ziele	- Ziele und Visionen für den Ruhestand (Zielsetzung und -spezifikation) - ‚Walt-Disney-Technik' - SMART–Ziele formulieren
IV Strategien und Ressourcen für die Zukunft	- Strategien zur Bewältigung und Anpassung an neue Situationen (Reflektion über den bisherigen Umgang und die Bewältigung vergangener Lebensübergänge und kritischer Lebensereignisse zur Identifikation bestehender Ressourcen und als Basis für die Entwicklung individueller Strategien für den Übergang in den Ruhestand) - Konzept der Selektion, Optimierung und Kompensation (SOK)
V Auf den Weg machen – unterwegs sein	- Vorbereitung auf Rückschläge (z. B. Reaktionen auf bestimmte Hindernisse antizipieren und ausformulieren) zur Stärkung der Selbstwirksamkeitserwartung und des Kontrollgefühls - Reflexion des Ressourcenportfolios - ‚Brief an mich selbst'
VI Eigenständig den Weg gehen	- Resümee und Reflektionen über neue Erkenntnisse und Anregungen, die durch das Programm entstanden sind - Nächste Schritte zum erfolgreichen Übergang in den Ruhestand, entsprechend persönlicher Ressourcen sowie individuellen Vorstellungen und Ziele - Rituale (in Übergangssituationen)

4.1 Einführungsveranstaltung

Ziele und Inhalte des Moduls

Im Vordergrund dieser ersten Sitzung steht das gegenseitige Kennenlernen der Teilnehmenden. Die Teilnehmenden erhalten außerdem einen Überblick über das Coaching-Programm und die folgenden sechs Module (Bausteine) der nächsten Wochen. Ferner können in dieser ersten Sitzung Fragen zum Ablauf und den Inhalten sowie organisatorischer Natur geklärt werden.

In der Entwicklungs- und Erprobungsphase der Intervention diente diese Sitzung außerdem dazu, die Teilnehmenden über das Forschungsprojekt und die Befragung zur Evaluation (Vorgehensweise, Ergebnisse und Erkenntnisse sind in ▶ Kap. 5 beschrieben) zu informieren. Hierbei wurde insbesondere auf organisatorische Aspekte, wie beispielsweise Einverständniserklärung und Datenschutz sowie die Durchführung der Befragungen näher eingegangen.

Nachfolgend wird zunächst ein zusammenfassender Ablauf der Sitzung dargestellt (Tab. 4.2). Diese kann nach der inhaltlichen Vorbereitung als Moderations- bzw. Ablaufplan für die Durchführung dienen. Außerdem werden die für die Sitzung relevanten Materialien genannt (Tab. 4.3) Eine ausführliche Beschreibung der einzelnen Elemente erfolgt ab ► Abschn. 4.1.1.

4.1.1 Einstieg

■ Begrüßung und Überblick (5 min)

Ziel – Neben dem willkommen heißen der Teilnehmenden werden zu Beginn der Sitzung auch Informationen über den Ablauf und die Agenda des heutigen Treffens vermittelt.

Tab. 4.2 Moderationsplan Baustein 0: Einführungsveranstaltung

Ablauf	Zeit (Teile)	Zeit (gesamt)
1.1 Einstieg		**50 min**
- Begrüßung & Überblick	5 min	
- Vorstellungsrunde - Name - Beruf - in meiner Freizeit…	20 min	
- Abfrage und Klärung der Erwartungen von Seiten der Teilnehmenden - Was erwarte ich von dem Gruppencoaching? - Was wünsche ich mir?	25 min	
1.2 Das Projekt „Zufrieden in den Ruhestand“		**15 min**
- Input zum Stand der Forschung - Ziel des Coachings - Inhalte des Coachings: die 6 Bausteine - (Die Evaluation des Coachings: die Befragungen) - Termine Coaching (und Befragungen)		
1.3 Ausklang		**10 min**
- Klärung offener Fragen - Verabschiedung		

Tab. 4.3 Benötigte Materialien Baustein I: Blick in die Gegenwart und in die Zukunft

Material	für
Flip-Chart 1: „Willkommen“	Einstieg, Begrüßung und Überblick
Flip-Chart 2: „Vorstellungsrunde“	Vorstellungsrunde
Flip-Chart 3: „Erwartungen“ Post-Its	Erwartungen der Teilnehmenden
Flip-Chart 4: „Ablauf“ IB 1: „Übersicht Coaching Termine“ Sammelmappe (=Schnellhefter) für alle Teilnehmenden Flip-Chart 5: „Organisatorisches“	Über das Projekt „Zufrieden in den Ruhestand“, Organisatorisches und Termine

Anmerkungen: AB = Arbeitsblatt, IB = Informationsblatt

Vorgehen – Der Coach begrüßt die Teilnehmenden und bedankt sich für Ihre Bereitschaft, am Coaching teilzunehmen. Außerdem stellt der Coach die Agenda des heutigen Tages vor (Flip-Chart 1: „Willkommen“, s. elektronisches Zusatzmaterial[1]). Insbesondere der Punkt „Organisatorisches“ wird bei dieser Einführungsveranstaltung eine wichtige Rolle spielen.

Hintergrund – Zum Einstieg der Sitzung soll etwas Zeit dafür genutzt werden, die Teilnehmenden abzuholen und vor dem inhaltlichen Einstieg Raum für organisatorische Punkte und eventuelle Rückfragen der Teilnehmenden zu geben.

Vorstellungsrunde (20 min)

Ziel – Vorstellung und gegenseitiges Kennenlernen der Teilnehmenden und des Coaches.

Vorgehen – Nach der kurzen Vorstellung der Agenda leitet der Coach auf die Vorstellungsrunde (erster Punkt der Agenda) über und stellt sich zunächst selbst vor (Name, Beruf, etc.). Danach bittet der Coach die Teilnehmenden, sich anhand dreier an der Flip-Chart definierter Fragen (Flip-Chart 2: „Vorstellungsrunde“) – eventuell mit weiteren Ergänzungen (wie z. B. der Ergänzung des erwarteten Zeitpunktes der Verrentung) – der Gruppe vorzustellen.

„Da Sie sich in den Coaching-Sitzungen nun einige Male in dieser Gruppe zusammenfinden und auch gemeinsam verschiedene Themen bearbeiten werden, ist es natürlich wichtig, dass Sie sich kennen lernen. Darum möchte ich zu unserem ersten Tagesordnungspunkt überleiten: der Vorstellungsrunde. Den Anfang mache ich: Die meisten von Ihnen kennen mich ja zumindest schon durch Telefonate oder E-Mail-Verkehr, ich möchte mich aber trotzdem noch einmal kurz vorstellen…“

---

1 Im elektronischen Zusatzmaterial stellen wir die von uns verwendeten Flip-Charts als Vorschläge für die Gestaltung Ihrer Flip-Charts zur Verfügung.

Name:

Beruf:

In meiner Freizeit…:"

Hierbei kann es den Teilnehmenden freigestellt werden, ob Sie dies reihum oder in abweichender Reihenfolge tun möchten.

Hintergrund – Für die gute und vertrauensvolle Zusammenarbeit in den nächsten Sitzungen ist das gegenseitige Kennen(lernen) eine wichtige Basis.

Tipp

In der Vorstellungsrunde kann sich der Coach natürlich Notizen machen, um relevante Informationen zu den Teilnehmenden festzuhalten. Wichtig dabei: nicht allzu viele Notizen machen (evtl. Namen und Beruf, Renten-Eintritts-Datum). Vorrangig sollte der Fokus sollte auf dem aktiven Zuhören und Bedanken für die Beiträge liegen.

- **Klärung der Erwartungen der Teilnehmenden (25 min)**

Ziel – Im Vordergrund steht die Klärung der Erwartungen der Teilnehmenden. Daneben dient diese Phase auch dem weiteren Kennenlernen und dazu, einen Überblick über die Zusammensetzung der Gruppe zu gewinnen.

Vorgehen – Der Coach leitet zu den verschiedenen Erwartungen der Teilnehmenden hin (Flip-Chart 3: „Erwartungen"):

„Dieses Gruppen-Coaching wurde im Rahmen eines Forschungsprojekts der Universität Heidelberg konzipiert und wissenschaftlich evaluiert. Es basiert auf aktuellen Erkenntnissen der Ruhestandsforschung.

Da unser Coaching in der Gruppe stattfindet, haben wir meist eine bunte Mischung unterschiedlicher Menschen, aus verschiedenen beruflichen Kontexten und auch zu verschiedenen Zeitpunkten in der Vorbereitung auf den Ruhestand. Damit verbunden sind natürlich auch individuelle und potenziell unterschiedliche Vorstellungen und Erwartungen. Daher ist es mir ein Anliegen, darüber mehr zu erfahren. Was erwarten Sie sich vom Coaching? Was wünschen Sie sich?

Da wir uns bzgl. des Coachings an einem Manual orientieren, können wir zwar vielleicht nicht alle Erwartungen und Wünsche erfüllen, wir möchten uns aber natürlich trotzdem darum bemühen, dies – wo möglich – zu tun. Außerdem soll diese Abfrage Ihrer Erwartungen auch dazu genutzt werden, zu verdeutlichen, was in den nächsten Wochen auf Sie zukommt.

Bitte schreiben Sie eine oder mehrere Erwartungen in Schlagworten auf die bereitgelegten Post-Its. Sie haben dafür einige Minuten Zeit. Im Anschluss möchte ich gerne mit Ihnen hier vorn sammeln, was für Sie wichtig ist."

Hintergrund – Um für Teilnehmende und Coach optimale Bedingungen für die Zusammenarbeit zu schaffen, ist es wichtig, die Erwartungen der Teilnehmenden zu kennen. Außerdem ist es auch von Bedeutung, die Ziele und Schritte der Vorgehensweise für die Teilnehmenden transparent zu machen (s. nächster Abschnitt: das Projekt „Zufrieden in den Ruhestand"), so dass die Teilnehmenden genau wissen, was sie in den nächsten Wochen erwartet.

4.1.2 Hintergrund des Coaching-Programms „Zufrieden in den Ruhestand“ (15 min)

Ziel – Vermittlung von Informationen über den Forschungsstand und die Ziele des Coaching-Programms.

Vorgehen – Von den Erwartungen der Teilnehmenden erfolgt die Überleitung zum Coaching „Zufrieden in den Ruhestand“ und dessen Inhalten:

„Hier haben Sie schon vieles zusammengetragen, was Sie sich wünschen, oder was Sie sich vom Coaching erhoffen… (Ich denke, einen Großteil dessen haben wir auch bei unserer Planung berücksichtigt. Das ein oder andere, kann vielleicht in dieser Runde nicht geleistet werden, z. B. keine konkrete Anleitung oder Liste von ehrenamtlichen Tätigkeiten, aber vielleicht gibt es in dieser Runde auch die Möglichkeit, dazu Tipps auszutauschen).

Bevor ich auf die Inhalte der sechs Sitzungen eingehe, würde ich Ihnen gern erzählen, wie Wissenschaftlerinnen der Universität Heidelberg auf die Idee zu diesem Coaching kamen, und was sie im Rahmen des Forschungsprojektes herausgefunden haben.“

Der Coach gibt zunächst kurz einen Überblick über den Stand der Forschung, wie daraus die Idee zu diesem Coachingprogramm entstanden ist und berichtet kurz die wissenschaftlichen Evaluationsergebnisse zur Wirksamkeit des Coachings. Außerdem erläutert der Coach, was in diesem Training im Vordergrund steht und auch, was mit diesem Coaching nicht geleistet werden kann und soll.

„Mit diesem Coaching möchten wir Sie dazu anleiten, sich mit dem Ruhestand und der Zeit bis dahin auseinander zu setzen, Pläne zu schmieden, Ziele zu visionieren und diese zu konkretisieren. Konkrete Anleitungen werden kein Teil des Coachings sein. Dies kann und soll nicht Ziel dieses Gruppencoachings sein, da jeder von Ihnen mit individuellen Voraussetzungen und einer individuellen Geschichte auch ein individuelles Konzept benötigt. Dieses Konzept ist wahrscheinlich nach den sechs Sitzungen dieses Coachings auch noch nicht zu 100 % ausgearbeitet oder perfekt. Wir hoffen aber, dass Sie im Coaching schon einige Schritte in Richtung Ihres individuellen Konzeptes gehen können. Ich möchte Sie daher schon heute dazu anregen, sich auch zwischen den Sitzungen mit für Sie interessanten Themen zu beschäftigen und Ihre Unterlagen vielleicht auch zwischendurch oder nach Abschluss des Coachings wieder zur Hand zu nehmen.“

Dabei leitet der Coach auf die Übersicht der sechs Coaching-Sitzungen (Flip-Chart 4: „Ablauf“) und die Inhalte des Coachings über.

Danach werden die Sammelmappen (Schnellhefter) ausgeteilt: Die Teilnehmenden können hier alle Unterlagen, Arbeitsblätter und Materialien abheften, die Sie im Laufe des Coachings sammeln. Der Coach bittet die Teilnehmenden, die Mappe zu jeder Sitzung mitzubringen, da sich einzelne Übungen auf individuell erarbeitete Arbeitsblätter und Materialien aus vorhergehenden Sitzungen beziehen. Außerdem erhalten die Teilnehmenden mit Flip-Chart 5: „Organisatorisches" und IB 1: „Übersicht Coaching Termine" (s. Anhang oder elektronisches Zusatzmaterial) einen Überblick über die weiteren Treffen.

Hintergrund – Um die Teilnehmenden zur aktiven Teilnahme am Coaching zu motivieren, ist es wichtig, die Hintergründe, Theorien des Trainings darzulegen sowie die Ziele der Studie transparent zu machen.

Neben der Generierung von Wissen über die Erwartungen der Teilnehmenden auf Seiten des Coaches (Erwartungen der Teilnehmenden) soll diese Phase außerdem dazu dienen, den Teilnehmenden eine realistische Vorstellung von den Inhalten und zu erwartenden Abläufen/Effekten des Coaching-Programms zu vermitteln.

4.1.3 Ausklang (10 min)

Ziel – Verabschiedung und Ausklang der Veranstaltung.

Vorgehen – Der Coach bedankt sich für die Teilnahme und erkundigt sich, ob es noch offene Fragen gibt. Außerdem verweist er auf den nächsten Termin (und gibt ggf. noch einen kurzen Ausblick auf die Inhalte).

4.2 Baustein I: Blick in die Gegenwart und in die Zukunft

Ziele und Inhalte des Moduls

Die Teilnehmenden verabschieden Ihre „Spielregeln" für den gemeinsamen Umgang im Rahmen des Coachings.

In Einzel- und Paararbeit werden außerdem derzeitige und zukünftige Rollen beleuchtet und strukturiert, um so Erkenntnisse über die eigenen Rollen und deren mögliche Veränderungen in der Zukunft zu gewinnen.

Außerdem lernen die Teilnehmenden das „Haus des Lebens" und die „Stages of Change", zwei wichtige Leitbilder bzw. -modelle des Coachings, kennen.

Nachfolgend wird zunächst ein zusammenfassender Ablauf der Sitzung dargestellt (■ Tab. 4.4), welche nach der inhaltlichen Vorbereitung als Moderations- bzw. Ablaufplan für die Durchführung genutzt werden kann. Außerdem werden die für die Sitzung relevanten Materialien aufgeführt (■ Tab. 4.5). Eine ausführliche Beschreibung der einzelnen Elemente erfolgt ab ▶ Abschn. 4.2.1.

4

Tab. 4.4 Moderationsplan Baustein I: Blick in die Gegenwart und in die Zukunft

Ablauf	Zeit (Teile)	Zeit (gesamt)
2.1 Einstieg		**30 min**
- Begrüßung & Überblick	5 min	
- Blitzlicht - Erläuterung der Blitzlicht-Regeln - Wie sind Sie heute hierhergekommen, was „bringen Sie mit“?	10 min	
- Spielregeln festlegen (z. B.:) - Schweigepflicht/Vertraulichkeit - Wertschätzender Umgang - Anredeform im Coaching - Persönliche Grenzen - Ggf. Feedback- und Blitzlichtregeln	15 min	
2.2 Das Haus des Lebens		**15 min**
- Erläuterung des Bildes - Eingehen auf die verschiedenen Elemente (Fundament, Säulen; insb. auch auf Werte, Motive und übergeordnete Ziele als „Dach“) - Kann als Hilfe bei der Standortbestimmung dienen ➔ Überleitung zu „meine Rollen“		
2.3 Meine Rollen		**45 min**
- Meine aktuellen Rollen - Welche Rollen habe/“spiele“ ich in meinem Leben gerade? - Organigramm ➔ meine Rollen - Alle Rollen (versch. Bereiche und versch. Rollenebenen) - Legende hinzufügen und Rollen markieren (z. B. Hauptrolle/n ★, beliebte Rollen ☺, Probleme ↯)	15 min	
- Meine zukünftigen Rollen - Wie sollen meine Rollen im Ruhestand aussehen? - Was soll/en meine zukünftige/n Hauptrolle/n sein (Symbol für Rolle im Ruhestand)? - Welche Rollen möchte ich beibehalten, welche nicht? - Wie sollten sich meine Rollen verändern? - Was brauche ich dafür?	15 min	
- Austausch in Kleingruppe - Welche Veränderungen gibt es, was ist daran positiv? - Was fehlt noch, damit Sie mit den zukünftigen Rollen zufrieden sein können? - Konkrete Pläne dafür?	15 min	

Tab. 4.4 (Fortsetzung)

Ablauf	Zeit (Teile)	Zeit (gesamt)
2.4 Stages of Change		**15 min**
- Erläuterung des Schemas - (z. B. zunächst Erklärung anhand Ernährungsumstellung; dann Ruhestand) - Veränderung als Prozess - Keine Stufe ist wichtiger als andere - Es gibt immer auch Rückschritte (=Chance, normaler Prozess-schritt, Neuorientierung, Planorientierung bei Hindernissen)		
2.5 Ausklang		**10 min**
- Blitzlicht - Was nehmen Sie aus der heutigen Sitzung mit? - Wie gehen Sie jetzt nach Hause?		

Tab. 4.5 Benötigte Materialien Baustein I: Blick in die Gegenwart und in die Zukunft

Material	für
Sprechobjekt (z. B., Ball, Figur, o. Ä.)	Blitzlicht
Ggf. Namensschilder	Ansprache der Teilnehmenden
Flip-Chart 6: „Agenda Coaching“	Vorstellung „Agenda Coaching“
Flip-Chart 7: „Agenda heute“	Vorstellung „Agenda heute“
Flip-Chart 8: „Spielregeln“	Spielregeln erarbeiten
AB 2: „Spielregeln“	Spielregeln: Zur Dokumentation/Protokollierung im Nachgang und zum Verteilen in der nächsten Sitzung
IB 3: „Feedback und Blitzlicht“	Spielregeln/Feedbackregeln
Sammelordner (ggf.)	Begrüßung/Einleitung
Flip-Chart 9: „Haus des Lebens“	Vorstellung Haus des Lebens
AB 4: „Haus des Lebens“	Haus des Lebens
AB 5: „Meine Rollen – heute“	Rollen
AB 6: „Meine Rollen – in Zukunft“	Rollen
AB 7: „Meine Rollen – Leitfragen“	Rollen
Papier, Stifte (versch. Farben)	für die Teilnehmenden (auf Tischen verteilt bereitstellen)
Flip-Chart 10: „Stages of Change“	Vorstellung Konzept Stages of Change
AB 8: „Stages of Change“	Stages of Change

Anmerkungen: AB = Arbeitsblatt, IB = Informationsblatt

4.2.1 Einstieg (30 min)

■ **Begrüssung und Überblick (5 min)**

Ziel – Willkommen heißen. Danach wird anknüpfend an die Einführungsveranstaltung nochmals das Coaching-Programm als Ganzes vorgestellt sowie Informationen über den Ablauf und den Inhalt der heutigen Sitzung vermittelt.

Vorgehen – Der Coach begrüßt die Teilnehmenden und bedankt sich für ihr Kommen und ihre Teilnahme an der Gruppenintervention.

Die Agenda des Coaching-Programmes (s. Einführungsveranstaltung) (Flip-Chart 6: „Ablauf des Coachings") wird nochmals kurz vorgestellt. Dies kann ggf. etwas ausführlicher ausfallen (falls z. B. Teilnehmende anwesend sind, die an der Einführungsveranstaltung nicht teilnehmen konnten, oder weitere Fragen auftauchen). Anschließend stellt der Coach die heutige Agenda (Flip-Chart 7: „Agenda heute") und die Hauptthemen des heutigen Coachings vor.

Hintergrund – Zum Beginn der Sitzung soll etwas Zeit dafür genutzt werden, die Teilnehmenden abzuholen und vor dem inhaltlichen Einstieg Raum für organisatorische Aspekte und eventuelle Rückfragen der Teilnehmenden, die sich seit dem ersten Treffen ergeben haben, zu klären.

■ **Blitzlicht (10 min)**

Ziel – Die Teilnehmenden sollen im Hier und Jetzt ankommen und sich darüber bewusst werden, was sie noch von ihrem Tag „mitbringen", was sie gerade beschäftigt bzw. wie es ihnen geht und welche Gefühle und Erwartungen Sie (aktuell) haben.

Das Blitzlicht stellt ein wiederkehrendes Element des Coachings dar, das in jeder Sitzung (teilweise in abgewandelter Form) zu Beginn und am Ende zum Einsatz kommt.

Vorgehen – Da dies die erste Blitzlicht-Runde ist, werden zunächst die Blitzlicht-Regeln kurz erläutert:

„Wir wollen das heutige Treffen mit einer sogenannten „Blitzlichtrunde" starten. In dieser Blitzlichtrunde hat jede Teilnehmerin und jeder Teilnehmer die Möglichkeit, in ein bis zwei Sätzen mit der Gruppe zu teilen, wie es ihr oder ihm gerade geht, was er oder sie vom heutigen Tag noch alles so „mitbringt", was sie oder ihn gerade beschäftigt oder welche Erwartungen sie/er an die heutige Sitzung hat. Damit haben wir alle einen kleinen Einblick in die Stimmungslage der Gruppe. Eine solche Runde werden wir in jedem unserer Treffen zu Beginn und zum Ende als Einstieg bzw. als Abschluss der Sitzung durchführen.

Dabei gibt es keine feste Reihenfolge, sondern nur eine einfache Regel: Die Person, die den Ball (oder anderen Sprechgegenstand) [Gegenstand zeigen] *in der Hand hält, spricht und legt ihn anschließend zurück bzw. gibt ihn an die Person weiter, die danach zu Wort kommen möchte.*

Wer möchte gerne mit der Blitzlichtrunde beginnen? [der Person, die beginnen möchte, das Sprechobjekt übergeben].

Wie geht es Ihnen heute, was hat Sie heute beschäftigt?"

Hintergrund – Die Blitzlichtmethode ermöglicht es einerseits, schnell und effizient ein Stimmungsbild bzw. Feedback einzuholen. Dies hilft dabei, die derzeitige Arbeitssituation gut einzuschätzen und schnell in einen lösungsorientierten Modus zu gelangen. Außerdem hilft die bewusste gedankliche Beschäftigung mit der aktuellen „inneren" Situation den Teilnehmenden, aktuelle („störende") Gedanken und Ablenkungen zu verbalisieren und damit hinter sich zu lassen, um im Hier und jetzt anzukommen und sich bewusst der Sitzung und ihren Inhalten zuzuwenden.

- **Spielregeln (10 min)**

Ziel – In diesem Schritt soll eine Vereinbarung gemeinsam getragener Grundregeln für den Umgang miteinander im Coaching getroffen werden. Neben den von der Gruppe erarbeiteten Regeln und Richtlinien liegt ein weiterer Fokus auf der Vermittlung von Feedbackregeln sowie einem Hinweis auf die Schweigepflicht (sofern diese nicht Teil der von der Gruppe selbst formulierten Regeln sind).

Vorgehen – Der Coach fragt die Teilnehmenden, was Ihnen für das Coaching und das gemeinsame Arbeiten in der Gruppe wichtig ist und schlägt vor, dies in wenigen kurzen Regeln festzuhalten. Dabei soll es insbesondere darum gehen, wie die Teilnehmenden in den Gruppensitzungen miteinander umgehen möchten, was sie sich für sich und für andere wünschen und auch darum, was sie in diesem Setting nicht erleben möchten.

„In den nächsten sechs Wochen werden wir hier gemeinsam viele verschiedene Themen bearbeiten, und dabei in Kleingruppen und in der Gesamtgruppe viele Dinge erarbeiten und besprechen. Bei diesem intensiven Austausch und der Zusammenarbeit in der Gruppe sollen sich alle Personen wohlfühlen. Dafür ist es sinnvoll, dass wir zu Beginn gemeinsame verbindliche Regeln festhalten, die dies ermöglichen. Diese Regeln werde ich hier sammeln und Ihnen nächste Woche auch in gedruckter Form mitbringen. Was ist aus Ihrer Sicht für den Umgang miteinander in der Gruppe wichtig?"

Auf Grundlage dieser Sammlung werden gemeinsam Regeln definiert, die der Coach am Flip-Chart (Flip-Chart 8: „Spielregeln") festhält. Nach der Vereinbarung der Regeln weist der Coach darauf hin, dass diese Regeln in der nächsten Sitzung als Protokoll ausgeteilt werden und in der Mappe abgeheftet werden können.

Außerdem stellt der Coach kurz die vorbereiteten Feedbackregeln vor und teilt das Informationsblatt zu den Feedbackregeln (IB 3: „Feedback & Blitzlicht", s. Anhang oder elektronisches Zusatzmaterial) aus.

„Im Rahmen unserer Sitzungen wird es auch immer wieder einmal dazu kommen, dass wir uns gegenseitig in irgendeiner Form Rückmeldung geben. Feedback ist eine sehr wertvolle und wichtige Sache zur persönlichen Weiterentwicklung und kann sehr hilfreich sein. Vor allem dann, wenn es gut ist. Damit meine ich nicht unbedingt, dass es positiv sein muss, sondern vor allem, dass es gut gegeben wird. D. h. dass es konkret formuliert ist und wertschätzend überbracht wird. Hierzu gibt es bereits viele wissenschaftliche und praktische Erkenntnisse, die ich Ihnen auf einem Informationsblatt zusammengestellt habe und die ich Ihnen gerne für das Coaching mitgeben möchte."

Hintergrund – Gemeinsam verabschiedete Regeln helfen, den Umgang in der Gruppe konstruktiv zu gestalten und das gemeinsame Ziel nicht aus den Augen zu verlieren. So schaffen gemeinsam aufgestellten Regeln Verbindlichkeit und ein Gefühl von Selbstverantwortlichkeit für den gesamten Gruppenprozess. Aus diesem Grund erleichtern sie sowohl für den Coach den Umgang mit der Gruppe als auch die Interaktion der Gruppenmitglieder untereinander und können dazu beitragen, Missverständnisse zu vermeiden.

Tipp

Häufig fallen den Teilnehmenden viele wichtige Aspekte für den gemeinsamen Umgang ein. Achten Sie darauf, diese direkt als Regel zu formulieren. Am besten in positiver Konnotation, d. h. ohne Verneinungen: z. B. „Wir gehen wertschätzend miteinander um.“ anstelle von „nicht respektlos sein“, „Keine Beleidigungen“ o.Ä.. Gegebenenfalls können solche Aspekte bzw. Beispiele als Ergänzung in Klammern hinzugefügt werden.

Zum Abschluss können die Regeln noch nach ihrer Priorität oder thematisch geordnet (z. B. mit Nummerierung) werden. Diese Reihenfolge kann dann im Protokoll (AB 2: „Spielregeln“, s. Anhang oder elektronisches Zusatzmaterial) übernommen werden.

Manchmal kann es vor kommen, dass Vorschläge für mögliche Regeln eher zögerlich bzw. nur von einzelnen Personen gemacht werden. In dieser Situation kann es hilfreich sein, bestimmte Themenbereiche anzusprechen und gezielt nachzufragen, ob es hierzu bestimmte Vorstellungen gibt. Z. B. Anredeform der Teilnehmenden untereinander und zwischen Coach und Teilnehmenden (Sie/Du), Handy (ausschalten) etc..

Anbei einige Punkte, die der Coach ggf. nochmals ansprechen/anstoßen sollte, falls diese nicht von den Teilnehmenden formuliert werden:
- Schweigepflicht/Vertraulichkeit
- Wertschätzender Umgang
- Anredeform im Coaching
- Persönliche Grenzen ziehen und aufzeigen (z. B. was möchte ich erzählen, was nicht, „Nein“-Sagen, etc.)

4.2.2 Das Haus des Lebens (15 min)

Ziel – Das Haus des Lebens wird als Leitmodell und Strukturelement des Kurses eingeführt und erläutert.

Vorgehen – Der Coach stellt das Haus des Lebens mit Hilfe des vorbereiteten Flip-Charts (Flip-Chart 9: „Haus des Lebens“) vor. Er erklärt die verschiedenen Bereiche, die das Haus des Lebens enthält, wie diese in Verbindung stehen und wie sie sich gegenseitig beeinflussen. Dabei wird auch darauf verwiesen, dass sich dieses Modell insbesondere für die Standortbestimmung und Selbstreflexion eignet. Die verschiedenen Lebensbereiche und Persönlichkeitsaspekte werden dabei individuell von den Teilnehmenden beleuchtet.

Der Coach geht dabei auch noch einmal explizit auf das Dach ein und teilt das zugehörige Arbeitsblatt (AB 4: „Haus des Lebens“, s. Anhang oder elektronisches Zusatzmaterial) aus:

„Ein Modell, das uns in den nächsten Sitzungen begleiten wird, ist das „Haus des Lebens“. Das Haus des Lebens ist eine Darstellung verschiedener Aspekte unseres Lebens und unserer Persönlichkeit, die uns ausmachen und unser Denken, Handeln und Fühlen beeinflussen. Diese Darstellung soll uns in verschiedenen Sitzungen dazu dienen, die verschiedenen Komponenten und Bereiche des eigenen „Hauses des Lebens“ näher zu ergründen. Die Einteilung in verschiedene Bereiche erlaubt dabei eine Strukturierung und eine systematische Betrachtung dieser Aspekte und ihrer Zusammenhänge.

Um ein stabiles Haus des Lebens zu haben, müssen sowohl das Fundament als auch das Dach und die verschiedenen Lebensbereiche entwickelt und ausbalanciert werden. Hinter den Zielen stehen wichtige Werte im Leben: Was ist mir wichtig, wofür will ich stehen? Diese wirken sich auch auf die verschiedenen Lebensbereiche und die damit verbundenen Rollen, Ressourcen und Einstellungen aus.

Das Fundament bildet Ihre heutige Lebenssituation. Darunter verstehen wir alles, was Ihnen aktuell zur Verfügung steht, und was ihr Leben heute ausmacht: Ihre Lebenserfahrung, Ihre Fähigkeiten, Ihre Ressourcen und Rahmenbedingungen. Worauf können Sie bauen?

Die Ziele und die Werte, die Sie verwirklichen wollen, bilden das Dach. Sie müssen zu Ihren Werten und zu Ihrer Persönlichkeit passen: Was wollen Sie langfristig erreichen? Wofür wollen Sie sich einsetzen? Was gibt Ihrem Leben Sinn? Was ist wirklich wichtig und welche Werte sollen Ihr Handeln leiten?

Zwischen dem Fundament und dem Dach, also zwischen wünschenswerter Zukunft und dem Hier und jetzt bzw. der aktuellen Realität gilt es, verschiedene Lebensbereiche zu entwickeln und auszubalancieren, um das Haus stabil zu halten.

Uns interessieren dabei in den nächsten Sitzungen Ihre verschiedenen Lebensbereiche aber insbesondere auch Ihr Fundament, das worauf Sie bauen können.“

Der Coach leitet zum nächsten Punkt „meine Rollen“ über:

„Hierzu wollen wir uns im nächsten Schritt einmal Ihren individuellen Rollen widmen.“

Hintergrund – Mit dem „Haus des Lebens“ (in Anlehnung an Fischer-Epe & Epe, 2012) lernen die Teilnehmenden ein Model zur Standortbestimmung (s. Fischer-Epe & Epe, 2012, S. 68 ff.) kennen. Hierbei bildet die heutige Lebenssituation das Fundament, Ziele und Werte das Dach. Die verschiedenen Lebensbereiche verbinden Fundament und Dach. Um das Haus des Lebens stabil zu halten, müssen diese Lebensbereiche weiterentwickelt und ausbalanciert werden. Außerdem muss in „alle Bereiche vom Keller bis zum Dach regelmäßig investiert werden“ (Fischer-Epe & Epe, 2012, S. 69). Das Haus des Lebens kann einerseits dafür genutzt werden, sich einen ersten Überblick über verschiedene Lebensbereiche, persönliche Motivationen, Ziele und Soll-Ist-Vergleiche zu verschaffen. In den folgenden Sitzungen wird es aber insbesondere für die Standortbestimmung im Hinblick auf individuelle Ressourcen zum Einsatz kommen (► Abschn. 4.3.3).

4.2.3 Meine Rollen (45 min)

Ziel – Die Teilnehmenden analysieren ihre aktuellen und zukünftigen Lebensrollen. Ferner werden Veränderungen durch den Übergang in den Ruhestand und Wünsche, die ihre aktuellen und zukünftigen Rollen sowie damit verknüpfte Tätigkeiten, Kompetenzen und Ressourcen betreffen, thematisiert.

▪ **Meine aktuellen Rollen (15 min)**

Vorgehen – Die Teilnehmenden erhalten das Arbeitsblatt 5: „Meine derzeitigen Rollen" (s. Anhang oder elektronisches Zusatzmaterial). Der Coach erläutert die Übung, indem er/sie anhand des vorbereiteten Flip-Charts 10: „Meine Rollen" das Vorgehen darstellt.

Die Teilnehmenden sollen zunächst ihre aktuellen Rollen auf dem Arbeitsblatt eintragen. Dabei können sehr verschiedene Arten von Rollen festgehalten werden, wie z. B. berufliche Rollen, Rollen innerhalb der Familie oder in der Freizeit (Hobby, Verein, etc.). Aber auch die „Rollen-Ebenen" können variieren. So kann man im Beruf einerseits z. B. aufgrund verschiedener Aufgaben unterschiedliche Rollen (z. B. Führungsrolle/Projektleitung, Mitarbeit/Zuarbeit, zusätzliche Rollen (oder Funktionen) wie z.B. als Ausbilder:in oder Personalratfunktionen) haben. Andererseits gibt es natürlich auch innerhalb eines Bereichs z. B. im Team oder in der Abteilung soziale Rollen wie z. B. Ansprechpartner:in bei Problemen oder Ruhepol/Harmoniestifter:in im Team zu sein. Diese Rollen können explizit oder implizit zugeteilt oder übernommen sein.

„In der folgenden Übung geht es darum, die eigenen Rollen näher zu betrachten. In unserem Alltag schlüpfen wir alle in viele verschiedene Rollen. Bei der Arbeit (z. B. als Chef:in, Kollege:in oder in Bezug auf die fachlichen Arbeit, etc.), zu Hause bzw. im Privatbereich (als Partner:in, Freund:in, Vereinsmitglied, usw.…).

Einerseits gibt es wahrscheinlich einige verschiedene Bereiche in denen Sie unterschiedliche Rollen einnehmen. Andererseits können auch innerhalb eines Bereichs verschiedene Rollen-Ebenen zum Tragen kommen. An meinem Beispiel kann das z. B. bedeuten, dass ich im Betrieb neben bestimmten Rollen aufgrund meiner fachlichen Tätigkeiten (z. B. Moderator:in bei Coachings; Data-Analysist bei der Auswertung der Daten etc.), auch Führungs- oder Mitarbeitenden-Rollen einnehmen, oder auch zusätzliche Aufgaben (und damit verbundene Rollen) wie z. B. als Ausbilder:in oder Betriebsrat/rätin haben. Zusätzlich gibt es noch weitere Rollen. So könnte ich vielleicht für meine Kolleg:innen der „Kummerkasten" oder die „Harmoniestifterin" sein. Hier sehen Sie noch einen weiteren Unterschied. Manche dieser Rollen sind Ihnen explizit zugewiesen, andere übernehmen Sie implizit, d. h. ohne dass diese Ihnen (offiziell) zugewiesen werden, oder Sie sich dazu (offiziell) bereit erklären. Einige dieser Rollen wollen Sie vielleicht eigentlich auch gar nicht unbedingt einnehmen, andere mögen Sie vielleicht sehr gerne und übernehmen diese daher gern.

Um alle diese Rollen soll es im Folgenden gehen."

Die Teilnehmenden werden gebeten, alle Rollen aufzuzeichnen, die sie aktuell innehaben. Zur Strukturierung kann auch das Haus des Lebens dienen, anhand dessen die verschiedenen Lebensbereiche „durchgegeangen" werden können. Im

Anschluss können die Teilnehmenden bestimmte Rollen gesondert kennzeichnen: Was sind die derzeitigen Hauptrollen, welche Rollen werden besonders gern übernommen, welche bereiten Probleme?

„Ich möchte Sie gerne einladen, anhand eines einfachen Schaubildes Ihre aktuellen Rollen zu skizzieren. Hierfür notieren bzw. skizzieren Sie diese auf dem Arbeitsblatt. Gerne können Sie diese nach Lebensbereichen (oder einem anderen Schema) sortieren bzw. ordnen. Dazu können Sie auch gerne das „Haus des Lebens" als Orientierung bzw. Fahrplan nutzen, um die verschiedenen Lebensbereiche zu überprüfen. Nehmen Sie sich dafür einige Minuten Zeit. „

[ca. 10 min]

Nach ca. 10 Min weist der Coach darauf hin, dass die Teilnehmenden langsam zum Ende kommen sollen.

„Sie haben nun sicher schon einige Rollen zu Papier gebracht. Kommen Sie nun langsam zum Ende und ergänzen Sie ggf. noch relevante Rollen. Schauen Sie sich anschließend Ihre aktuellen Rollen noch einmal genau an: Vielleicht gibt es bestimmte Rollen, die für Sie besonders wichtig sind, die Ihnen besonders viel Spaß machen, oder die Sie nicht so gerne einnehmen. Markieren Sie diese Rollen mit passenden Symbolen – z. B. ein Stern für Hauptrollen, Smileys ☹ oder ☺ für (un-)geliebte Rollen, etc.. Ihrer Fantasie sind dabei keine Grenzen gesetzt. Nehmen Sie sich auch hierfür noch einmal kurz Zeit."

[ca. 5 Min.]

Tipp

Die Zeit-Angaben in dieser und allen anderen Übungen sind Richtwerte. Diese sind (abgesehen von der zeitlichen Sitzungsstruktur) immer auch von der jeweiligen Gruppe und deren Eigenschaften wie z. B. Gruppengröße, individuelle Zusammensetzung der Teilnehmenden, weitere Rahmenbedingungen (Raumart,- größe, Tageszeit etc.) abhängig.

Versuchen Sie als Coach darauf zu achten, wie viel Zeit für die aktuelle Gruppe „richtig" ist. Hierbei ist es hilfreich verschiedene Anzeichen zu beachten, z. B. schreiben alle (der Großteil der) Teilnehmenden noch durchgehend, wird wahrscheinlich noch etwas mehr Zeit benötigt. Sprechen Sie dies auch gerne an: *„Ich sehe, viele von Ihnen schreiben noch eifrig, daher nehmen wir uns noch etwas mehr Zeit für diesen Teil …"* Wird es sehr ruhig (oder durch beginnende Gespräche unruhig im Raum), oder die Teilnehmenden sehen sich vermehrt im Raum um, um zu schauen, was andere tun, bzw. wie es wohl weitergeht, ist dies wahrscheinlich ein Zeichen dafür, eine Übung vielleicht auch vorzeitiger zu beenden bzw. den nächsten Schritt einzuleiten und hierbei aber auch einzelne Personen, die noch etwas länger brauchen mitzunehmen: *„Ich habe den Eindruck, dass viele von Ihnen bereits fertig sind, daher würde ich gerne in ein paar Minuten zur nächsten Übung überleiten…"*

Im Zweifelsfall kann die Gruppe auch direkt dazu befragt werden: *„Wie ist die Lage? Benötigen Sie eher noch etwas mehr Zeit, oder sind Sie so weit, dass wir in wenigen Minuten/einigen Augenblicken zum Ende kommen können?"*.

- **Meine zukünftigen Rollen (15 min)**

Vorgehen – In einem zweiten Schritt erhalten die Teilnehmenden das Arbeitsblatt 6 „Meine zukünftigen Rollen“ (s. Anhang oder elektronisches Zusatzmaterial) und werden gebeten, dort Ihre Rollen aufzuzeichnen, wie sie sich diese für die Zukunft, d. h. insbesondere für die Zeit im Ruhestand oder die kommende Übergangszeit vorstellen. Dabei können sowohl Wünsche und Vorstellungen, aber auch Befürchtungen, Beachtung finden. Auch hier kennzeichnen die Teilnehmenden die verschiedenen Rollen (z. B. „Haupt- und Nebenrollen“, problematische Rollen, angenehme oder weniger angenehme Rollen etc.).

Der Coach teilt das Arbeitsblatt aus und instruiert die Teilnehmenden für diesen Teil der Sitzung:

„Im nächsten Schritt möchte ich Sie dazu einladen, den Blick in die Zukunft zu richten. Insbesondere mit Blick auf den Übergang in den Ruhestand, bzw. die Zeit danach. Skizzieren Sie auf diesem zweiten Arbeitsblatt Ihre zukünftigen Rollen. Wie werden sich Ihre Rollen in der Zukunft verändern, was wird gleichbleiben? Kennzeichnen Sie auch hier gerne wieder Besonderheiten einzelner Rollen, z. B.:

- Welche Rollen werden in der Zukunft Ihre neuen „Hauptrollen“ sein,

- welche Rollen werden „automatisch da“ sein,

- welche Rollen müssen erst noch „geschaffen“ werden,

- welche Rollen werden Ihnen vielleicht Probleme bereiten,

- auf welche Rollen freuen Sie sich besonders?

Nehmen Sie sich dafür wieder einige Minuten Zeit.“

- **Austausch Kleingruppe (15 min)**

Vorgehen – Im Anschluss daran tauschen sich die Teilnehmenden in Zweiergruppen über die von ihnen erstellten Organigramme aus: Dabei steht vor allem im Fokus, was ihnen beim Zeichnen auffiel, wie sie sich ihre zukünftigen Rollen vorstellen und welche Besonderheiten bzw. Auffälligkeiten sich in den beiden Bildern finden. Als Orientierungshilfe dient das Arbeitsblatt 7: „Meine Rollen: Leitfragen“ (s. Anhang oder elektronisches Zusatzmaterial). Darauf können die Antworten des Gegenübers notiert werden. Im Anschluss an die Gesprächsrunde können die Notizen ausgetauscht werden – so erhält jede/r Gesprächspartner:in einen persönlichen Mitschrieb.

Der Coach teilt die Leitfragen aus und instruiert die Kleingruppenarbeit:

„Im Anschluss an diese „innere Auseinandersetzung“ mit dem Thema Rollen, wollen wir uns jetzt etwas Zeit nehmen, die beiden Bilder in Beziehung zu setzen und zu reflektieren, was Ihnen dabei auffällt. Hierfür lade ich Sie ein, sich mit einer anderen Person zusammen zu tun und sich in dieser Kleingruppe darüber auszutauschen, was Ihnen auffällt, oder auch schon beim Erstellen des Schaubildes auffiel [falls die Anzahl Teilnehmender ungerade ist, eine Dreiergruppe bilden]. Hierfür können Ihnen die Leitfragen auf diesem Blatt dienen. Wenn Sie mögen, können Sie sich dort die Antworten Ihres Gegenübers notieren, und die Blätter im Anschluss tauschen. Alternativ können Sie natürlich auch Ihre eigenen Antworten/Gedanken auf Ihrem Blatt festhalten – entweder direkt jetzt oder auch im Nachgang zur heutigen Sitzung zu Hause. Entscheiden Sie einfach in Ihrem Tandem, welche Vorgehensweise für Sie heute gut passt.“

Zeitliche Struktur: Nach ca. 5 min gibt der Coach einen Impuls zum Wechsel (falls die Teilnehmenden nicht schon gewechselt haben) und nach ca. 10 min fordert er dazu auf, zum Ende zu kommen.

Hintergrund – Den Annahmen der Rollentheorie (Ashforth, 2001) zufolge sind Rollenaustritte und -übergänge wichtige Faktoren für den Übergang in den Ruhestand und die Anpassung an die neue Lebensphase (vgl. ▶ Abschn. 2.3.1). Der Vergleich von „Arbeitsrollen“ und „Rollen im Ruhestand“ kann dabei Auswirkungen auf die Ruhestandserwartungen haben (Newman et al., 2013). Erwarteten Rollenverlusten kann dabei eine besondere Bedeutung zukommen. Dies ist vor allem dann der Fall, wenn die Arbeitsrolle die einzige bzw. eine sehr wichtige Identitätsgrundlage darstellt, sodass der (drohende) Verlust dieser Rolle negative Auswirkungen haben kann (Ashforth, 2001; Riley & Riley, 1994). Dabei scheinen insbesondere soziale Rollen mit dem Wohlbefinden in Beziehung zu stehen, da sie dazu führen, dass man sich wertvoll und nützlich fühlt (Heaven et al., 2013).

In diesem Coaching-Baustein wurden deshalb die individuellen Rollen im Arbeits- und Privatleben analysiert. Die Teilnehmenden betrachteten dazu zunächst ihre aktuellen und ihre (antizipierten) zukünftige Rollen. Dabei wurde der Fokus insbesondere auf potenzielle erwünschte und unerwünschte Veränderungen und Entwicklungen, die mit dem Eintritt in den Ruhestand einhergehen, gelegt. Im nächsten Schritt wurden dann darauf aufbauend konkrete Strategien erarbeitet, um unerwünschten Entwicklungen entgegenzuwirken.

Tipp

Manche Teilnehmenden empfinden die Leitfragen als eine Einschränkung und bevorzugen es, sich frei (ohne Vorgaben) auszutauschen. Dies ist natürlich auch möglich und ausdrücklich erlaubt. Auch ein Abweichen im weiteren Verlauf oder die Änderung der Reihenfolge der Fragen ist natürlich möglich. Im Vordergrund soll der konstruktive und fruchtbare Austausch stehen, der die Struktur vorgibt.

Stellen Sie es den Teilnehmenden daher gerne explizit frei, diese Austauschrunde so zu nutzen, wie es sich für sie aktuell am passendsten anfühlt.

4.2.4 Stages of Change

Ziel – Ziel dieses Abschnittes ist die Visualisierung von Veränderungen und insbesondere Veränderungsprozessen. Das nähere Betrachten von Veränderungsprozessen dient dazu, dass einerseits verschiedene Schritte von Veränderungen nachvollzogen werden können und andererseits Möglichkeiten erkannt werden, wie diese positiv beeinflusst werden können. Darüber hinaus soll mit dem Modell veranschaulicht werden, dass auch Rückschritte ein Teil von Veränderungen sein können.

Vorgehen – Der Coach erläutert das Bild der Stages of Change anhand des Flip-Charts 11: „Stages of Change“. Die Teilnehmenden erhalten außerdem ein AB mit der Darstellung des Modells (AB 8: „Stages of Change“, s. Anhang oder elektronisches Zusatzmaterial) für Ihre Unterlagen. Mit Hilfe des Modells soll der Veränderungsprozess mit seinen verschiedenen Stufen veranschaulicht werden. Auch die Übergangsphase in den Ruhestand kann als Veränderungsprozess gesehen werden. Da sich die Teilnehmenden selbst aktuell oder in Zukunft in diesem Veränderungsprozess befinden, passt das Modell gut zur Thematik des Coachings.

„Neben dem Haus des Lebens möchte ich Ihnen nun gern noch ein weiteres Modell vorstellen, das uns in diesem Coaching begleiten wird. Es ist ein Modell, das Veränderungsprozesse allgemein beschreibt. Da Sie alle sich auch in einem Veränderungsprozess befinden oder bald befinden werden, passt es sehr gut zu diesem Coaching. Die Stages of Change beschreiben, wie Veränderungen von statten gehen:

Am Beginn jeder Veränderung steht der Alltag oder die Nichtbeschäftigung mit einem bestimmten Thema. Allmählich rückt dieses Thema dann weiter ins Bewusstsein und man beschäftigt sich (z. B. gedanklich) damit. Hier ein Beispiel, mit dem Sie oder jemand in Ihrem Umfeld sich bestimmt schon einmal beschäftigt hat: Ernährungsumstellung. In diesem Beispiel wäre der erste Schritt: darüber nachzudenken, dass die aktuelle Ernährung suboptimal ist und der Wunsch entsteht, daran etwas ändern zu wollen.

Im nächsten Schritt der Veränderungen werden dann Vorbereitungen getroffen. Diese können sowohl mentaler als auch materieller Natur sein, d. h. die Vorbereitung kann sowohl gedankliche Vorstellungen als auch tastsächliche Gegenstände und Handlungen beinhalten (im Falle des Ernährungsbeispiels z. B. Überlegungen anstellen, welche Art der Ernährung sinnvoll bzw. das Ziel sein soll, Informationen beschaffen, z. B. ein passendes Buch kaufen/lesen, entsprechende Nahrungsmittel/Produkte kaufen). Danach erfolgt das Ausführen der geplanten und vorbereiteten Handlung (am Beispiel: Essen umstellen auf neue Verhaltensweisen bzw. Nahrungsmittel) und bei erfolgreichem Gelingen und gutem Verlauf die Aufrechterhaltung der Handlung/der durchgeführten Veränderung.

Das Konzept zeigt auf, dass Veränderung immer ein Prozess ist, wobei jede Stufe bzw. jeder Schritt wichtig ist. Außerdem wird anhand des Modells deutlich, dass es immer Rückschritte und der Neuorientierung geben kann. So kann sich in meinem Beispiel der Ernährungsumstellung beispielsweise herausstellen, dass die gewünschte Form der Ernährung nicht mit dem Alltag (z. B. Schichtarbeit o. Ä.) kompatibel ist. So muss vielleicht eine andere Ernährungsweise in Betracht gezogen werden oder das angewandte Schema individuell angepasst werden. Diese Anpassungen sind Teil der Veränderung und helfen, Prozessschritte zu verändern bzw. zu korrigieren, um letzten Endes zu optimieren."

Das Konzept stellt ein zweites Leitbild des Coachings dar, dem die Teilnehmenden noch häufiger begegnen werden. Es dient als Orientierung dazu, an welchem Punkt oder auf welcher Stufe des Veränderungsprozesses sich die Teilnehmenden gerade befinden. Die Teilnehmenden können sich diese Frage stellen und sich ggf. einer entsprechenden Stufe zuordnen.

Hintergrund – Das Konzept der Stages of Change (Norcross et al., 2011) ist ein zweites Leitmodell des Coachings. Es dient insbesondere der Visualisierung von Veränderungsprozessen. Die Grundannahme des Modells ist, dass Veränderungen sich stufenweise und aufeinander aufbauend entwickeln. Die Stages of Change wurden bereits erfolgreich auf verschiedene Aspekte des Gesundheitsverhaltens angewendet (Greene et al., 2013; Prochaska et al., 2004).

In Hinblick auf die kommenden Sitzungen wurde bei der Vorstellung der Stages of Change besonders betont, dass es im Verlauf des Veränderungsprozesses immer Rückschritte geben kann, die eine Zielüberprüfung und -anpassung erforderlich machen. Ferner veranschaulicht das Modell auch die Tatsache, dass Veränderungen meist nicht von heute auf morgen geschehen, sondern für die einzelnen Stufen Zeit benötigt wird.

4.2.5 Blitzlicht (Ausklang) (10 min)

Ziel – Die Teilnehmenden haben die Möglichkeit, Ihre aktuellen Gedanken, Erkenntnisse, Kurz-Resümees und Gefühle zur heutigen Coaching-Sitzung auszudrücken.

Vorgehen – Der Coach leitet die Blitzlichtrunde ein, indem er die Teilnehmenden dazu einlädt, mit der Gruppe zu teilen, wie Sie sich gerade fühlen, was in Ihnen vorgeht, oder was sie aus der heutigen Sitzung (z. B. als Erkenntnis oder als individuelle Hausaufgabe) mitnehmen.

Es gelten dieselben Regeln wie beim Eingangs-Blitzlicht.

„Unsere erste Coaching-Sitzung neigt sich dem Ende zu. Nachdem Sie sich nun zwei Stunden intensiv mit verschiedenen Themen auseinandergesetzt haben, möchte ich Sie gerne dazu einladen, in der Gruppe zu teilen, wie es Ihnen jetzt gerade geht oder was Sie von der heutigen Sitzung für sich mitnehmen.

Dazu führen wir gemeinsam eine abschließende Blitzlichtrunde durch. Auch dieses Element wird uns in jeder der kommenden Sitzungen begleiten.

Wer möchte gerne beginnen?“ [Der Coach bietet das Sprechobjekt an]

Hintergrund – Durch die Kurzreflexion und das Teilen der eigenen Erlebenswelt werden einerseits die vermittelten Inhalte gefestigt und andererseits die Möglichkeit eröffnet, durch den gegenseitigen Austausch einen weiteren Reflexionsprozess zu initiieren.

4.3 Baustein II: Ressourcen – heute und in Zukunft

Ziele und Inhalte des Moduls

Die Teilnehmenden erörtern ihr persönliches Ressourcenportfolio (soziale & persönliche Ressourcen).

Anhand eines Organigramms werden zunächst derzeitige und zukünftige Beziehungen zu anderen Menschen näher betrachtet, um das soziale Netzwerk näher zu beleuchten. Später führen sich die Teilnehmenden mit Hilfe des Lobalbums eigene Stärken vor Augen und leiten daraus persönliche Ressourcen ab.

Im Fokus dieser Sitzung steht dabei nicht nur das Erkennen eigener Ressourcen und Stärken, sondern auch der Blick in die Zukunft: welche Stärken oder Kompetenzen werden in Zukunft benötigt, welche Ressourcen können mir in Zukunft nützlich sein?

Nachfolgend wird zunächst zusammenfassend der Ablauf der Sitzung dargestellt (◘ Tab. 4.6). Diese Darstellung kann nach der inhaltlichen Vorbereitung als Moderations- bzw. Ablaufplan für die Durchführung dienen. Außerdem werden die für die Sitzung relevanten Materialien aufgeführt (◘ Tab. 4.7). Eine ausführliche Beschreibung der einzelnen Elemente erfolgt ab ► Abschn. 4.3.1.

◘ **Tab. 4.6** Moderationsplan Baustein II: Ressourcen – heute und in Zukunft

Ablauf	**Zeit (Teile)**	**Zeit (gesamt)**
3.1 Einstieg		**20 min**
- Begrüßung, Überblick & Blitzlicht - Wie fühlen Sie sich gerade, was bewegt Sie noch vom heutigen Tag?	10 min	
- Achtsamkeitsübung - Achtsames Essen	10 min	
3.2 Menschen in meinem Leben		**40 min**
- Beziehungslinien zeichnen (heute & in Zukunft) - Wer steht mir besonders nahe? - Häufigkeit des Kontaktes? - Wer unterstützt mich? - Wie werden sich diese Linien nach dem Übergang in den Ruhestand verändern?	20 min	
- Gespräch mit Partner - Wichtige Menschen in meinem Leben - (Positive) Veränderungen durch die Verrentung - Strategien zur Kontaktpflege	20 min	
3.3 Meine Ressourcen und Stärken		**50 min**
- Lob-Album - Welches Lob habe ich bisher erhalten? - Von wem? Wofür? - Welche Begründung würde mir die Person heute dafür geben? - Was steckt dahinter? ➔ Ressourcen und Kompetenzen?	20 min	
- Gespräch mit Partner - Was fällt auf? Welche Kompetenzen kommen häufig vor, welche überraschen? - Welche Ressourcen gibt es noch, welche fehlen Ihnen noch?	20 min	
- Ressourcen-Karten beschriften (farbig; entspechend Haus des Lebens) - Soziale Ressourcen (z. B. Beziehungen, Unterstützung) - Persönliche Ressourcen (Eigenschaften, Fähigkeiten, Einstellungen, Motivationen, Werte, Emotionen…) - Körperliche Ressourcen (Gesundheit, Stärken) - Geistige Ressourcen (kognitive Leistungsfähigkeit, geistige Flexibilität) - Materielle Ressourcen (Finanzen, aber auch Dinge/Gegenstände, die hilfreich sind, wie z. B. Auto)	10 min	

Tab. 4.6 (Fortsetzung)

Ablauf	Zeit (Teile)	Zeit (gesamt)
3.4 Ausklang		10 min
- Blitzlicht - „Wie geht es Ihnen gerade?" - „Was nehmen Sie heute mit?" - „Wie gehen Sie jetzt nach Hause?"		

Tab. 4.7 Benötigte Materialien Baustein II: Ressourcen – heute und in Zukunft

Material	für
Sprechobjekt	Vorstellung und Blitzlicht
Flip-Chart 12: „Agenda"	Agenda
Instruktion „Achtsames Essen"	Achtsamkeitsübung
IB 9/10: „Achtsamkeit"	Achtsamkeit
Flip-Chart 13: „Menschen in meinem Leben"	Meine Beziehungen
Buntstifte	Meine Beziehungen
AB 11: „Beziehungslinien heute"	Meine Beziehungen
AB 12: „Beziehungslinien in Zukunft"	Meine Beziehungen
AB 13: „Beziehungslinien in Zukunft" – Leitfragen	Ressourcen
Flip-Chart 14: „Lobalbum" (Querformat)	Ressourcen
AB 14/15 „Lobalbum" (2× pro Person)	Ressourcen
AB 16: „Lobalbum – Leitfragen"	Ressourcen
Ressourcen-Karten (farbig; z. B. Karteikärtchen)	Ressourcenportfolio
Flip-Chart 15: „Haus des Lebens"	Haus des Lebens
Anmerkungen: AB = Arbeitsblatt, IB = Informationsblatt	

4.3.1 Einstieg (10 min)

▪ Begrüßung, Überblick und Blitzlicht (10 min)

Ziel – Die Teilnehmenden werden willkommen geheißen und erhalten einen Überblick über den Ablauf der heutigen Sitzung. Außerdem sollen die Teilnehmenden im Hier und Jetzt – bei sich und in der Gruppe bzw. der Coaching-Veranstaltung – ankommen und sich darüber bewusst werden, was sie noch von Ihrem Tag „mitbringen", was sie aktuell beschäftigt bzw. welche Gefühle und Erwartungen sie gerade haben.

Vorgehen – Der Coach begrüßt die Teilnehmenden und stellt die heutige Agenda anhand des Flip-Charts 12: „Agenda" vor. Danach leitet er zur Blitzlichtrunde über.

In der Blitzlichtrunde hat jede teilnehmende Person die Möglichkeit, in ein bis zwei Sätzen mit der Gruppe zu teilen, wo/wie sie hierher kam, was sie gerade bewegt, was sie noch vom Tag mitbringt, oder welche Erwartungen sie an die heutige Sitzung hat.

„Wie in der letzten Sitzung, wollen wir auch heute mit einer kurzen Blitzlichtrunde starten: Wie geht es Ihnen gerade, wie war Ihr heutiger Tag, bzw. die letzte Woche und was bringen Sie davon noch mit? Vielleicht hat sich auch nach unserem letzten Treffen etwas ergeben, was Sie gerne mit der Gruppe teilen möchten… Auch dafür können Sie diese Blitzlichtrunde nutzen." [Der Coach bietet das Sprechobjekt an].

Hintergrund – Zum Einstieg der Sitzung soll etwas Zeit dafür genutzt werden, die Teilnehmenden abzuholen und vor dem inhaltlichen Einstieg Raum für organisatorische Aspekte und eventuelle Rückfragen der Teilnehmenden, die sich ggf. seit dem letzten Treffen ergeben haben, zu klären.

▪ Achtsamkeitsübung: Achtsames Essen (10 min)

Ziel – In den folgenden Sitzungen wird jeweils zu Beginn eine kurze Achtsamkeitsübung durchgeführt. Ziel jeder dieser Achtsamkeitsübungen ist es, sich ganz bewusst auf das hier und jetzt zu konzentrieren und den Alltag bzw. das Erlebte hinter sich zu lassen um sich anschließend voll und ganz auf die Sitzung und deren Inhalte sowie auf den Austausch mit den anderen Teilnehmenden einlassen zu können.

Ferner sollen die Teilnehmenden durch diese kurzen Achtsamkeitssequenzen das Konzept der Achtsamkeit kennen und erfahren lernen. Alle Übungen sind so ausgewählt, dass sie sich auch im Alltag durchführen lassen, um die eigene Achtsamkeit zu pflegen und zu stärken.

Das Ziel dieser ersten Achtsamkeitsübung ist es, ganz bewusst die einzelnen Sinneswahrnehmungen beim Essen wahrzunehmen und sich darauf zu konzentrieren.

Vorgehen – Bei dieser ersten Durchführung einer Achtsamkeitsübung erläutert der Coach zunächst in wenigen Sätzen das Konzept der Achtsamkeit:

„Achtsamkeit bedeutet, im Hier und Jetzt zu sein, und den Moment bewusst wahrzunehmen. Im Alltag sind wir häufig mit unseren Gedanken nicht im Hier und Jetzt bzw. im Moment, sondern denken an Vergangenes (z. B. positive oder negative Erlebnisse von gestern; wie hätte ich eine bestimmte Sache besser machen können…) oder über unsere nächsten Schritte nach (was will ich morgen als erstes erledigen, was mache ich nach dem Essen…). Gerade in der heutigen Welt, in der alles immer schneller und immer mehr gleichzeitig „funktionieren" soll, ist die Fähigkeit diese vor- und zurück-gerichteten Gedanken einmal auszusetzen oder „abzuschalten" ein kostbares Gut.

Achtsam zu sein bedeutet, bewusst wahrzunehmen, was wir gerade erleben und dem Wahrgenommenen mit einer bestimmten inneren Haltung zu begegnen:

- *nicht bewerten (Erfahrung nicht in gut oder schlecht, richtig/falsch einteilen), loslassen (Gedanken, Gefühle, Erfahrungen zulassen und wieder gehen lassen),*
- *nicht streben (nicht versuchen, ein Ziel zu erreichen oder woanders hinzukommen als man gerade ist) und*
- *akzeptieren (Dinge so annehmen, wie sie sind).*

Achtsamkeit bedeutet im Hier und Jetzt zu sein, und Erfahrungen und Gedanken bewusst wahrzunehmen, zu akzeptieren und weiterziehen zu lassen. Das hilft, für Neues offen zu sein.

Das Konzept der Achtsamkeit umfasst zwei Komponenten:

1.) Die Lenkung der eigenen Aufmerksamkeit (bewusste Lenkung der Aufmerksamkeit, darauf, was im Hier und Jetzt passiert). Dabei wird die Aufmerksamkeit immer wieder zurück gelenkt auf einen bestimmten Aspekt, wie z. B. den Atem, den eigenen Körper, die eigenen Gedanken, die kommen und wieder gehen.

2.) Die Orientierung, welche von Offenheit, Akzeptanz und Neugier geprägt ist, also neugierig sein auf die eigenen Gedanken, die während der Übung ins Bewusstsein gelangen und wieder gehen. Achtsam sein bedeutet auch, alle Gedanken zu akzeptieren und offen zu sein für alle Erfahrungen.

Die Konzentration auf unsere fünf Sinne kann dabei helfen, mehr im Hier und Jetzt anzukommen und unsere Aufmerksamkeit gezielt auf den Moment zu lenken. In den nächsten Sitzungen werden wir daher immer zu Beginn eine kurze Achtsamkeitsübung mit einem unserer Sinne durchführen.

Diese Achtsamkeitsübungen sind relativ kurz gehalten und sollen quasi ein „Schnupperangebot" darstellen. Wenn Sie sich mehr mit dem Thema Achtsamkeit beschäftigen möchten, lohnt es sich, alle diese Übungen auch zu Hause (oder an anderen Orten durchzuführen), bzw. sich weitere Anleitungen (Bücher, CDs, etc.) zu besorgen."

Anschließend lädt der Coach die Teilnehmenden ein, sich auf eine kurze Gedankenreise zu begeben.

„Ziel dieser Achtsamkeitsübungen ist es, Ihre Aufmerksamkeit auf Dinge zu richten, die sonst meist der Achtsamkeit entgehen. Heute wollen wir „achtsam essen". Im Folgenden geht es nun darum, die Konzentration darauf zu lenken, die Rosine mit allen fünf Sinnen ganz genau wahrzunehmen und zu genießen."

Der Coach verteilt die Rosinen und leitet die Teilnehmenden anschließend mit Hilfe der Achtsamkeitsübung „Rosine Essen" zum Essen der Rosine an.

➔ Instruktion Achtsames Essen vorlesen (▶ Abschn. 7.1.1)

Im Anschluss an die Übung kann noch das Informationsblatt 9/10: „Achtsamkeit" (s. Anhang oder elektronisches Zusatzmaterial) ausgeteilt werden (alternativ kann das IB auch erst am Ende der Sitzung ausgehändigt werden).

Hintergrund – Die Coaching-Module folgen einem festen Schema. Von der zweiten Sitzung an, beinhaltet jedes Modul eine Achtsamkeitsübung zu Beginn des Treffens.

Das Konzept der Achtsamkeit hat seinen Ursprung im Buddhismus sowie weiteren fernöstlichen Meditationstraditionen (Baer, 2003) und wird verstanden als bewusste, nicht wertende Aufmerksamkeit bezüglich aktueller Erfahrungen im Hier und Jetzt. Die Integration von Achtsamkeitstechniken in den Alltag ermöglicht es Menschen, die Gegenwart bewusst zu erleben. (Bishop et al., 2004). Achtsames Verhalten fördert die Selbstregulation persönlicher Gedanken und Gefühle. Neben dem Ankommen im Hier und Jetzt fördert Achtsamkeit die Offenheit für neue Perspektiven und neue Erfahrungen (Bosch & Michel, 2016; Cavanagh & Spence, 2013) und kann so die Wirkweise des Coachings positiv beeinflussen.

Die fünf verwendeten Achtsamkeitsübungen wurden basierend auf verschiedenen Achtsamkeitstraining wie z. B. von Michel, Bosch und Rexroth (2014), Kabat-Zinn (2013), sowie einem im Rahmen einer Abschlussarbeit konzipiertem Schüler-Coaching-Programmes (Grassinger & Kunze, 2011) entwickelt und zusammengestellt.

Verschiedene Studien im Arbeitskontext haben gezeigt, dass Achtsamkeit trainierbar/lernbar ist (Althammer et al., 2021; Bosch & Michel, 2016, 2022; Michel et al., 2014). Daher wurden inhaltlich unterschiedliche, leichte Übungen gewählt, die die Teilnehmenden auch nach den Sitzungen leicht zu Hause praktizieren können, um den Übungseffekt zu steigern.

4.3.2 Menschen in meinem Leben (40 min)

Ziel – Die Teilnehmenden visualisieren und analysieren ihr soziales Umfeld. Dabei stehen enge und wichtige Beziehungen und soziale Ressourcen sowie antizipierte Veränderungen und Entwicklungen durch die Verrentung im Vordergrund.

■ **Reflexion Beziehungslinien Heute und in Zukunft (20 min)**

Vorgehen – Die Teilnehmenden erhalten das Arbeitsblatt 11: „Menschen in meinem Leben“ (s. Anhang oder elektronisches Zusatzmaterial).

Der Coach erläutert anhand des Flip-Charts 13: „Menschen in meinem Leben“ das Vorgehen und die Linien-Legende. Die Teilnehmenden werden gebeten, Menschen, die in Ihrem Leben von Bedeutung sind in Beziehung mit sich selbst (ICH) zu setzen. Dabei symbolisieren Länge und Art der Linie die Nähe der Beziehung und die Kontaktfrequenz. Der Coach instruiert die Teilnehmenden, alle wichtigen Menschen in ihrem Leben in ihr Schaubild einzutragen.

„Der Kontakt mit Menschen und soziale Beziehungen spielen in unserem Leben eine wichtige Rolle. In der folgenden Übung soll es um Ihr soziales Umfeld gehen, insbesondere die Beziehungen zu anderen Menschen und daraus entstehende Ressourcen. Ich möchte Sie gerne dazu einladen, auf dem Arbeitsblatt, das ich Ihnen gerade ausgeteilt habe, alle die Personen bzw. Menschen festzuhalten, die in Ihrem Leben von Bedeutung sind. Das können sowohl Familienmitglieder, Arbeitskolleginnen und -kollegen oder Freundinnen und Freunde sein, aber evtl. auch Menschen, zu denen der Kontakt abgebrochen ist, oder die gerade nicht oder nicht mehr an unserer Seite sein können.

Durch die Art der Linien (z. B. durchgezogen, gestrichelt, oder ohne Linie) und die Position (insb. die Entfernung) der Person auf dem Blatt können Sie die Nähe bzw. die Enge der Beziehung zu den verschiedenen Menschen visualisieren.“

[7–8 min]

Nachdem die Teilnehmenden ca. 7–8 min an Ihren Beziehungslinien gearbeitet haben, führt der Coach den zweiten Teil der Legende ein. Die Teilnehmenden können die verschiedenen Beziehungslinien mit Symbolen kennzeichnen, die die Beziehungen beschreiben. Hierfür haben die Teilnehmenden noch ein paar weitere Minuten Zeit.

„Sie haben nun sicherlich schon einige Personen und Beziehungen visualisiert. Ergänzen Sie nun noch weitere wichtige Beziehungen und gehen Sie dann zum nächsten Schritt über. Schauen Sie sich Ihr Schaubild an, welche Beziehungen sind besonders hilfreich, unterstützen, bereichernd? Welche Beziehungen belasten Sie vielleicht eher? Versehen Sie die entsprechenden Beziehungen mit passenden Symbolen, wie z. B. einem Blitz oder einer Sonne, einem Stern o. Ä.. Ihrer Fantasie sind hierbei keine Grenzen gesetzt.“

[2 min]

Im nächsten Schritt sollen die Teilnehmenden sich überlegen, wie sich ihr Beziehungsnetz verändern wird und soll(!), wenn sie in den Ruhestand gehen werden. Wie würden sich die Teilnehmenden das Beziehungsnetz im Ruhestand im „Optimalfall“ vorstellen. Welche Linien sind und bleiben auch dann wichtig. Welche sollen gestärkt werden, auf welche könnte man vielleicht auch gerne verzichten? Vielleicht haben die Teilnehmenden auch schon eine Vorstellung davon, wie dieses Beziehungsnetz aktiv gestaltet werden kann. Hierfür können die Teilnehmenden entweder mit einer anderen Farbe im ersten Arbeitsblatt arbeiten, oder das Arbeitsblatt 12 „Menschen in meinem Leben in Zukunft“ nutzen (s. Anhang oder elektronisches Zusatzmaterial).

„Nachdem Sie sich nun einen strukturierten Überblick über Ihr aktuelles Beziehungsnetz gemacht haben, möchte ich Sie im nächsten Schritt dazu einladen, darüber nachzudenken, wie sich dieses Netzwerk in der Zukunft entwickeln und verändern wird und soll. Welche Linien werden sich aufgrund Ihrer Verrentung verändern? Welche werden z. B. länger, kürzer oder gestrichelt bzw. durchgezogen? Welche drohen wegzufallen? Und vllt. kommen auch neue Beziehungen hinzu? Skizzieren Sie, wie Sie sich Ihr Beziehungsnetz im Ruhestand wünschen würden: welche Linien möchten Sie aufrechterhalten, verstärken, welche würden Sie gerne „loswerden“? Vielleicht haben Sie auch schon Ideen, wie dies erreicht werden kann. Nutzen Sie dazu das Arbeitsblatt Beziehungslinien in Zukunft oder markieren Sie die Änderungen (z. B. mit einer anderen Farbe) auf dem ersten Arbeitsblatt.“

[10 min]

Tipp

Die Zeitangaben stellen Richtwerte dar. Je nachdem, wie schnell die Teilnehmenden arbeiten, kann es sein, dass für diesen ersten Teil etwas mehr Zeit benötigt wird. Überlegen Sie sich im Voraus, wie Sie in diesem Fall die Zeiteinteilung anpassen. Z. B. ob Sie ggf. 5 Minuten mehr Zeit zulassen können, und dann in der folgenden Austauschrunde die Zeit auf 15 Minuten reduzieren.

Zur Vorbereitung können Sie diese möglichen „Zeitspielräume" auch in Ihrem Moderationsplan notieren.

Dies gilt natürlich auch für die folgenden Übungen des Manuals.

- **Austausch in Kleingruppen (20 min)**

Vorgehen – Nach dem Bearbeiten der Arbeitsblätter sollen diese nun in der Kleingruppe bzw. mit einer Partnerin oder einem Partner diskutiert werden. Dafür finden sich die Teilnehmenden zunächst in beliebige Zweiergruppen zusammen. Anhand der Leitfragen (AB 13: „Menschen in meinem Leben – Leitfragen", s. Anhang oder elektronisches Zusatzmaterial) diskutieren sie ihre Beziehungsnetze und arbeiten interessante Erkenntnisse heraus und leiten Erkenntnisse aus der Übung ab.

„Nachdem Sie sich nun bereits eine ganze Weile allein mit diesem Thema beschäftigt haben, möchte ich Sie nun gerne dazu einladen, sich zu zweit – oder zu dritt – über Ihre Erkenntnisse und Gedanken auszutauschen. Hierfür möchte ich Ihnen gerne die folgenden Leitfragen an die Hand geben, die Sie für den Austausch und ggf. auch die Dokumentation nutzen können."

Nach ca. 10 min gibt der Coach einen Impuls zum Wechsel (falls die Teilnehmenden nicht schon gewechselt haben) und nach ca. 18 min fordert er dazu auf, langsam zum Ende zu kommen.

Hintergrund – In diesem Abschnitt des Coachings beschäftigen sich die Teilnehmenden mit ihren persönlichen Ressourcen, insbesondere ihren sozialen Ressourcen. Diese sind von besonderer Bedeutung, da soziale Ressrroucen einen wichtigen Einflussfaktor für ein positives Rentenerleben (Taylor & Schaffer, 2013) und die erfolgreiche Anpassung an den Ruhestand (Taylor et al., 2008) darstellen. Aufbauend auf den Annahmen der Kontinuitätstheorie (Atchley, 1989, 1999, 2003; vgl. ► Abschn. 2.3.2) sollten die Teilnehmenden sich dabei auch der Frage widmen, welche Beziehungen sich verändern werden und welche gleich bleiben, bzw. in welche Richtung vielleicht auch Veränderungen gewünscht oder nicht erwünscht sind. Die Antizipation dieser Veränderungen und die Reflexion über persönliche Wünsche und Präferenzen stellt eine wichtige Basis für die aktive Gestaltung und Weiterentwicklung (z. B. Stärkung bestehender Freunschaften und Beziehungen) des sozialen Netzwerks für die Zeit des Ruhestands dar.

4.3.3 Meine Ressourcen und Stärken (50 min)

Ziel – Eigene Ressourcen über konkretes Lob erkennen und dahinterstehende Kompetenzen und Stärken erschließen.

- **Lobalbum (25 min)**

Vorgehen – Der Coach erläutert in einigen Sätzen das Konzept „Ressourcen“ und stellt dabei die wichtige Bedeutung für das Selbst, den Umgang mit Herausforderungen und die optimale Nutzung von Stärken heraus.

„Als nächstes möchten wir uns nun mit dem Thema Ressourcen beschäftigen. Sicher haben Sie diesen Begriff schon einmal gehört. Vielleicht in Bezug auf Umweltaspekte und Nachhaltigkeit – Ressourcen, die verschwendet werden, oder die geschont werden sollen z. B. – vielleicht aber auch im Zusammenhang mit Menschen. Darum soll es uns heute gehen: um Ihre persönlichen Ressourcen. Doch was ist das ganz genau? Die Psychologie befasst sich schon seit langem mit diesem Thema und wir wissen, dass Ressourcen eine sehr wichtige Rolle für uns spielen – für unser Wohlbefinden, unsere Zufriedenheit und auch unseren Erfolg.

Ressourcen sind die Gesamtheit der einer Person zur Verfügung stehenden und von ihr genutzten oder beeinflussten schützenden und fördernden Kompetenzen bzw. Fähigkeiten, Handlungsmöglichkeiten oder anderen Komponenten, die es ermöglichen, Situationen positiv zu beeinflussen, unangenehme Einflüsse zu reduzieren, Kraft zu schöpfen und Bedürfnisse zu befriedigen. Also all das, was Ihnen zur Verfügung steht, um Positives zu erleben bzw. negatives zu vermeiden.

Das können Eigenschaften, Fähigkeiten, aber auch Personen oder Dinge/Gegenstände sein.“

Der Coach weist darauf hin, dass es nicht immer leicht ist, seine eigenen Ressourcen zu kennen und zu benennen. Dies soll das Ziel der nächsten Übung sein.

Die Teilnehmenden erhalten das Arbeitsblatt 14 „Lobalbum“ (siehe Anhang oder elektronisches Zusatzmaterial). Am Flip-Chart 14: „Lobalbum“ wird außderdem das skizzierte Lobalbum vorgestellt. (Zunächst ist das Papier sowohl am Flip-Chart als auch des Arbeitsblattes gefaltet, sodass nur die ersten beiden Spalten zu sehen sind).

Der Coach leitet die Teilnehmenden dazu an, in die Vergangenheit zu reisen und sich verschiedene Lobe oder Komplimente zu notieren, die sie in unterschiedlichen Kontexten erhalten haben. In der Spalte daneben soll außerdem notiert werden, wer dieses Lob ausgesprochen hat, und wofür bzw. bei welcher Gelegenheit. Als Gedankenanstoß nennt der Coach auch verschiedene Kontexte

„Es ist nicht immer leicht, sich persönliche Ressourcen und Stärken bewusst zu machen. Vielleicht fallen sie uns nicht besonders auf oder wir nehmen diese einfach als selbstverständlich hin. Manchmal sind wir auch zu bescheiden, ganz nach dem Motto: ‚Eigenlob stinkt‘. Deshalb möchte ich mit Ihnen eine bestimmte Technik anwenden, um persönliche Stärken und Ressourcen sichtbar zu machen.

Hierfür nutzen wir das sogenannte ‚Lobalbum'. Hierzu teile ich Ihnen nun ein Arbeitsblatt aus. Bitte falten Sie das Blatt noch nicht auf. Wir gehen die einzelnen Schritte gemeinsam durch.

Denken Sie einmal zurück an die letzten Wochen/Monate/Jahre und überlegen Sie, in welchen Situation Sie von jemanden gelobt wurden, für etwas, das z. B. Sie getan, gesagt oder geschafft haben. Denken Sie dabei an Ihre Arbeit, Ihre Familie, Beziehungen zu anderen Personen, Ihre Freizeit (z. B. Verein, Hobbies, etc.). Evtl. Können Sie hierzu auch noch einmal das Haus des Lebens betrachten."

Schreiben Sie diese Lobe oder Komplimente in die erste Spalte. Ergänzen Sie dann jeweils in der Spalte daneben, wer dieses Lob oder das Kompliment ausgesprochen hat und ggf. bei welcher Gelegenheit. (Je nach Zeit: „Wenn Sie möchten, können Sie auch an Situationen in der weiteren Vergangenheit denken, wie z.B. Schule, Studium, Lehre, etc.").

Gegebenenfalls kann hier auch ein Beispiel für ein Lob genannt werden (z. B. Gute Zuhörerin/Freundin nach einem guten Gespräch). Dieses kann zur Veranschaulichung auch auf dem Flip-Chart aufgeschrieben werden.

Hierfür sollte den Teilnehmenden einige Minuten Zeit gegeben werden (ca. 5–10 min). Am besten sollten alle Teilnehmenden mindestens 2–3 Lobe notiert haben. Danach wird die dritte Spalte am Flip-Chart angezeichnet (bzw. aufgeklappt):

„Nachdem Sie nun einige Lobe notiert haben, möchte ich gerne mit Ihnen den nächsten Schritt gehen: Was denken Sie, wenn Sie die Person fragen würden, würden, warum sie oder er dieses Lob oder dieses Kompliment ausgesprochen hat, wie würde die Begründung lauten? Schreiben Sie dies in die nächste Spalte"

Die Teilnehmenden sollen nun zu jedem Lob die (imaginäre) Begründung des Lobenden eintragen (den Teilnehmenden hierzu einige Minuten Zeit geben; ca. 5 min)

Im nächsten Schritt geht es darum, die dahinterstehende „gelobte" Stärke oder Kompetenz zu erschließen. Der Coach zeichnet die vierte Spalte am Flipchart an und instruiert die Teilnehmenden, auf ihren Arbeitsblättern einzutragen, was (welche persönliche Stärke, Fähigkeit oder Ressource) hinter dem Lob steht (auch hierfür wieder einige Minuten Zeit lassen, max. 5 min).

„Nun kommen wir zur nächsten und letzten Spalte. Hier notieren Sie bitte, welche persönliche Ressource, das heißt welche Stärke, Fähigkeit oder Eigenschaft von Ihnen hinter diesem Lob oder Kompliment steht. Gehen Sie auch hier wieder alle Zeilen durch und ergänzen diese Spalte."

Nachdem das Lobalbum ausgefüllt ist, sollen die Teilnehmenden sich insbesondere die letzte Spalte noch einmal ansehen: was fällt auf, welche Kompetenzen oder Stärken wurden häufiger genannt, welche kommen vielleicht überraschend, und wofür können oder sollten sie eingesetzt werden.

„Schauen Sie sich nun noch einmal Ihr Lobalbum an. Insbesondere die letzte Spalte. Welche Kompetenzen und Stärken tauchen hier auf. Waren Ihnen diese zuvor schon bewusst, oder war vielleicht auch eine Überraschung dabei? Nutzen Sie diese Ressource aktuell? Oder könnten Sie sie häufiger einsetzen? Welche Ressourcen sind vielleicht mit Hilfe dieser Technik nicht aufgetaucht, die für Sie von besonderer Relevanz sind?"

Austausch in Kleingruppen (15 min)

Vorgehen – Im Anschluss sollen die Teilnehmenden in Zweier- oder Dreiergruppen über Ihre Erkenntnisse diskutieren. Im Vordergrund stehen dabei die letzte Spalte des Lobalbums und die daraus gewonnenen Erkenntnisse über Kompetenzen, Stärken und Ressourcen. Hierbei können die Denkanstöße und Leitfragen auf dem Arbeitsblatt 16: „Mein Lobalbum – Leitfragen" (s. Anhang oder elektronisches Zusatzmaterial) helfen.

Für diesen Austausch stehen ca. 15 min zur Verfügung. Nach ca. 7 min gibt der Coach einen Impuls zum Wechsel (falls die Teilnehmenden nicht schon gewechselt haben) und nach ca. 13 min fordert er dazu auf, langsam zum Ende zu kommen.

Ressourcenportfolio (10 min)

Vorgehen – Im nächsten Schritt sollen die so gewonnen Erkenntnisse nun auf Ressourcenkarten geschrieben werden und in das persönliche Ressourcen-Portfolio aufgenommen werden. Zur Veranschaulichung dient das Flip-Chart 15: „Haus des Lebens".

Der Coach erläutert zunächst das Bild des Ressourcenportfolios (ggf. kann das Ressourcenportfolio auch erst in Sitzung 4 ausführlicher erläutert/vorgestellt werden – es bietet sich aber an, dies hier bereits zu tun, da das Portfolio dann in den weiteren Sitzungen weitergeführt werden kann.)

„Sie kennen Portfolios sicher von Geldanlagen. Hier ist es immer wichtig, seine Anlagen gut zu verteilen – von jedem etwas zu haben, um in „schweren Zeiten" immer noch genug zu haben. So ist es auch mit dem Ressourcenportfolio. Es sollte am besten bunt gemischt und gut sortiert sein."

Um das Portfolio gut sortiert zu halten, können für das Aufschreiben der Ressourcen verschiedenfarbige Kärtchen verwendet werden. Die Teilnehmenden erhalten zunächst ca. 3 Kärtchen von jeder Farbe. Die Karten werden aber auch ausgelegt und die Teilnehmenden können sich so viele davon nehmen, wie sie möchten. Auch in den nächsten Sitzungen liegen die Kärtchen immer wieder aus.

„Sie haben nun schon viel über Ihre Ressourcen, Ihre Stärken, Kompetenzen und Fähigkeiten diskutiert. Im nächsten Schritt möchte ich das gerne noch einmal auf eine andere Art und Weise mit Ihnen festhalten. Vor sich finden Sie Kärtchen in verschiedenen Farben. Das sind Ihre Ressourcenkarten für Ihr persönliches Ressourcenportfolio. Dieses Portfolio setzen Sie in Ihrem Leben in verschiedenen Situationen und mit verschiedenem Zweck ein. Das Portfolio ist sicher nach dieser Übung hier noch nicht vollständig abgebildet. Daher möchte ich Sie einladen, in den folgenden Wochen weiter daran zu arbeiten. Diese Karten werde ich jede Woche mitbringen, so dass Sie jede Woche an Ihrem persönlichen Ressourcenportfolio weiterarbeiten können. Da dieses Portfolio immer ausgewogen sein sollte – d. h. es sollte von allem etwas dabei sein - haben wir die Ressourcen unterteilt. Die farbliche Zuordnung entspricht den Farben im Fundament des Haus des Lebens, das Sie bereits kennen gelernt haben. [Verweis auf Flip-Chart]

Ich bitte Sie nun, die in Ihrem Lobalbum aufgezeigten Ressourcen zu notieren. Notieren Sie außerdem weitere Ressourcen, Stärken und Talente die Sie von sich kennen, und die in Ihrem Leben eine wichtige Rolle spielen (z. B. ‚Krafttankstellen', Energiequellen, soziale Kontakte usw.). Vielleicht auch Ressourcen, die Sie gerne hätten. Wenn die Zeit jetzt etwas zu knapp ist, können Sie auch gerne die Kärtchen zu Hause weiter beschriften."

[5–10 min]

Die Teilnehmenden erhalten außerdem noch ein zweites Lobalbum (AB 15: „Lobalbum", s. Anhang oder elektronisches Zusatzmaterial) mit dem Hinweis, dass diese Vorgehensweise natürlich erneut angewendet werden kann, um weitere Ressourcen zu identifizieren.

Hintergrund – Im Vordergrund dieses Moduls steht das Thema individuelle Ressourcen. Dabei geht es insbesondere um die Aktivierung bestehender Ressourcen, die Förderung der eigenen Selbstwirksamkeitserwartung (vgl. Kasten „Background Information") und den Einsatz von Ressourcen in der Zukunft. Nach der theoretischen Vermittlung des Ressourcenkonzeptes auf Basis der Conservation of Resources Theory (Modell der Ressourcenkonservierung; Hobfoll, 1989, 2002; Hobfoll & Wells, 1998; vgl. ▶ Abschn. 2.3.4) beschäftigen die Teilnehmenden sich mit Hilfe des Lobalbums mit ihren persönlichen Stärken und Fähigkeiten. Dabei sollen sich die Teilnehmenden vor allem über persönliche Ressourcen bewusst werden. Zustäzlich wurde das Ressourcenportfolio eingeführt. Dieses basiert auf dem Konzept des „Haus des Lebens" (Fischer-Epe & Epe, 2012). Darin ordnen die Teilnehmenden in den kommenden Sitzungen persönliche Stärken und Ressourcen verschiedenen Domänen (Gesundheit, Arbeit, Freizeit, Finanzen, Persönlichkeit) zu. Neben der Strukturierung der Ressourcen dient diese Vorgehensweise auch dazu, im Sinne der Ressourcenperspektive (▶ Abschn. 2.3.4) persönliche Ressourcen und Stärken besser sichtbar zu machen, um sich zu verdeutlichen, wie viele Ressourcen und Stärken bereits vorhanden sind. Aber auch der Identifikation von Bereichen, in denen vielleicht noch weitere Ressourcen hilfreich wären. Dies kann dann als Ausgangspunkt genutzt werden, um zu überlegen, welche Ressourcen vielleicht in Zukunft noch ausgebaut werden sollten.

Exkurs: Warum sollte im Rahmen des Coachings die Selbstwirksamkeitserwarttung gefördert werden?

Allgemeine *Selbstwirksamkeitserwartung* ist definiert als die Überzeugung aufgrund eigener Fähigkeiten und Kompetenzen bestimmte Handlungen erfolgreich ausführen zu können (Bandura, 1994). Verschiedene Studien haben gezeigt, dass Selbstwirksamkeitserwartung kognitive, affektive und motivationale Prozesse beeinflusst und mit Sorgen und Ängsten in Zusammenhang steht (Fretz et al., 1989; Paukert et al., 2010). Ferner führt ein geringeres Level an Selbstwirksamkeitserwartung zu steigender Angst kurz vor dem Ruhestand (Fretz et al., 1989) und sozialer Ruhestandsangst (Fletcher & Hansson, 1991). Basierend auf den Annahmen der Ressourcenperspektive (▶ Abschn. 2.3.4), wonach individuelle Ressourcen maßgeblich für eine gelingende Anpassung an den Ruhestand sind sowie dem Konzept der Selbstwirksamkeitserwartung (Bandura, 1994), sollen die Teilnehmenden sich über den Zugang von Komplimenten oder Lob, das sie erhalten hatten, bestehende Ressourcen erschließen. Indem sich die Teilnehmenden bestehende Ressourcen bewusst machen, soll die Selbstwirksamkeitserwartung gestärkt werden.

4.3.4 Ausklang und Blitzlicht

Ziel – Die Teilnehmenden haben die Möglichkeit, ihre aktuellen Gedanken, Erkenntnisse und Gefühle zur heutigen Coaching-Sitzung mit der Gruppe zu teilen.

Vorgehen – Der Coach leitet die Blitzlichtrunde ein, indem er die Teilnehmenden dazu einlädt, der Gruppe zu sagen, was Sie heute aus der Sitzung mitnehmen, welche Erkenntnis besonders war oder wie (mit welchem Gefühl, oder welcher Stimmung) sie jetzt nach Hause gehen.

Hintergrund – Durch die Kurzreflexion und das Teilen der eigenen Erlebenswelt werden einerseits die vermittelten Inhalte gefestigt und andererseits die Möglichkeit eröffnet, durch den gegenseitigen Austausch einen weiteren Reflexionsprozess zu initiieren.

4.4 Baustein III: Träume realisieren – meine Ziele

Ziele und Inhalte des Moduls

Mit Hilfe der sogenannten „Walt-Disney-Strategie" sollen aus der persönlichen Ruhestandsvision (oder der Vorstellung von der Übergangsphase in den Ruhestand) möglichst konkrete Ziele abgeleitet werden.

Hierfür begeben sich die Teilnehmenden zunächst auf eine Traumreise in die Zukunft. Von dieser Vision ausgehend, werden dann SMART-Ziele definiert, kritisch geprüft und ggf. überarbeitet, um sie im letzten Schritt zu skalieren.

Nachfolgend wird zunächst ein zusammenfassender Ablauf der Sitzung dargestellt (◘ Tab. 4.8). Diese kann nach der inhaltlichen Vorbereitung als Moderations- bzw. Ablaufplan für die Durchführung dienen. Außerdem werden die für die Sitzung relevanten Materialien genannt (◘ Tab. 4.9). Eine ausführliche Beschreibung der einzelnen Elemente erfolgt ab ▶ Abschn. 4.4.1.

◘ Tab. 4.8 Moderationsplan Baustein III: Träume realisieren – meine Ziele

Ablauf	**Zeit (Teile)**	**Zeit (gesamt)**
4.1 Einstieg		**20 min**
- Blitzlicht - Wie geht es Ihnen, was bewegt Sie noch vom heutigen Tag?	10 min	
- Achtsamkeitsübung: Achtsam Atmen - Ankommen im Hier und Jetzt, andere Gedanken loslassen	10 min	
4.2 Von der Vision zum Ziel		**90 min**
- Die Walt-Disney-Strategie - Kurze Erläuterung der Technik und des Hintergrunds	5 min	
- Der Träumer: - Bild auswählen ➔ Warum gefällt dieses Bild, was wird damit verbunden? - Fantasiereise in die Zukunft: das Bild „weiterspinnen": So stelle ich mir den Ruhestand vor (Erwartungen, Befürchtungen und Gefühle) - Austausch in Kleingruppe	30 min	
- Der Planer 1 - SMART–Ziel definieren	15 min	

(Fortsetzung)

4

Tab. 4.8 (Fortsetzung)

Ablauf	Zeit (Teile)	Zeit (gesamt)
- Der Kritiker (Reflexion; allein oder zu zweit; z. B. auch Frage 1 allein, Frage 2+3 zusammen): - Passt der Plan zum Traum? - SMART-Check - Optimierungsbedarf/-potenzial	15 min	
- Der Planer 2 - Skalierung des Ziels: auf einer Skala von 1–10 (Wie sieht es aus, wenn ich das Ziel erreicht habe? Wo befinde ich mich heute?) - Austausch in Kleingruppe	25 min	
4.3 Ausklang		**10 min**
- Blitzlicht (& Reflexion) - Wie war diese Übung für Sie? Wie haben Sie den Weg von der Vision zum ersten Ziel erlebt? Was war das Besondere daran? - Wie gehen Sie jetzt nach Hause?		

Tab. 4.9 Benötigte Materialien Baustein III: Träume realisieren – meine Ziele

Material	für
Flip-Chart 16: „Agenda"	Begrüßung/Einstieg
Instruktion: Achtsam Atmen	Achtsamkeit
Sprechobjekt	Blitzlicht
Markierungen der drei Walt-Disney-Räume (Bilder/Flip-Charts)	Walt-Disney-Technik
Instruktion Walt-Disney-Technik	Walt-Disney-Technik
Flip-Chart 17: „Walt-Disney-Strategie"	Walt-Disney-Technik
AB 17: „Walt-Disney-Strategie"	Walt-Disney-Technik
Bilder-Galerie[a]	Walt-Disney-Technik: Vision
Instruktion Träumer	Walt-Disney-Technik: Vision
AB 18: „Träumer"	Walt-Disney-Technik: Träumer
AB 19: „Träumer Leitfragen"	Walt-Disney-Technik: Träumer
AB 20: „Planer 1" (SMART)	Walt-Disney-Technik: Planer
Flip-Chart 18 „SMART"	Walt-Disney-Technik: Planer

■ **Tab. 4.9** (Fortsetzung)

Material	für
AB 21: „Kritiker – Reflexion"	Walt-Disney-Technik: Kritiker
AB 22: „Planer 2" (Zieldimensionierung)	Walt-Disney-Technik: Planer
Ressourcen-Karten	Ressourcen

Anmerkungen: AB = Arbeitsblatt, IB = Informationsblatt
[a]Als Bilder-Galerie können entweder professionelle Zusammenstellungen von Bildern genutzt werden oder auch eigene Bildersammlungen (z. B. Postkarten, Fotos o. ä.). Die Bilder sollten dabei so gestaltet bzw. zusammengestellt sein, dass Sie Raum für individuelle Interpretationen lassen bzw. Assoziationen fördern. Bei der Durchführung des Programms im Rahmen des Projektes Zufrieden in den Ruhestand wurde die Bildersammlung des Spiels „Dixit" (Libellud-Verlag; Asmodée Éditions) verwendet

4.4.1 Einstieg

■ Begrüßung, Überblick und Blitzlicht (10 min)

Ziel – Die Teilnehmenden sollen im Hier und Jetzt ankommen und sich darüber bewusst werden, was Sie noch von Ihrem Tag „mitbringen", was Sie beschäftigt bzw. welche Gefühle und Erwartungen Sie gerade haben.

Vorgehen – Der Coach stellt die heutige Agenda vor.

Im Mittelpunkt steht dabei die Vision oder der Traum des eigenen Ruhestands:

„Oftmals hat man eine bestimmte Vorstellung davon, was vom Ruhestand zu erwarten ist, oder was Andere vom Ruhestand oder von Rentnern denken – heute soll es darum gehen, Ihre eigene Vorstellung vom Ruhestand zu erkunden, in die Zukunft zu blicken und Pläne zu schmieden. Zunächst wollen wir aber wieder mit einem kurzen Blitzlicht starten."

In der Blitzlichtrunde hat jede teilnehmende Person die Möglichkeit, in ein bis zwei Sätzen mit der Gruppe zu teilen, wo/wie sie heute herkam, was sie gerade bewegt, was sie noch vom Tag mitbringt, oder welche Erwartungen sie an die heutige Sitzung hat.

Hintergrund – Zum Einstieg der Sitzung soll etwas Zeit dafür genutzt werden, die Teilnehmenden abzuholen und vor dem inhaltlichen Einstieg Raum für organisatorische Aspekte und eventuelle Rückfragen der Teilnehmenden, die sich ggf. seit dem letzten Treffen ergeben haben, zu klären.

■ Achtsamkeitsübung (10 min)

Ziel – Ziel dieser Achtsamkeitsübung ist es, ganz bewusst den eigenen Atem wahrzunehmen und sich ganz darauf zu konzentrieren. Aufkommende Gedanken werden wahrgenommen, um danach die Aufmerksamkeit wieder ganz auf den Atem zu lenken.

Vorgehen – Der Coach leitet vom Blitzlicht zur Achtsamkeitsübung über und weist darauf hin, dass die Teilnehmenden eingeladen sind, beim Durchführen auch die Augen zu schließen, da dies die Lenkung der Aufmerksamkeit erleichtert. Jede Person soll dabei für sich entscheiden, wie es für sie oder ihn am besten ist.

→ Instruktion Achtsam ATMEN vorlesen (▶ Abschn. 7.1.2)

Hintergrund – Übung und Förderung der Achtsamkeit (s. ▶ Abschn. 4.3.1).

4.4.2 Von der Vision zum Ziel: die Walt-Disney-Strategie

Ziel – Die Teilnehmenden erkunden zunächst ihre individuelle Ruhestands-Vision mit der Walt-Disney-Strategie. Mit Hilfe der angewandten Technik werden verschiedene Perspektiven und Blickwinkel auf Ihre Vision eingenommen und individuelle Zielvorstellungen konkretisiert.

Vorgehen – [*Vorbereitung*: Im Vorfeld sollten die Bilder der Bildergalerie ausgelegt werden und die Bilder für die Raummarkierung bereitgehalten werden. Beispiele für mögliche Markierungsbilder finden sich in der Flip-Charts Sammlung im elektronischen Anhang]. Falls es die Räumlichkeiten erlauben, sollten auch verschiedene Sitzmöglichkeiten geschaffen werden, zwischen denen die Teilnehmenden wechseln können. Im besten Fall mehr Plätze, als Teilnehmende anwesend sein werden und auch unterschiedlich ausgerichtete und -gestattete Plätze, um den Perspektivwechsel zu erleichtern.]

Zunächst erläutert der Coach mit Hilfe des Flip-Charts 17: „Walt-Disney-Strategie" in wenigen Worten das Vorgehen in der Übung, außerdem erhalten die Teilnehmenden das AB 17: „Walt-Disney-Strategie" (s. Anhang oder elektronisches Zusatzmaterial).

„Diese Strategie geht auf Walt Disney, den Mitbegründer der weltbekannten Disney Company zurück. Disney hatte sehr ausgeprägte Träume und Visionen. Seinen Schaffensprozess trennte er in drei verschiedene Phasen/Positionen der Zielsetzung und unterschied sie räumlich und zeitlich voneinander: Der kreative Träumer, der realistische Planer und der konstruktive Kritiker. Für jede dieser drei Positionen hatte Walt Disney einen anderen Raum, der ihn auch durch seine Ausstattung unterstützte, in einen für die jeweilige Position günstigen mentalen Zustand zu gelangen.

Anschließend lädt der Coach die Teilnehmenden dazu ein, sich auch dieser Strategie – wenn auch in abgewandelter Form – zu bedienen.

„Leider erlauben es die Räumlichen Gegebenheiten hier nicht, verschiedene Räume zu nutzen. Deshalb wollen wir hier den Raumwechsel durch einfache Platzwechsel innerhalb des Raumes, simulieren und ‚markieren' den Raum bzw. die Position mit Hilfe eines Bildes. Wir starten mit dem Raum des Träumers."

[der Coach hängt das Träumer-Bild auf].

Tipp

Sofern tatsächlich verschiedene Räume genutzt werden können, können diese entsprechend gestaltet werden, und tatsächlich mit Hilfe des Raumwechsels die Wechsel zwischen den verschiedenen Perspektiven bzw. Position auch durch den physischen Raumwechsel zu verdeutlichen. Falls die räumlichen Gegebenheiten dies nicht erlauben, kann durch das Einnehmen anderer Plätze im Raum und das Aufhängen der drei Raum-Bilder der Raumwechsel angedeutet werden.

- **Raum des Träumers (Gesamtdauer ca. 30 min)**
  - *„Bitte erinnern Sie sich zunächst an eine Situation, in der Sie besonders kreativ, fantasievoll oder einfallsreich waren und versuchen Sie, sich in diese Stimmung hineinzuversetzen. Wenn Ihnen das schwerfällt, kann es auch helfen, sich eine Person vorzustellen, die oft kreativ und fantasievoll ist und zu überlegen, wie diese Person dies wohl macht.*
  - *Hier im Raum des Träumers finden Sie nun verschiedene Bilder. Schauen Sie sich diese verschiedenen Bilder an. Bitte denken Sie daran, wie Sie sich Ihren Ruhestand oder die nächsten Wochen/Monate/Jahre, d. h. die Übergangszeit in den Ruhestand vorstellen. Suchen Sie sich dann ein Bild aus, das zu Ihrer Vorstellung passt. Am besten wählen Sie dabei das Bild aus, das Sie spontan besonders anspricht.*
  - *Wenn Sie sich für ein Bild entschieden haben, nehmen Sie es mit und setzen Sie sich auf einen Platz Ihrer Wahl."*
  - In einer gedanklichen Reise sollen die Teilnehmenden nun diese „Idee" oder diese „Vision" weiterspinnen:
    → Instruktion Träumer Vorlesen (▶ Abschn. 7.1.3) [wenn alle Teilnehmenden einen Platz gefunden und sich gesetzt haben]
  - Im nächsten Schritt können die Teilnehmenden auf dem Arbeitsblatt „der Träumer" (s. Anhang oder elektronisches Zusatzmaterial) ihre Vision in einigen Stichworten oder als ein Symbol eintragen.

- **Austausch in der Kleingruppe**
  - Im Anschluss daran besprechen die Teilnehmenden in der Kleingruppe ihre Vision (und stellen das von ihnen ausgewählte Bild vor). Das Gegenüber kann dabei Fragen zur Bildauswahl und der anschließenden Vision stellen. Dabei können die Tandems bzw. Kleingruppen auch auf AB 19: „Träumer – Leitfragen" (s. Anhang oder elektronisches Zusatzmaterial) zurückgreifen. Wie bereits in den vorangegangenen Sitzungen können die Leitfäden auch wieder zum Notieren der Informationen dienen und nach dem Gespräch ausgetauscht werden.
  - Nach ca. 7 Minuten gibt der Coach ein Signal zum Wechseln, falls noch nicht geschehen. Nach ca. 13–14 Minuten sollten die Teilnehmenden dazu aufgefordert werden, zum Ende zu kommen.
  - Als Nächstes begibt sich die Gruppe in den Raum des Planers.

- **Raum des Planers (15 min)**
  - [Der Coach hängt zunächst das Bild des Planers auf].
  - *„Nach dem Raum des Träumers begeben wir uns nun in den Raum des Planers. Da wir keine anderen Räume zur Verfügung haben, können Sie dazu einfach kurz auf-*

4

stehen und einige Schritte gehen. Setzen Sie sich gerne auch auf einen anderen Platz, um eine andere Perspektive einzunehmen. Natürlich dürfen Sie sich aber auch wieder auf den selben Platz setzen, wenn Sie dies lieber möchten."

- In diesem Raum geht es darum, aus der ursprünglichen Vision heraus ein oder mehrere Ziele zu konkretisieren. Diese Ziele können sich direkt auf den Traum/die Vision der Teilnehmenden beziehen, oder aber auch eher einen Schritt in diese Richtung darstellen (➔ was sollte vorher noch erreicht/vorbereitet werden, damit der Traum/die Vision realisiert werden könnte?). Das Ziel muss dabei auch keineswegs die ganze Vision abdecken – vielleicht betrifft es auch nur einen kleinen Teil der Vision und stellt ein Teilziel des übergeordneten Ziels auf dem Weg zur Vision dar. (Bsp.: Ehrenamtliches Engagement im Ruhestand vertiefen/ausbauen: Ein Ziel könnte es sein, sich jetzt schon in einem Verein o. ä. zu engagieren, oder aber sich über ehrenamtliche Tätigkeiten zu informieren und verschiedene Möglichkeiten/Informationen zu sammeln).
- *„Im Raum des Planers wollen wir nun die Vision aus dem Raum des Träumers konkret werden lassen. Im Vordergrund steht dabei die Ableitung ganz konkret formulierter und ausgearbeiteter Ziele bzw. Schritte. Dies ist sinnvoll, da auf diese Weise Ziele am ehesten und am besten erreicht werden können.*
- *Ich möchte Sie gerne dazu einladen und anleiten aus Ihrer eben erkundeten Vision oder Ihrem Traum ein oder mehrere konkrete Ziele abzuleiten. Vielleicht ist das ganz einfach und Sie können das Ziel direkt konkret benennen. Vielleicht beinhaltet Ihre Vision aber auch viele verschiedene Aspekte oder mehrere Schritte, in denen das Ziel erreicht werden kann. In diesem Fall kann es sinnvoll sein, Ihre Vision in verschiedene Teilziele oder Zielbausteine zu unterteilen und mit mehreren Zielen bzw. (Ziel-)Schritten zu arbeiten – natürlich nicht auf einmal, sondern nach und nach. [hier kann gut ein (eigenes) Beispiel genannt werden]."*
- Zunächst stellt der Coach am Flip-Chart 18: „SMART" kurz das Konzept SMART vor. Dabei werden auch Beispiele für die verschiedenen Aspekte genannt (ca. 5 min):
- *„Zur Einstimmung auf die realistische Phase aus dem Traum heraus, möchte ich Ihnen zunächst ein Konzept der Zielkonkretisierung vorstellen, das wir in diesem Raum nutzen wollen. Das SMART-Prinzip. Jeder Buchstabe dieses Akronyms steht für eine besondere Eigenschaft, die ein konkretes Ziel erfüllen sollte, um SMART zu sein:*
  - ***S:** Ziele sollten spezifisch sein, da ungenaue Ziele zu ungenauen, halbherzigen Versuchen führen (z. B. Ziel: mehr Sport ➔ regelmäßiges Schwimmen (2×)).*
  - *M: Ziele sollten messbar sein, damit Fortschritte und Zielerreichung feststellbar sind (z. B. Ziel: mehr Sport ➔ wie viele Stunden mehr?)*
  - *A: Ziele sollten attraktiv sein, denn nur dann wollen wir sie auch erreichen und bemühen uns (Ziel: mehr Sport ➔ ist gesünder und fitter werden attraktiv für mich?)*
  - *R: Ziele sollten realistisch sein. Das Ziel muss generell erreichbar sein (Ziel: mehr Sport ➔ Fußballprofi ist evtl. eher unwahrscheinlich, mehr Kondition erreichen dagegen realistisch).*
  - *T: Ziele sollten terminierbar sein, d. h. der Zeitpunkt, zu dem die Ziele erreicht sein sollten bzw. der Zielpunkt muss festgelegt sein. (z. B. Ziel: mehr Sport ➔ bis Juni 2× pro Woche Schwimmen ➔ danach Zielerreichung analysieren: Ziel erreicht, wenn ich ohne Pause 10 km schwimmen kann)."*

- Die Teilnehmenden erhalten dann AB 20: „Planer 1" (s. Anhang oder elektronisches Zusatzmaterial), das sich mit der SMARTen Zielformulierung befasst. Hier sollen sie zunächst in wenigen Worten oder in Symbolen ihre Vision oder ihr übergeordnetes Ziel festhalten (ca. 10 min).
- *„Nun möchten wir diese Kriterien Schritt für Schritt auf Ihr oder eines Ihrer Ziele anwenden. Halten Sie zunächst Ihr übergeordnetes Ziel oder Ihre Vision kurz auf dem Arbeitsblatt fest.*
- *Prüfen Sie im Anschluss daran anhand der SMART-Liste Ihre Vision auf „SMARTheit" und formulieren Sie daraus ggf. ein oder mehrere SMARTe-Ziele, die sie auf ihrem Arbeitsblatt eintragen. Gehen Sie dazu ruhig in mehreren Schritten vor. Das heißt, formulieren Sie ein Ziel und prüfen Sie dann, ob es die Kriterien erfüllt. Wenn nicht, ergänzen bzw. korrigieren Sie das Ziel entsprechend."*

Zielformulierung

Ggf. kann der Coach noch darauf hinweisen, dass diese Art der Zielformulierung auch im Projektmanagement und bei Zielvereinbarungen zum Einsatz kommt. Sie ist aber sehr gut übertragbar auf andere Bereiche. Außerdem eignet sich diese Technik insbesondere für kurz- und mittelfristige Ziele, sodass sie eher auf Teilziele der Vision anwendbar ist.

Im Vordergrund steht dabei, zu vermeiden, dass Ziele so formuliert sind, dass die Wahrscheinlichkeit, sie zu erreichen gering ist (z. B. weil der Endpunkt nicht vorab klar definiert ist). Dies kann im schlechtesten Fall zu Frustration und Enttäuschung führen, selbst wenn sehr positive Entwicklungen erreicht werden.

Tipp

Es kann vorkommen, dass sich einzelne Teilnehmende kein SMART-Ziel setzen möchten bzw. diese Methode der Zielsetzung ablehnen. Dies ist natürlich in Ordnung und niemand sollte dazu gezwungen werden. Falls es dem Coach sinnvoll erscheint und es die Situation zulässt, kann auf dieses Thema kurz im Zweiergespräch eingegangen werden (z. B. während die anderen Teilnehmenden das Arbeitsblatt bearbeiten). Dabei kann es hilfreich sein, kurz zu erörtern, welchen Grund diese Ablehnungshaltung hat und ggf. eine stimmige Alternative für diesen Schritt zu finden. Eventuell kann die entsprechende Zeit dann dazu genutzt werden, die Aversion bzw. Ablehnungshaltung genauer zu betrachten und dahinterstehende Prinzipien, Werte, Ressourcen oder ähnliches näher zu ergründen. Vielleicht möchten sich diese Teilnehmenden aber auch einfach ein Ziel setzen, das zwar nicht SMART ist bzw. den SMART-Kriterien entspricht, das für sie oder ihn aber trotzdem definitiv ein „gutes Ziel" darstellt. Auch hier kann dann überprüft werden, welche SMART-Aspekte erfüllt sind, und welche nicht. Dabei kann weiter reflektiert werden, warum das in diesem bestimmten Fall oder für den Einzelnen so passt bzw. ok ist, oder vielleicht auch gar nicht anders geht (z. B. bei längerfristigen, übergeordneten Zielen). Außerdem sollten die Teilnehmenden in diesem Fall dazu angeregt werden, sich zu fragen, warum diese Art der Zielsetzung für sie nicht in Frage kommt. Indem sie sich diese Fragen stellen, können die Teilnehmenden einiges über sich erfahren. Des Weiteren können die Teilnehmenden entsprechend dazu angeregt werden, sich zu überlegen, ob übergeordnete Ziele (z. B. keine konkreten Ziele zu haben) direkt erreicht werden können, oder ob auch hierfür Teilschritte/-ziele notwendig sind.

- **Raum des Kritikers (15 min)**
- Der Coach hängt das Bild des Kritikers auf.
- Auch hierzu können die Teilnehmenden kurz aufstehen, einige Schritte gehen und sich ggf. auf einen anderen Platz setzen (s. o.).
- Im Raum des Kritikers wird der Plan zunächst geprüft.
- Mit Hilfe des AB 21: „Der Kritiker – Reflexion“ (s. Anhang oder elektronisches Zusatzmaterial) sollen die Teilnehmenden ihr SMART-Ziel kritisch prüfen. Z. B. mit Hinblick auf die Passung zwischen Ziel und Vision. Außerdem soll auch nochmals die Erfüllung der SMART-Kriterien überprüft werden.
- *„Den Raum des Kritikers nutzte Walt Disney dazu, seine Pläne zu überprüfen. Auch wir wollen diesen Raum zu diesem Zweck nutzen. Ich möchte Sie gerne nochmals dazu einladen, aufzustehen und ein paar Schritte zu gehen. Suchen Sie sich dann einen Platz aus – entweder Ihren bisherigen oder einen anderen Platz, um wieder den Blickwinkel etwas zu verändern. Schauen Sie sich nun nochmals Ihre Ziele an: Nutzen Sie das Arbeitsblatt „Kritiker Reflexion“ zur kritischen Hinterfragung Ihrer formulierten Ziele:*
  - *Passt Ihr Ziel zu Ihrem Traum/Ihrer Vision: Wenn nicht, warum? Ist es trotzdem ein gutes Ziel?*
  - *Auf SMARTheit prüfen: Ist das Ziel spezifisch, messbar, attraktiv und terminiert?“*
- Die Teilnehmenden können zunächst allein darüber reflektieren, sich aber auch in Zweiergruppen zusammenfinden, um sich über ihre Ziele auszutauschen. Dabei sollen sie auch darüber nachdenken, was es für sie selbst und für ihre Vision bedeutet, wenn einzelne Kriterien nicht erfüllt sind (vielleicht ist dies auch so gewünscht oder gefällt einfach so; wichtig ist, dass sowohl die Vor- als auch Nachteile einer solchen Zielsetzung erkannt werden). Die Ergebnisse der Reflexion können auf dem Arbeitsblatt notiert (ggf. dann ausgetauscht) werden.
- Anschließend begeben sich die Teilnehmenden ein zweites Mal in den Raum des Planers.

- **Raum des Planers II (25 min)**
- Wie in den bisherigen Phasen auch, können die Teilnehmenden nochmals aufstehen und ggf. die Plätze wechseln (s. o.).
- Die Teilnehmenden erhalten das Arbeitsblatt 22: „Planer 2“ (s. Anhang oder elektronisches Zusatzmaterial) zur Zielskalierung. Falls die Teilnehmenden mehrere SMARTe Ziele formuliert haben, soll hiervon eines (z. B. das wichtigste/das schönste Ziel) ausgewählt werden. Dieses Zeil skalieren die Teilnehmenden im Anschluss.
- *„Nun wollen wir uns noch einmal zurück in den Raum des Planers begeben, um das konkretisierte Ziel zu skalieren. Es geht dabei darum, Ihr Ziel bzw. eines Ihrer Ziele genauer unter die Lupe zu nehmen und sich zu fragen, wo Sie heute in Bezug auf dieses Ziel stehen. Wie wird es sein, wenn Sie dieses Ziel erreicht haben. Was wird dann sein, woran werden Sie merken, dass Sie da sind? Dabei stellen Sie sich die folgenden Fragen:*
  - *Woran merken Sie, dass Sie Ihr Ziel erreicht haben?*
  - *Was ist dann besser und anders an Ihrer Situation und an Ihrer Umwelt?*
  - *Wie verhalten Sie sich?*
  - *Was fühlen Sie?/Wie fühlen Sie sich?*
  - *Woran würden andere merken, dass Sie Ihr Ziel erreicht haben?*

- *Reflektieren Sie zunächst allein und finden Sie sich dann in Tandems bzw. Kleingruppen zusammen."*
- Austausch in Kleingruppe:
- Die Teilnehmenden finden sich in Kleingruppen zusammen und diskutieren ihre SMART-Ziele: Sie überprüfen gemeinsam, ob diese den SMART-Kriterien entsprechen.

Hintergrund – In dieser Sitzung beschäftigen sich die Teilnehmenden mit ihrer Vision und ihren Zielen für den Ruhestand. Basierend auf der Zielsetzungstheorie (Locke & Latham, 1990), kam insbesondere der Zielsetzung und -spezifizierung eine wichtige Rolle in dieser Sitzung zu. Entsprechend der Zielsetzungstheorie (Locke & Latham, 1990) stellen Ziele wichtige Motivatoren und Regulatoren menschlichen Verhaltens dar. Besonders klare und spezifische Ziele sind dabei effektiv. Verschiedene Studien konnten ferner zeigen, dass Ziele relevante Prädiktoren für Ruhestandplanung (Petkoska & Earl, 2009) und die gelingende Anpassung an den Ruhestand (Barbosa et al., 2016) sind. Außerdem sind Ressourcen, die das Kernelement der Intervention bilden, ein wichtiges Mittel zur Zielerreichung (Halbesleben et al., 2014).

Die Teilnehmenden erkundeten mit Hilfe einer Variante der Walt-Disney-Technik (Dilts et al., 1994), ihre Ruhestandsvorstellungen und -Ideen aus verschiedenen Blickwinkeln und etnwickelten sie in verschiedenen Phasen zu konkreten Vorstellungen und „SMART" formulierten Zielen. Die SMART-Technik (Doran, 1981) dient dazu, Ziele realistisch und spezifisch auszuformulieren. Das bedeutet im englischen Original (bzw. in deutscher Adaption): **S**pecific (spezifisch), **M**easurable (messbar), **A**chieveable (attraktiv/erreichbar), **R**elevant (bedeutsam/realistisch), und **T**ime-bound (terminierbar/zeitgebunden).

Ferner sollte der Motivational Life Span Developmental Theory (Heckhausen et al., 2010) zufolge die Betrachtung des Ruhestands als eine Möglichkeit, neue Ziele zu entwickeln und zu verfolgen, zu einer positiveren Ruhestandseinstellung führen. Durch diese alternative Betrachtungsweise sollten die Teilnehmenden den Ruhestand eher als Neubeginn mit potenziell positiven Auswirkungen (z. B. mehr Zeit für Enkelkinder, Hobbies) und weniger als negativen Einschnitt (z. B. Verlust der Arbeit) oder auferlegten Umbruch wahrnehmen.

Durch die Beschäftigung mit individuellen Plänen und Zielen für den Übergang in den Ruhestand und die Zeit in der Nacherwerbsphase sollten sich die Teilnehmenden außerdem besser auf diese Zeit vorbereitet fühlen und zuversichtlicher sein, was wiederum eine wichtige Ressource darstellt. Die Ressource *State Hope* ist eine situationsspezifische und zielbezogene Kognition, die eine relevante Ressource in Anpassungsprozessen darstellt (Snyder, 2002; Snyder et al., 1996) und somit auch für den Übergang in den Ruhestand relevant sein sollte. Diese kognitive Ressource umfasst die beiden Komponenten Agency Thinking, d. h. die Entschlossenheit, sich auf ein Ziel zuzubewegen und Pathway Thinking, d. h. die Erwartung, Wege zu finden, um dieses Ziel zu erreichen. Die Beschäftigung mit Zielen und die Zielkonkretisierung soll dazu beitragen diese Ressource zu stärken.

Weiterführend hätten die Teilnehmenden nun nochmals die Möglichkeit, in den Raum des Kritikers zurück zu gehen, um die Zielskalierung etc. zu kritisieren und zu prüfen, falls noch Zeit übrig ist. Andernfalls kann auch darauf hingewiesen werden, dass er Prozess beliebig lange bzw. häufig weitergeführt werden kann und die Schritte ggf. auch zu Hause nochmals erfolgen können.

4.4.3 Ausklang: Blitzlicht & Reflexion

Ziel – Die Teilnehmenden können das in der Sitzung Erarbeitete und Erfahrene noch einmal Revue passieren lassen und Ihre Eindrücke, Gedanken und Erkenntnisse dazu mit der Gruppe teilen.

Vorgehen – Im erweiterten Blitzlicht diskutieren die Teilnehmenden die eben erlebte Sitzung: Dabei stehen folgende Fragen im Vordergrund:

- Wie war diese Übung für Sie? Wie haben Sie den Weg von der Vision zum Ziel/zu den Zielen erlebt?
- Was war das Besondere daran?
- Wie gehen Sie jetzt nach Hause?

Hintergrund – Durch die Kurzreflexion und das Teilen der eigenen Erlebenswelt werden einerseits die vermittelten Inhalte gefestigt und andererseits die Möglichkeit eröffnet, durch den gegenseitigen Austausch einen weiteren Reflexionsprozess zu initiieren.

4.5 Baustein IV: Strategien und Ressourcen für die Zukunft

Ziele und Inhalte des Moduls

Die Teilnehmenden vergegenwärtigen sich anhand der Lebenslinie bisher genutzte Strategien in Übergangssituationen. Sie lernen ferner das Konzept der Selektion, Kompensation und Optimierung kennen. Außerdem soll auf Grundlage der neu gewonnenen Erkenntnisse weiter am persönlichen Ressourcenportfolio gearbeitet werden.

Nachfolgend wird zunächst ein zusammenfassender Ablauf der Sitzung dargestellt (◘ Tab. 4.10). Diese kann nach der inhaltlichen Vorbereitung als Moderations- bzw. Ablaufplan für die Durchführung dienen. Außerdem werden die für die Sitzung relevanten Materialien genannt (◘ Tab. 4.11). Eine ausführliche Beschreibung der einzelnen Elemente erfolgt ab ► Abschn. 4.5.1.

Tab. 4.10 Moderationsplan Baustein IV: Strategien und Ressourcen für die Zukunft

Ablauf	**Zeit (Teile)**	**Zeit (gesamt)**
5.1 Einstieg		**20 min**
- Begrüßung und Blitzlicht - Teilnehmende willkommen heißen; Stimmungsbild	10 min	
- Achtsamkeitsübung: Achtsames Hören - Ankommen im Hier und Jetzt, andere Gedanken loslassen, sich ganz auf den Moment konzentrieren	10 min	
5.2 Strategien		**65 min**

- Lebenslinie
  - Zeichnen der Lebenslinie
  - Welche Übergänge gab es, welche schwierigen Situationen?
  - Wie wurden schwierige Situationen in der Vergangenheit gemeistert?
  - Was kann ich daraus für die Zukunft lernen/nutzen
	35 min	

- Selektion, Optimierung und Kompensation (SOK/SOC):
  - (theoretische) Vermittlung der Strategie
  - Wie und wo habe ich diese und andere Strategien bisher umgesetzt (z. B. wenn etwas nicht so geklappt hat, wie bisher oder bei Verlusten)?
  - Wie und wo kann ich diese Strategien für die anstehenden Veränderungen nutzen?
	30 min	

5.3 Mein Ressourcen-Portfolio		**15 min**

- Meine Ressourcen
  - Ressourcenkarten
    1. Gibt es Ressourcen, die ich noch nicht aufgeschrieben habe?
    2. Welche Karten kann ich nutzen?
    3. Welche Karten brauche ich noch?
    4. Welche Ressourcen nutze ich bisher nicht ausreichend? → Wie kann ich Sie einsetzen?		

5.4 Ausklang		**20 min**
- Tierfiguren auswählen - Blitzlicht (Tiere) & Verabschiedung	10 min 10 min	

4

Tab. 4.11 Benötigte Materialien Baustein IV: Strategien und Ressourcen für die Zukunft

Material	für
Flip-Chart 18: „Agenda“	Begrüßung/Einstieg
Sprechobjekt	Blitzlicht
Instruktion: Achtsam Hören	Achtsamkeit
Flip-Chart 20: „Lebenslinie“ (zunächst nur Koordinatensystem vorzeichnen, Lebenslinie dann bei Erklärung hinzufügen)	Lebenslinie
AB 23: „Lebenslinie“ (DIN A3)	Lebenslinie
Buntstifte	Lebenslinie
AB 24: „Lebenslinie Reflexion“	Lebenslinie
Flip-Chart 21: „SOK“	SOC
IB 25: „SOK“	SOC
AB 26: „SOK – Reflexion“	SOC
Flip-Chart 22: „Ressourcen Portfolio“	Mein Ressourcen Portfolio
Flip-Chart 23: „Haus des Lebens“ (hier kann ggf. Flip-Chart 15 wieder verwendet werden)	Mein Ressourcen Portfolio
Ressourcenkarten	Mein Ressourcen Portfolio
AB 27: „Ressourcen-Portfolio – Reflexion“	Mein Ressourcen Portfolio
Tierfiguren[a]	Blitzlicht

Anmerkungen: IB = Informationsblatt; AB = Arbeitsblatt
[a]Für das Blitzlicht wurden kleine Tierfiguren aus Kunststoff verwendet. Natürlich ist auch der Einsatz von Tierfiguren aus anderen Materialien oder von Tierbildern denkbar. Dabei ist es weniger relevant, ganz bestimmte Tier-Arten anzubieten, sondern vielmehr eine möglichst breite Auswahl zur Verfügung zu stellen; d.h. viele verschiedene Tiere, die unterschiedliche Eigenschaften (insb. Stärken/Ressourcen) verkörpern können. Es sollten ferner deutlich mehr Tiere zur Verfügung stehen, als Teilnehmende, sodass tatsächlich Wahlmöglichkeiten bestehen. Theoretisch könnten die Teilnehmenden auch imaginär ein Tier wählen, das sie dann in der Blitzlichtrunde nennen. Die Auswahl aus einem begrenzten Pool sowie der haptische Zugangsweg bieten hier jedoch eine konkretere Herangehensweise und eine schöne Abwechslung zu den anderen (inneren) Reflexionen des Coachings.

4.5.1 Einstieg

■ **Begrüßung und Blitzlicht (10 min)**

Ziel – Die Teilnehmenden sollen im Hier und Jetzt ankommen und sich darüber bewusst werden, was sie noch von Ihrem Tag „mitbringen“, was sie beschäftigt bzw. welche Gefühle und Erwartungen sie gerade haben.

Vorgehen – Zu Beginn der Sitzung begrüßt der Coach die Teilnehmenden, stellt die Agenda mit dem Flip-Chart 19: „Agenda“ vor und leitet dann die Blitzlichtrunde ein, indem er eine bestimmte Frage stellt oder es den Teilnehmenden frei stellt, sich zu verschiedenen Aspekten (s. o.) zu äußern. Z. B.:

„Herzlich Willkommen zur heutigen Coaching-Sitzung! Wie immer wollen wir diese mit einem kurzen Blitzlicht beginnen. Wie geht es Ihnen heute? Wie war Ihr Tag bisher und was beschäftigt Sie noch vom heutigen Tag? Vielleicht gibt es auch etwas, das Sie in der letzten Woche seit unserem Treffen noch beschäftigt hat.“

Hintergrund – Zum Einstieg der Sitzung soll etwas Zeit dafür genutzt werden, die Teilnehmenden abzuholen und vor dem inhaltlichen Einstieg Raum für organisatorische Aspekte und eventuelle Rückfragen der Teilnehmenden, die sich ggf. seit dem letzten Treffen ergeben haben, zu klären.

- **Achtsamkeitsübung: Achtsam Hören (10 min)**

Ziel – Ziel dieser Achtsamkeitsübung ist es, bewusst alle Geräusche um uns herum wahr- und aufzunehmen. Dabei sollen sich die Teilnehmenden ganz auf ihren Hörsinn konzentrieren.

Vorgehen – Der Coach leitet vom Blitzlicht zur Achtsamkeitsübung über.

Ggf. kann an dieser Stelle nochmals erläutert werden, dass diese Übung nur einen Ausschnitt der Achtsamkeitsübung darstellt, und dies auch gerne einmal zu Hause oder noch besser in der freien Natur durchgeführt werden kann (z. B. im Wald o. ä.), indem man sich ein paar Minuten Zeit nimmt und ähnlich der jetzt folgenden Anweisung voll und ganz dem Hören zuwendet.

➔ Instruktion Achtsames HÖREN vorlesen (▶ Abschn. 7.1.4)

Hintergrund – Übung und Förderung der Achtsamkeit (s. ▶ Abschn. 4.3.1).

4.5.2 Strategien

Ziel – Mit Hilfe der Lebenslinie und der Reflektion über Selektion, Optimierung und Kompensation sollen die Teilnehmenden sich bewusst darüber werden, welche Übergänge Sie bisher schon erfolgreich gemeistert haben, und welche Strategien dabei zur Anwendung kamen.

- **Lebenslinie (35 min)**

Vorgehen – Der Coach führt zunächst kurz in die Übung ein: z. B.

„Letzte Woche haben wir uns mit der Zukunft beschäftigt, heute soll es darum gehen, vergangene Übergangssituationen noch einmal genauer unter die Lupe zu nehmen.“

Der Coach verteilt das AB 23: „meine Lebenslinie“ (s. Anhang oder elektronisches Zusatzmaterial) und erläutert am Flipchart mit Hilfe des Flip-Charts 20: „Lebenslinie“ exemplarisch den Aufbau des Arbeitsblattes.

„Dazu wollen wir uns einer Hilfe zur Veranschaulichung bedienen. Der Lebenslinie. Auf Ihrem Arbeitsblatt finden Sie dazu ein Koordinatensystem. An der waagrechten Linie ist die Zeit abgetragen: der Stern links steht für den Tag Ihrer Geburt,

an der rechten Seite ist der heutige Tag markiert (wobei die Länge der Linie – insbesondere nach dem heutigen Tag keine Bedeutung hat).

Die senkrechte Linie steht für Ihre Gefühlswelt, für Ihr Wohlbefinden, für die sog. „ups" und „downs".

Würde ich beispielsweise eine solche Lebenslinie ausfüllen, so sähen die letzten Jahre so aus [hier kann natürlich entweder aus dem eigenen Leben aufgezeichnet werden, oder anhand eines fiktiven Beispiels]: *Kindheit in XY, Schule, Abitur, Studium an der Uni in XY, erster Job, Hochzeit, Kinder, Tod der Großmutter….*

Bestimmt gab es in Ihrer Vergangenheit schon andere größere und kleinere Übergangssituationen (z. B. Übergang vom Kindergarten in die Schule, vielleicht die Elternschaft, Job-Wechsel, Umzüge, …).

Markieren Sie diese Übergangssituationen. Nutzen Sie dafür z. B. auch passende Symbole, oder beschriften Sie die Situation. Dabei müssen Sie nicht chronologisch vorgehen, und es geht auch nicht darum, dass die Ereignisse exakt auf der Zeitachse bzw. in korrekten Abständen zueinander angeordnet sind. Manchmal kann es längere Abschnitte geben, die sich kurz zusammenfassen lassen, dann aber auch relativ kurze Zeiten, in denen viel passierte…"

[Hierfür haben die Teilnehmenden ca. 10 min Zeit]

Anschließend reflektieren die Teilnehmenden anhand des Arbeitsblattes AB 24: „meine Lebenslinie – Reflexion" (s. Anhang oder elektronisches Zusatzmaterial) die durchgeführte Übung: Wo gab es Übergänge? Wie sind sie bisher mit schwierigen Situationen und Übergangssituationen umgegangen? Welche Strategien gab es? Wiederholten sich diese Strategien? Auch diese Strategien können die Teilnehmenden in das Bild eintragen (entweder als Symbol oder in wenigen Worten).

[Hierfür haben die Teilnehmenden ca. 10 min Zeit.]

Austausch in Kleingruppe (10 min)

Im Anschluss tauschen sich die Teilnehmenden mit einem Gesprächspartner oder einer Gesprächspartnerin über ihre Erkenntnisse der Übung und der Reflexion aus. Dafür können die Teilnehmenden die Reflexion „meine Lebenslinie" heranziehen und die Antworten ihres Gegenübers mitschreiben. Die Notizen können dann später ausgetauscht werden.

▪ Die Strategien Selektion, Optimierung, Kompensation (SOK) (30 min)

Vorgehen – Zunächst erläutert der Coach das Konzept der Selektion, Optimierung und Kompensation (SOK) und dessen Wichtigkeit für den Umgang mit Veränderungen und neuen Situationen oder bei Verlusten mit Hilfe des Flip-Charts 21: „SOK" und des IB 25: „SOK" (s. Anhang oder elektronisches Zusatzmaterial):

„Im Folgenden wollen wir uns nun dem Modell der Selektion, Optimierung und Kompensation – kurz SOK – widmen.

In den bisherigen Sitzungen haben wir uns schon mehrmals mit Ressourcen beschäftigt. Gerade in Veränderungssituationen oder Übergangssituationen sind Ressourcen sehr wichtig. Das SOK-Modell beschäftigt sich mit der Anpassungsfähigkeit von Menschen (SOK-Strategien werden genutzt, um sich an – ggf. altersbezogene – Veränderungen anzupassen).

Ursprünglich wurde das Modell für die Erklärung und Verbesserung der Anpassung an die Veränderungen des Alters entwickelt. Mittlerweile wird es jedoch immer häufiger auf alle Altersklassen übertragen. Und das mit Erfolg.

Das Modell geht von drei Strategien aus, deren Zusammenspiel eine erfolgreiche lebenslange Entwicklung ermöglichen. Dabei handelt es sich bei den Strategien nicht um komplexe „Schlachtpläne", sondern um mehr oder weniger bewusste Strategien, Handlungsweisen/-möglichkeiten oder Vorgehensweisen.

Die Grundannahme der Theorie besagt, dass menschliche Ressourcen zwar begrenzt sind, aber durch den Einsatz geeigneter Strategien können sie optimal genutzt werden. Dabei werden drei Strategien unterschieden:

- *Selektion: auswählen, was wichtig ist.*
- *Optimierung: stärken, was schon da ist.*
- *Kompensation: ausgleichen, was fehlt oder zu fehlen droht.*

Als prominentes Beispiel für den erfolgreichen Einsatz von SOK-Strategien wird häufig der Pianist Artur Rubinstein angeführt, der in einem Interview zu seinem 80. Geburtstag das Prinzip passgenau beschrieb. Auf die Frage hin, wie er es denn schaffe, auch in diesem Alter noch so brillant Klavier spielen zu können erwiderte er: Er habe erstens sein Repertoire deutlich verringert (Selektion). Außerdem übe er die übrig bleibenden Stücke intensiver als früher (Optimierung). Zuletzt gleicht er Einbußen seines Spieles geschickt aus (Kompensation). So verlangsame er beispielsweise vor schnellen Passagen das Tempo, so dass die entsprechende Stelle im Vergleich doch wieder wirklich schnell wirkte."

Nachfolgend beschreibt der Coach die drei Strategien noch etwas mehr im Detail und erläutert diese anhand eines oder mehrerer Beispiele (die nachfolgenden Beispiele sollen exemplarische eine Möglichkeit der näheren Erläuterung darstellen. Natürlich können hier andere passende Beispiele gewählt werden):

Selektion: zielabhängige Einengung bzw. Auswahl von Lebens- oder Funktionsbereichen, Lebensmöglichkeiten/Zielen

Selektion umfasst Strategien, die bei der Auswahl und Priorisierung von Zielen entsprechend der eigenen Möglichkeiten und den Anforderungen des Umfeldes helfen. Dies beinhaltet Strategien, die helfen, Ziele bestmöglich zu strukturieren und zu priorisieren.

Beispiel 1: es gibt vieles, was Sie gerne tun möchten: z. B. Mehr Sport, mehr Kulturelles, mehr Lesen, etc.. Für eine Veränderung müssen sie sich für und gegen bestimmte Ziele entscheiden (z. B. aufgrund der Zeit). Entscheiden Sie sich beispielsweise für das Ziel „mehr Sport", müssen Sie auch hier wieder eine Auswahl treffen und sich z. B. für eine von drei Sportarten entscheiden, da Joggen, Schwimmen & Radfahren zu viel wäre.

Beispiel 2: was tun mit mehr Freizeit? ➔ aus versch. Angeboten (Tanzkurs, Fremdsprachenkurs, Töpferkurs, Theaterabo) wählen: z. B.: Tanzkurs.

Optimierung: Verfeinerung und Verbesserung von Ressourcen in ausgewählten Bereichen

Optimierung beinhaltet Strategien, die helfen, den gesteckten Zielen mit den verfügbaren Mitteln in bestmöglicher Weise nachzugehen.

- Beispiel 1: Schwimm-Technik-Kurs besuchen und auch zwischen den Kursterminen Schwimmen gehen, Muskeltraining zu Hause betreiben, etc.
- Beispiel 2: Zur Verbesserung der Tanzfähigkeit Musik auch zwischen den Sitzungen hören, auch in freie Tanzstunden gehen und zu Hause üben, etc.

Kompensation: Reaktion auf tatsächliche/antizipierte Verlustereignisse (Alternative Mittel zur Zielerreichung)

Hierzu zählen Strategien, die helfen, mit „Verlusten" (oder Schwierigkeiten) umzugehen, um eigene Ziele noch zu erreichen.

Beispiel 1: Es findet kein Anschluss-Schwimmkurs mehr statt ➔ Mit Teilnehmenden aus dem ersten Kurs gründen Sie eine Schwimmgruppe/Das Schwimmbad schließt ➔ Sie suchen sich eine andere Sportstätte/Aufgrund von Krankheit ist kein Schwimmen mehr möglich ➔ anderen Sport verstärken

Beispiel 2: kein Anschlusskurs mehr ➔ anderer Tanzkurs, andere Sportart wählen, freie Tanzgruppe

Hintergrundinformationen

Teilweise erfolgt eine weitere Unterscheidung verschiedener Selektions-Strategien, der elektiven und verlustbasierten Selektion:

- Elektive Selektion: was gibt es? (unter Berücksichtigung der verfügbaren Ressourcen)
- Verlustbasierte Selektion: was gibt es? (nach Verlust von zuvor verfügbaren Ressourcen)

▪ Reflexion (allein oder in Kleingruppe) (20 min)

Vorgehen – Die Teilnehmenden sollen daraufhin ihre bisherigen Coping-Strategien reflektieren (AB 26: „SOK-Reflexion"; s. Anhang oder elektronisches Zusatzmaterial):

„Denken Sie nun einmal an Ihre bisherigen Coping-Strategien zurück. D. h. an Ihren Umgang mit Veränderungen oder in Übergangssituationen. Nehmen Sie dazu auch gerne noch einmal Ihre Lebenslinie zur Hand. Welche Strategien haben Ihnen bisher geholfen damit umzugehen?"

„Wie war das bisher in solchen Veränderungssituationen: Was veränderte sich in diesen bisherigen Übergangssituationen, wo fiel etwas weg, oder wo kam ein Hindernis dazu.

Wo und wann haben Sie – vielleicht auch unbewusst – Selektion, Optimierung und Kompensation eingesetzt?

Vielleicht gab es auch Situationen, in denen Sie dies als mehr oder weniger hilfreich empfunden haben. Nutzen Sie zur Reflektion gerne auch die Leitfragen SOK auf Ihrem Arbeitsblatt. Sie können dies entweder alleine tun, oder sich gerne auch mit einem Gesprächspartner oder einer Gesprächspartnerin zusammentun, um sich auszutauschen."

Hintergrund: – Zur Veranschaulichung des Umgangs mit bisherigen Lebensübergängen und kritischen Lebensereignissen nutzen die Teilnehmenden eine Lebenslinie. Dabei reflektieren die Teilnehmenden insbesondere, welche SOK-Strategien oder anderen Ressourcen ihnen in solchen Situationen halfen und wie sie diese auch in Zukunft (z. B. für den Übergang in den Ruhestand) einsetzen können. Neu identifizierte Strategien und Ressourcen werden anschließend dem Ressourcenportfolio hinzugefügt.

Das Konzept der Selektion, Optimierung und Kompensation (SOK, Baltes & Baltes, 1989, 1990; Baltes & Rudolph, 2013) bietet einen Rahmen, um erfolgreiche Entwicklung über die Lebensspanne zu erklären. Dabei betrachtet das Modell das gemeinsame Wirken von Ressourcen und Strategien für ein erfolgreiches Altern. Ist die Balance zwischen den drei zentralen Dimensionen Selektion, Kompensation und Optimierung hergestellt, wirkt sich dies positiv auf das subjektive Wohlbefinden aus (Thiele, 2017). Das SOK-Modell ist empirisch durch Studien gut belegt. Es zeigt sich, dass SOK-Prozesse während des gesamten Erwachsenenalters bis ins hohe Alter hinein zur erfolgreichen Entwicklung und für ein hohes Wohlergehen wirksam sind (Thiele, 2017).

Ferner zielt die Auseinandersetzung mit bisherigen Lebensübergängen und kritischen Lebensereignissen auf die Stärkung der Kontrollüberzeugung und Selbstwirksamkeitserwartung (Bandura, 1994; vgl. ► Abschn. 4.3.3) ab. Verschiedene Studien zeigen, dass Ziele und Kontrollüberzeugungen relevante Prädiktoren von Ruhestandsanpassung darstellen (Barbosa et al., 2016; van Solinge & Henkens, 2005). Mangelnde Selbstwirksamkeitserwartung oder geringe wahrgenommene Kontrolle über den Übergang in den Ruhestand können hingegen Anpassungsschwierigkeiten bedingen (van Solinge & Henkens, 2005).

Durch die Vorgehensweise sollen sich die Teilnehmenden ferner ihrer individuellen Ressourcen bewusst werden und so im Sinne der Ressourcen-Perspektive (Wang, 2007; Wang et al., 2011 vgl. ► Abschn. 2.3.4 und 2.4.2) eine gut gelingende Anpassung an den Ruhestand ermöglichen.

4.5.3 Meine Stärken: Mein Ressourcenportfolio

Ziel – Die Teilnehmenden sollen ihr Ressourcenportfolio weiter auffüllen, indem Sie die in der Lebenslinie erkannten Ressourcen auf Kärtchen schreiben und darüber diskutieren.

Vorgehen – Der Coach erläutert zunächst noch einmal kurz das Bild des Ressourcenportfolios mit Hilfe des Flip-Charts 22: „Ressourcen-Portfolio“ (abhängig davon, wie ausführlich dies in Sitzung 2 getan wurde):

„In unserer zweiten Sitzung haben wir uns bereits (kurz) mit dem Ressourcenportfolio beschäftigt und vielleicht haben Sie in den Sitzungen seither auch weitere Ressourcen ergänzt. Heute wollen wir uns noch einmal etwas eingehender damit beschäftigen.“

(Ggf. nochmals: „Sie kennen Portfolios sicher von Geldanlagen. Hier ist es immer wichtig, seine Anlagen gut zu verteilen – von jedem etwas zu haben, um in „schweren Zeiten“ immer noch genug zu haben. So ist es auch mit dem Ressourcenportfolio. Es sollte am besten bunt gemischt und gut sortiert sein.“)

Der Coach leitet die Teilnehmenden dazu an, noch einmal Ihre Lebenslinie zu betrachten:

„In den letzten anderthalb Stunden haben Sie sich mit Ihrem bisherigen Umgang mit schwierigen Situationen beschäftigt. Sicher sind Sie hierbei wieder auf die ein oder andere Ressource gestoßen, die Ihnen bisher geholfen hat, und Ihnen vielleicht auch in Zukunft hilfreich sein kann.

Schauen Sie sich nun nochmals Ihre Lebenslinie genau an und denken Sie an Ihre Reflexion (allein oder mit einer Gesprächspartnerin oder einem Gesprächspartner) zurück.

- *Welche Strategien, Stärken und Kompetenzen haben Ihnen bisher im Umgang mit Übergangssituationen oder schwierigen Situationen geholfen?*
- *Können Sie diese benennen?*

- Haben Sie in der Reflexion oder Ihr Gegenüber im Kleingruppengespräch noch weitere Ressourcen und Stärken notiert?

Schreiben Sie diese Ressourcen auf die entsprechenden Kärtchen, um Sie in Ihr Portfolio aufzunehmen. Um die Zuordnung zu den Farben zu erleichtern, können Sie einen weiteren Blick auf das Haus des Lebens am Flip-Chart (Flip-Chart 23/15: „Haus des Lebens") oder in Ihrem Ordner werfen."

Hintergrund – Wie in den bereits vorangegangenen Sitzungen, geht es auch bei dieser Beschäftigung mit dem Ressourcenportfolio im Sinne der Ressourcenorientierung und -aktivierung (vgl. ▶ Abschn. 3.1) um die Aktivierung bestehender Ressourcen und den Einsatz von Ressourcen in der Zukunft. Durch die Visualisierung und Bewusstmachung der persönlichen Ressourcen soll auch die Selbstwirksamkeitserwartung und Zuversicht der Teilnehmenden gestärkt werden, die einen Einflussfaktor für die gelingende Anpassung an den Ruhestand darstellt (vgl. auch ▶ Abschn. 2.4).

4.5.4 Ausklang und Blitzlicht

Ziel – Die Teilnehmenden bekommen die Möglichkeit, Ihre aktuellen Gedanken, Resümees und Gefühle zu der aktuellen Sitzung mit der Gruppe zu teilen. Mit Hilfe einer Tierfigur sollen die erkannten Stärken und Ressourcen nochmals greifbarer gemacht bzw. visualisiert werden.

Vorgehen – Der Coach leitet die Blitzlichtrunde ein, indem er die Teilnehmenden bittet, sich ein Tier auszusuchen, vielleicht das Lieblingstier, oder das Tier, das sie im Moment gerade anspricht oder ihnen gut gefällt.

„Heute möchte ich die Sitzung gerne mit einem etwas abgewandelten Blitzlicht beenden. Sie sehen hier viele verschiedene Tierfiguren (oder Tierbilder). Schauen Sie sich diese Tiere einmal an, und wählen Sie ein Tier aus, das aktuell gut zu Ihnen passt. Vielleicht spricht Sie eines der Tiere ganz spontan besonders an. Vielleicht denken Sie auch nochmals an die heutigen Sitzungsinhalte. In dieser Sitzung haben Sie sich mit Ihrem Umgang in schwierigen Situationen und insbesondere Ihren damit verbundenen Stärken und Ressourcen auseinandergesetzt. Vielleicht gibt es bei dieser Auswahl auch ein Tier, das zu Ihren heutigen Erkenntnissen besonders gut passt…"

Nachdem sich alle ein Tier ausgesucht haben, hat jede Person der Gruppe die Möglichkeit, in der Runde das ausgewählte Tier vorzustellen und den Bezug dazu zu erläutern.

„Nachdem Sie nun alle ein Tier gewählt haben, möchte ich Sie gerne einladen, kurz in der Gruppe zu teilen, warum Sie sich welches Tier ausgesucht haben:

- Welches Tier haben Sie sich ausgesucht

- Warum – was gefällt Ihnen daran?

- Was sind die Eigenschaften dieses Tieres? Was wird ihm zugeschrieben?

- Gibt es Parallelen zu Ihnen, oder Eigenschaften oder Besonderheiten, die Sie sich gerne aneignen würden?"

Ggf. können die Teilnehmenden danach auch noch – wie sonst üblich im Blitzlicht - ergänzen, was sie aus der heutigen Sitzung mitnehmen.

Hintergrund – Wie immer geht es beim Blitzlicht zum Abschluss der Sitzung, die aktuelle Gefühlslage und Erkenntnisse aus der Sitzung mit der Gruppe zu teilen. Mit dieser etwas anderen Blitzlicht-Variante soll der Fokus vermehrt auf die persönlichen Ressourcen, die Teil der Coaching-Sitzung waren gelegt werden. Der Zugang über die Tiere soll außerdem erleichtern, persönliche Stärken zu thematisieren und zu be nennen.

Hierbei können die Teilnehmenden zwischen zwei Zugängen wählen: Entweder, sie wählen möglichst spontan ein Tier, das sie anspricht, und erörtern und erläutern dann, warum es zu Ihnen passt, bzw. welche Stärken und Ressourcen sie mit ihm teilen. Umgekehrt können sie auch zunächst an bekannte und erkannte Stärken und Ressourcen denken, und dann ein dazu passendes Tier auswählen.

Tipp

Bei dieser Übung kann es vorkommen, dass mehrere Teilnehmende das gleiche Tier auswählen. In diesem Fall kann der Coach zunächst dazu anregen, dass die Teilnehmenden sich nochmal die weiteren Tiere anschauen. Vielleicht gibt es eine „Zweite Wahl", die (fast) genauso treffend ist. Andernfalls können natürlich auch mehrere Teilnehmende das gleiche Tier wählen (und es dann nach dem eigenen Redebeitrag an die andere Person weitergeben).

4.6 Baustein V: Auf den Weg machen – unterwegs sein

Ziele und Inhalte des Moduls

Die Teilnehmenden beschäftigen sich in dieser Sitzung mit möglichen Hindernissen und Stolpersteinen auf ihrem Weg in den Ruhestand. Diese können einerseits ihr SMART-Ziel betreffen, aber auch andere hinderliche Bedingungen, die einen gelungenen Übergang in die Nacherwerbsphase erschweren bzw. verhindern.

Die Teilnehmenden formulieren potenzielle Strategien und Handlungen, um antizipierte Hindernisse zu überwinden oder mit potenziellen Rückschlägen umzugehen. Dabei sollen insbesondere hilfreiche Aspekte wie z. B. individuelle Ressourcen oder situationale Faktoren beachtet werden.

Nachfolgend wird zunächst ein zusammenfassender Ablauf der Sitzung dargestellt (◘ Tab. 4.12). Diese Übersicht kann nach der inhaltlichen Vorbereitung als Moderations- bzw. Ablaufplan für die Durchführung dienen. Außerdem werden die für die Sitzung relevanten Materialien genannt (◘ Tab. 4.13). Eine ausführliche Beschreibung der einzelnen Elemente erfolgt ab ► Abschn. 4.6.1.

4

Tab. 4.12 Moderationsplan Baustein V: Auf den Weg machen – unterwegs sein

Ablauf	**Zeit (Teile)**	**Zeit (gesamt)**
6.1 Einstieg		**20 min**
- Begrüßung und Blitzlicht - Wie fühlen Sie sich gerade, was bewegt Sie noch vom heutigen Tag?	10 min	
- Achtsamkeitsübung: Gedankenzug - Ankommen im Hier und Jetzt: Gedanken erkennen und voreiziehen lassen.	10 min	
6.2 Stages of Change		**10 min**
6.3 Förderliche und hinderliche Bedingungen – Die Umsetzungspyramide		**55 min**
- 4S (Situation, Self, Support, Strategy)	15 min	
- Stolpersteine beschriften	5 min	
- Umsetzungspyramide - Aufbauend auf den Vorarbeiten in der letzten Sitzung ➔ Welche förderlichen und hinderlichen Bedingungen gibt es? - Welche Ressourcen können helfen? - Welche konkreten schwierigen Situationen kann es geben? - Wie kann ich sie überwinden?	35 min	
6.4 Meine Stärken		**25 min**
- Einstieg mit Ressourcenportfolio (dort in letzter Sitzung aufgehört) - Brief an mich selbst	15 min 10 min	
6.5 Ausklang		**10 min**
- Blitzlicht - Wie gehen Sie jetzt nach Hause?		

Tab. 4.13 Benötigte Materialien Baustein V: Auf den Weg machen – unterwegs sein

Material	für
Flip-Chart 24: „Agenda“	Begrüßung/Einstieg
Sprechobjekt	Blitzlicht
Instruktion Gedankenzug	Achtsamkeit
Flip-Chart 25: „Stages of Change“ (hier kann auch Flip-Chart 11 wieder verwendet werden)	Stages of Change
Flip-Chart 26: „4S“	4 S
AB 27: „4S“	4 S
Stein-Karten[a]	Stolpersteine
Flip-Chart 27: „Umsetzungspyramide“	Umsetzungspyramide
AB 28: „Umsetzungspyramide“	Umsetzungspyramide
AB 29 „Umsetzungspyramide - Leitfragen“	Umsetzungspyramide
AB 30: „Mein Ressourcen Portfolio – Reflexion“	Ressourcen
Flip-Chart: „Brief an mich selbst“	Brief an mich selbst
IB 31: „Brief an mich selbst“	Brief an mich selbst
Papier & Briefumschläge[b]	Brief an mich selbst

Anmerkungen: AB = Arbeitsblatt, IB = Informationsblatt
[a]Für die Stein-Karten wurden für das Coaching aus grauem Papier kleine Zettel in Stein-Form geschnitten. Es können alternativ aber auch andere (z. B. graue) Zettel oder Post-its verwendet werden. Pro Person sollten ca. 3–5 Stolperstein-Kärtchen vorbereitet werden.
[b]Pro Peson sollte ein Briefumschlag sowie zwei bis drei Bögen Papier bereitgestellt werden.

4.6.1 Einstieg (20 min)

- **Begrüßung und Blitzlicht (10 min)**

Ziel – Die Teilnehmenden sollen im Hier und Jetzt ankommen und sich darüber bewusst werden, was sie noch von Ihrem Tag „mitbringen“, wie es ihnen geht was sie beschäftigt bzw. welche Gefühle und Erwartungen sie gerade haben.

Vorgehen – Zu Beginn der Sitzung begrüßt der Coach die Teilnehmenden und stellt die heutige Agenda vor (Flip-Chart 24: „Agenda“). Danach leitet er die Blitzlichtrunde ein, indem er eine bestimmte Frage stellt oder den Teilnehmenden freistellt, sich zu verschiedenen Aspekten (s. o.) zu äußern.

z. B.: „Wie geht es Ihnen heute? Wie war Ihr Tag bisher und was beschäftigt Sie noch vom heutigen Tag?“

Hintergrund – Zum Einstieg der Sitzung soll etwas Zeit dafür genutzt werden, die Teilnehmenden abzuholen und vor dem inhaltlichen Einstieg Raum für organisatorische Aspekte und eventuelle Rückfragen der Teilnehmenden, die sich ggf. seit dem letzten Treffen ergeben haben, zu klären.

- **ACHTSAMKEITSÜBUNG (10 MIN)**

Ziel – Ziel dieser Achtsamkeitsübung ist es, sich ganz auf das Hier und Jetzt zu konzentrieren, im Moment anzukommen und aufkommende Gedanken wieder „ziehen zu lassen“. Hierbei wird mit dem Bild des „Gedankenzuges“ gearbeitet.

Vorgehen – Der Coach lädt die Teilnehmenden zur Achtsamkeitsübung „Gedankenzug“ ein. Bei dieser Übung geht es darum, sich ganz auf das Hier und jetzt zu konzentrieren. Aufkommende Gedanken werden benannt, am imaginären Bahnsteig verabschiedet und in den Zug gesetzt, wo sie dann davon fahren.

→ INSTRUKTION GEDANKENZUG VORLESEN (▶ ABSCHN. 7.1.5)

Hintergrund – Übung und Förderung der Achtsamkeit (s. ▶ Abschn. 4.3.1).

4.6.2 Stages of Change (10 min)

Ziel – Standortorientierung – evtl. stehen die Teilnehmenden heute an unterschiedliche Stellen, vielleicht sind sie auch schon Stufen zurückgegangen, oder haben sich neuorientiert…

Vorgehen – Der Coach geht nochmals kurz auf das Modell der Stages of Change ein (Flip-Chart 25/11: „Stages of Change“). Er nimmt dabei Bezug auf den derzeitigen Standpunkt und fordert die Teilnehmenden dazu auf, kurz zu reflektieren, ob es in Bezug auf ihren Standort im Stages of Change Modell seither Veränderungen gab.

„In der ersten Sitzung habe ich Ihnen bereits das Modell der Stages of Change vorgestellt. Dieses Modell veranschaulicht gut verschiedene Stufen eines Veränderungsprozesses und nimmt auch Bezug dazu, dass Veränderungen nicht immer geradlinig, sondern manchmal auch in Stufen und mit Rückschritten verlaufen.

Nachdem wir uns in den letzten Treffen mit Ihren Zielen und Visionen und möglichen Wegen beschäftigt haben, möchte Sie nun gerne dazu einladen noch einmal das Modell zu betrachten. Wo stehen Sie – in Bezug auf Ihre formulierten SMART-Ziele oder auch in Bezug auf Ihre Vision oder andere Themen des Übergangs in den Ruhestand?

Jeder und jede von Ihnen ist aktuell sicher mindestens schon in der Beschäftigungsphase (vielleicht nicht täglich, aber zumindest in den Sitzungen und auch bereits davor, denn Sie haben sich schließlich auch hier angemeldet.). Vielleicht wurden auch schon mehr oder weniger Vorbereitungen getroffen und geplant und evtl. sogar schon Handlungen ausgeführt.

Wenn ja: mit welchem Erfolg?

Vielleicht gab es auch schon Rückschritte?

Oder vielleicht gibt es auch Aspekte, von denen Sie vermuten, dass sie in Zukunft auftreten werden.“

Hintergrund – Mit Hilfe des Stages of Change Modells (Norcross et al., 2011, vgl. ► Abschn. 4.2.4) soll in dieser Sitzung noch einmal auf bereits angestoßene Veränderungen und -prozesse geblickt werden. Da Veränderungen Zeit brauchen, macht es Sinn, sich immer einmal wieder zu fragen, wo in diesem Veränderungsprozess wir gerade stehen. In diesem Fall dient das Modell auch als Einstieg, um auf förderliche und hinderliche Aspekte im Veränderungsprozess überzuleiten, mit denen sich die Teilnehmenden im Verlauf der Sitzung beschäftigen werden.

4.6.3 Förderliche und hinderliche Bedingungen (55 min)

Ziel – Analyse und Identifikation von möglichen Hindernissen und Stolpersteinen sowie Entwicklung von Überwindungsstrategien.

- **4S (Situation, Self, Support, Strategy) (15 min)**

Vorgehen – Die Teilnehmenden erhalten das Arbeitsblatt 27: „4S" (s. Anhang oder elektronisches Zusatzmaterial).

Im Hinblick auf ihre persönliche Vorstellung vom Übergang in den Ruhestand und der Nacherwerbsphase, sowie auf ihre SMART-Ziele, sollen die Teilnehmenden auf diesem Blatt förderliche und hinderliche Faktoren in Bezug auf die folgenden Punkte aufschreiben (ca. 5 min):

- Ihre Situation (Situation)

- Ihre Person (Selbst/Self)

- Ihre Unterstützung (Support) und

- Ihre Strategien (Strategies; d. h. bekannte Vorgehensweisen, Handlungsmöglichkeiten, etc.)

Dabei können die Teilnehmenden ihre Arbeitsblätter zur Zielerreichung und Zielskalierung sowie ihr Ressourcenportfolio heranziehen. Der Coach instruiert die Teilnehmenden mit Hilfe des Flip-Charts 26: „4S":

„Nachdem Sie nun mit Hilfe der Stages of Change noch einmal etwas näher Ihren Veränderungsprozess betrachtet haben, möchte ich Sie nun dazu einladen, mit einer weiteren Technik Ihren Standort und relevante Einflussfaktoren für Veränderungsprozesse und die Zielerreichung näher zu betrachten.

Es geht dabei darum, sich vier verschiedene „S" näher zu betrachten und zu sammeln, welche förderlichen, d. h. hilfreichen und welche hinderlichen Faktoren/Aspekte zu diesen Kategorien gehören. Diese 4S sind:

*- Ihre Situation (**Situation**), d. h. alle situationalen Faktoren, die eine Rolle spielen können (z. B. Wohnsituation/-Ort, Partnerschaft, Familie, Mobilität o. ä.)*

*- Ihre Person (**Selbst/Self**), d. h. alle Faktoren, die in Ihrer Person liegen (z. B. Eigenschaften, Gesundheit, etc.)*

*- Ihre Unterstützung (**Support**), d. h. alle Faktoren, Dinge oder Personen, die Sie unterstützen können oder wollen und*

*- Ihre Strategien (**Strategies**), d. h. bekannte Vorgehensweisen, Handlungsmöglichkeiten, etc..*

Nehmen Sie sich nun ein paar Minuten Zeit, um diese Aspekte auf dem Arbeitsblatt zu sammeln. Sie können dafür natürlich auch die Unterlagen aus den letzten Sitzungen, wie z. B. das Ressourcenportfolio oder die Arbeitsblätter zur Zielerreichung nutzen."

▪ Stolpersteine (5 min)

Vorgehen – Im Folgenden geht es darum, welche Hindernisse bei der Umsetzung der persönlichen Ziele oder Vorstellungen auftauchen bzw. im Weg sein könnten. In Anlehnung an das Arbeitsblatt 4S sollen sich die Teilnehmenden zunächst überlegen, welche konkreten Hindernisse und Stolpersteine sie sich vorstellen können. Diese werden dann auf die vorbereiteten geschrieben.

„Vielleicht haben Sie bei der letzten Übung gemerkt, dass es ein paar Dinge gibt, die Sie bei der Erreichung bzw. der Umsetzung Ihrer Ziele eher ausbremsen könnten, bzw. die hinderlich für den Veränderungsprozess und Ihre Weiterentwicklung sind. Diese „Stolpersteine" wollen wir nun einmal sichtbar machen und aufschreiben. Stolpersteine können Befürchtungen oder auch reale Bedingungen sein, z. B. Rahmenbedingungen oder persönliche Eigenschaften, die hinderlich sind bzw. ein Problem darstellen können.

Ich habe kleine Steinkärtchen vorbereitet, die Sie dazu nutzen können, diese Stolpersteine festzuhalten. Falls Ihnen mehr Stolpersteine einfallen, als Sie Kärtchen haben, überlegen Sie zunächst, welche Stolpersteine besonders wichtig, relevant bzw. wahrscheinlich sind, und halten Sie diese zunächst fest (weitere Stolpersteine können auch auf dem Arbeitsblatt notiert werden)."

▪ Die Umsetzungspyramide (35 min)

Vorgehen – Nach dieser Bestandsaufnahme arbeiten die Teilnehmenden mit dem Arbeitsblatt 28: „die Umsetzungspyramide" (s. Anhang oder elektronisches Zusatzmaterial) weiter. Hierbei wählen die Teilnehmenden die wichtigsten Hindernisse (bis zu drei), die ihnen in der Übung gerade auffielen, aus. Sowohl das Arbeitsblatt „4S" als auch das persönliche Ressourcenportfolio kann den Teilnehmenden dabei hilfreich sein.

Der Coach erläutert das Vorgehen mit Hilfe des Flip-Charts 27: „die Umsetzungspyramide".

Falls die Teilnehmenden mehrere Hindernisse identifiziert haben, wählen sie davon drei aus (z. B. die drei wichtigsten/größten Hindernisse, mit denen sie bei der Umsetzung ihrer Ziele evtl. rechnen) und notieren diese an der linken Seite.

In der Mitte werden die Ziele (oder das Ziel), der Lebensbereich oder die Vorstellung notiert, mit der Sie sich gerade beschäftigen bzw. die von Hindernissen betroffen sein könnten. Dabei können die Ziele ein bis drei unterschiedliche Themen betreffen oder auch Teilziele des SMARTen Ziels sein. Auch können die gewählten Aspekte bzw. Ziele entweder den gleichen oder aber verschiedene Lebensbereiche bzw. Vorstellungen betreffen.

Auf der rechten Seite sollen im nächsten Schritt eine oder mehrere konkrete Strategien oder Ideen zum Umgang mit diesem Hindernis aufgeschrieben werden. Dabei sollen die Teilnmehmenden sich von ihren bisher gesammelten Strategien (letzte Sitzung) und ihrem Ressourcenportfolio leiten lassen.

„Sie haben sich nun bereits relativ ausführlich mit möglichen Problemen oder Stolpersteinen beschäftigt. Natürlich wollen wir an dieser Stelle nicht aufhören, denn noch wichtiger als die Identifikation von Hindernissen ist natürlich die Überlegung, wie diese überwunden werden können. Das wollen wir mit Hilfe der Umsetzungspyramide einmal tun.

Hier sehen Sie diese Pyramide am Flipchart aufgezeichnet. Auf der linken Seite können Sie die Stolpersteine bzw. Hindernisse eintragen, die Sie in den letzten Übungen identifiziert haben. Auf dem Arbeitsblatt finden Sie dazu drei Zeilen. Vielleicht haben Sie mehr oder weniger Punkte, die Sie eintragen wollen. Das ist kein Problem, Sie können auch mit weniger Zeilen starten, und irgendwann vielleicht noch weitere Punkte ergänzen. Gibt es mehr Hindernisse bzw. betroffene Bereiche, notieren Sie diese für diesen Moment und greifen Sie sie ggf. zu einem späteren Zeitpunkt noch einmal mit dieser Übung auf.

In der Mitte der Pyramide ist Platz für Ihr/e Ziel/e, den Lebensbereich oder die Vision, die der Stolperstein bzw. das Hindernis betrifft. Hierzu können Sie gerne auch nochmals in Ihre Unterlagen der dritten und vierten Sitzung schauen, in denen wir uns damit ausführlich beschäftigt haben. Die Eintragungen können dabei entweder Teilziele Ihres SMART Zieles sein oder eigenständige Ziele/Bereiche/Visionen. Sie sind hier ganz frei.

Im nächsten Schritt tragen Sie auf der rechten Seite eine oder mehrere mögliche Strategien ein, die helfen können, das Hindernis zu überwinden. Dies können ganz verschiedene Dinge sein: Handlungen, Einstellungen, Inanspruchnahme von Unterstützung etc.. Nehmen Sie für diese letzte Spalte gerne Ihr Ressourcenportfolio, das Arbeitsblatt 4S oder weitere Unterlagen aus den bisherigen Sitzungen zur Hilfe.

Folgende Fragen können bei der Identifizierung von Strategien helfen:

- *Wie haben Sie früher solche Stolpersteine überwunden?*
- *Wer könnte Sie dabei unterstützen?*
- *Wie würden andere dieses Problem lösen?*
- *Angenommen, das Hindernis bleibt, welche anderen Wege gibt es zum Ziel?*

[Die Teilnehmenden haben dafür ca. 10–15 Minuten Zeit.]

■ Austausch in Kleingruppe (15 min)

Vorgehen – Im Anschluss daran finden sich die Teilnehmenden in Kleingruppen zusammen und diskutieren ihre Erfahrungen (hierbei kann das AB 29: „meine Umsetzungspyramide - Leitfragen", s. Anhang oder elektronisches Zusatzmaterial helfen).

Evtl. kann in diesem Rahmen auch noch ein Austausch darüber stattfinden, welche ergänzenden Ideen oder Anregungen die/der Gesprächspartner:in noch zum Umgang mit dieser Herausforderung bzw. zum Überwinden dieses Hindernisses hat.

Hintergrund – Für die erfolgreiche Bewältigung von potenziell kritischen stress auslösenden Ereignissen (wie z. B. dem Übergang in den Ruhestand) ist die Antizipation von und Vorbereitung auf den Umgang mit möglichen Rückschlägen essenziell (Vuori et al., 2005). Im Rahmen dieser Sitzung formulieren die Teilnehmenden mögliche Vorgehensweisen bzw. Handlungen, um antizipierte Schwierigkeiten zu überwinden bzw. mit möglichen Rückschlägen umzugehen. Diese sollten in Form von „wenn-dann Plänen" formuliert werden, welche entsprechend des Konzeptes der Implementation Intentions (Gollwitzer, 1999; Gollwitzer & Sheeran, 2006) die Zielerreichung erleichtern.

Hierbei werden die Teilnehmenden in mehreren Schritten angeleitet. Zunächst beschäftigen die Teilnehmenden sich mit ihrer aktuellen Situation und dafür relevanten Faktoren (4S). Ferner reflektieren die Teilnehmenden, welche Hindernisse und Herausforderungen ihnen beim Übergang in den Ruhestand begegnen könnten und visualisieren diese mit Hilfe von Stolpersteinen. Mit der Umsetzungspyramide werden anschließend Umsetzungsschwierigkeiten antizipiert und visualisiert. Dies dient dazu, sich auf diese vorzubereiten. Diese Übung (s. z. B., Wehrle, 2016) ist eine in Coaching und Beratung häufig eingesetzte Technik. Durch die Antizipation von möglichen Herausforderungen und Schwierigkeiten sowie der Vorbereitung möglicher Handlungsalternativen sollen die Zuversichtlichkeit zur Zielerreichung gestärkt und Ängste abgebaut werden.

Hintergrundinformationen

Hinweis: insbesondere im klassischen Coaching-Setting (1:1) wird die Umsetzungspyramide meist in einer anderen Reihenfolge befüllt:

- Zunächst werden verschiedene. Ziele gesammelt, die der Coachee erreichen möchte.
- Dann sollen diese Ziele priorisiert werden bzw. die wichtigsten drei Ziele sollen genannt und in eine Reihenfolge gebracht werden. Dabei kann man das wichtigste Ziel (1) als Grundlage der Pyramide nutzen oder als Spitze (so wie in unserem Fall).
- Anschließend werden mögliche Hindernisse/Probleme gesammelt (auch mehrere pro Ziel) und links eingetragen.
- Dann sollen Strategien gefunden werden, um die Hindernisse zu überwinden/mit den Problemen umzugehen.
- Für die hier durchgeführte Gruppenvariante wurde dies umgekehrt, um die Anzahl der Hindernisse und der Ziele zu reduzieren.
- Auch diese Art der Anwendung/Instruktion ist natürlich möglich.

4.6.4 Meine Stärken

Ziel – Die Teilnehmenden sollen ihr Ressourcen-Portfolio weiter auffüllen, indem Sie weitere Ressourcen aufschreiben (Ressourcen, die in der heutigen Sitzung identifiziert wurden, vielleicht aber auch noch Dinge, die in der letzten Sitzung bei der Lebenslinie aufgefallen sind).

▪ Ressourcen-Portfolio (15 min)

Vorgehen – Dieser Abschnitt des Coachings knüpft inhaltlich an die vorangegangenen Sitzungen, insb. die letzte Sitzung an. Der Coach leitet die Teilnehmenden dazu an, noch einmal auf das Bild ihrer Lebenslinie zu schauen, insbesondere mit Blick auf bisher hilfreiche Strategien, Stärken und Kompetenzen.

„In den letzten Sitzungen haben wir uns bereits mehrfach mit Ressourcen beschäftigt. Letzte Woche stand dabei die Lebenslinie im Vordergrund. Schauen Sie sich nun nochmal Ihr Bild der Lebenslinie aus der letzten Sitzung an:

- Welche Strategien, welche Stärken und Kompetenzen haben Ihnen bisher im Umgang mit Übergangssituationen oder schwierigen Situationen geholfen?

- Können Sie diese benennen?

- Hat Ihre Gesprächspartnerin oder Ihr Gesprächspartner in den letzten Gesprächen noch weitere Ressourcen und Stärken identifiziert? (Vielleicht haben Sie diese schon notiert, ansonsten können Sie dies vielleicht jetzt noch nachholen)“

Die Teilnehmenden sollen darüber reflektieren und können weitere Ressourcen auf die Kärtchen schreiben und diese in ihr Portfolio aufnehmen. Außerdem sollen die Teilnehmenden ihre persönlichen Ressourcen mit Hilfe der Reflexion „Mein Ressourcenportfolio" (AB 30: „Mein Ressourcenportfolio - Reflexion"; s. Anhang oder elektronisches Zusatzmaterial) noch einmal näher betrachten.

Dabei geht es zum einen darum, wie sich das persönliche Ressourcenportfolio in den letzten Wochen verändert hat, aber auch um die Zukunft der Teilnehmenden ihre persönliche Vision, ihre Rollen und ihre Beziehungen.

„Nehmen Sie sich nun nochmals ein paar Minuten Zeit, um Ihre bisher identifizierten Ressourcen zu reflektieren. Vielleicht fallen Ihnen auch noch weitere Ressourcen ein, die Sie in Ihrem Ressourcen-Portfolio aufnehmen möchten und notieren Sie diese auf Kärtchen. Schauen Sie sich in diesem Zuge auch nochmals Ihr Ressourcenportfolio genauer an (mit Hilfe der Reflexion „mein Ressourcenportfolio"):

- Werden zur Verwirklichung dieser Vorstellungen noch weitere Ressourcen benötigt?

- Wenn ja, welche? Und wie können sie gestärkt, angeeignet, optimiert oder selektiert werden?

- Welche Ressourcen werden schon optimal genutzt, wo kann noch weiter optimiert werden?"

▪ Brief an mich Selbst (10 min)

Vorgehen – Im Anschluss daran folgt kein Austausch in der Kleingruppe, sondern ein persönliches Zwiegespräch. Der Coach instruiert den „Brief an mich selbst" (IB 31: „Brief an mich selbst"; s. Anhang oder elektronisches Zusatzmaterial). Hierbei sollen sich die Teilnehmenden aus Sicht eines „wohlwollenden Begleiters", einen Brief schreiben (Flip-Chart 28: „Brief an mich selbst").

Die Teilnehmenden erhalten hierfür einige Bögen Papier sowie einen Briefumschlag. Zunächst sollen sie auf diesen Umschlag ihren Namen und ihre Postanschrift schreiben. Danach können sie beginnen, den Brief zu schreiben. Ggf. kann der Brief zu Hause fertiggestellt und zur nächsten Sitzung mitgebracht werden.

Der Coach weist außerdem darauf hin, dass dieser Brief von niemandem sonst gelesen wird, und auch kein Gegenstand eines Kleingruppengesprächs ist, sondern einzig und allein für „sich selbst" selbst bestimmt ist.

„In den meisten Sitzungen stand am Ende ein Austausch in der Kleingruppe bzw. mit einer Gesprächspartnerin oder einem Gesprächspartner auf dem Programm. In dieser Woche möchte ich Sie gerne zu einer anderen Übung einladen: dem ‚Brief an mich selbst'. Hierbei schreiben Sie sich selbst einen Brief aus Sicht eines „wohlwollenden Begleiters" oder einer „wohlwollenden Begleiterin", d. h. einer Person, die Sie sehr gut kennt, die Sie gerne hat und die Sie unterstützt und Ihnen das Beste wünscht.

In diesem Brief soll die wohlwollende Begleitung würdigen, was bisher gut lief, welche Stärken Sie haben, worauf Sie stolz sein können. Außerdem wird sie auch darauf eingehen, wie Sie auch in Zukunft Herausforderungen meistern können und werden.

Im Rahmen dieses Coachings werden viele verschiedene Themen angesprochen und behandelt. Diese Eindrücke nehmen Sie alle mit, aber vielleicht verblasst doch einiges bald. Um wichtige positive Erkenntnisse aus diesem Coaching wieder zu reaktivieren, wird Ihnen dieser Brief in einigen Wochen wieder zugeschickt werden. Quasi als kleine Erinnerung an das Coaching.

Ich habe Ihnen bereits einige Bögen Briefpapier sowie einen Umschlag ausgeteilt. Schreiben Sie zunächst Ihren Namen und Ihre Adresse auf den Briefumschlag. Sie können dann die Verbleibenden 10 Minuten dazu nutzen, mit dem Brief zu beginnen – entweder direkt mit dem Schreiben oder aber mit der Vorbereitung, d. h. mit der Reflexion bzw. der Strukturierung. Ganz wie es Ihnen eher liegt.

Die letzten Minuten dieser Sitzung reichen sicherlich nicht aus, um den Brief fertig zu stellen. Dies können Sie dann bis nächste Woche zu Hause tun. Bringen Sie nächste Woche dann den Brief im verschlossenen Umschlag mit. Natürlich wird der Inhalt von niemandem gelesen, sondern die Briefe werden lediglich aufbewahrt und nach einigen Wochen zur Post gebracht. Der Inhalt des Briefes ist ausschließlich für Sie selbst gedacht.“

Hintergrund – Im Rahmen dieses letzten Coaching-Abschnitts sollen sich die Teilnehmenden erneut auf ihre Stärken und Ressourcen fokussieren. In den vorangegangenen Übungen neu identifizierte Ressourcen werden dem Ressourcenportfolio hinzugefügt. Außerdem reflektieren die Teilnehmenden über ihr Ressourcenportfolio und dessen Entwicklung im Rahmen der Coaching-Sitzungen. Dabei sollten sie insbesondere solche Ressourcen identifizieren, die sie als besonders nützlich erachten oder solche, die sie in Zukunft häufiger nutzen könnten. Zum Abschluss der Sitzung schreiben die Teilnehmenden einen Brief an sich selbst aus Sicht eines wohlwollenden Begleiters, der ihre Stärken und Ressourcen zum Thema hat.

Diese Ressourcen-orientierten Übungen zielen im Sinne der Ressourcenaktivierung (vgl. ▶ Abschn. 3.1) darauf ab, individuelle Ressourcen zu aktivieren und zu stärken. Dadurch soll insbesondere auch die persönliche Selbstwirksamkeitserwartung (▶ Abschn. 4.3.3) gestärkt werden.

4.6.5 Ausklang: Blitzlicht & Reflexion

Ziel – Die Teilnehmenden können das in der Sitzung Erarbeitete und Erfahrene noch einmal Revue passieren lassen und mit der Gruppe teilen.

Vorgehen – Im erweiterten Blitzlicht diskutieren die Teilnehmenden die eben erlebte Sitzung: Dabei stehen folgende Fragen im Vordergrund:

- Wie waren die Übungen für Sie?
- Was war für Sie das Besondere daran, was war besonders interessant?
- Wie gehen Sie jetzt nach Hause?

Hintergrund – Durch die Kurzreflexion und das Teilen der eigenen Erlebenswelt werden einerseits die vermittelten Inhalte gefestigt und andererseits die Möglichkeit eröffnet, durch den gegenseitigen Austausch einen weiteren Reflexionsprozess zu initiieren.

4.7 Baustein VI: Eigenständig den Weg gehen: Integration, Resümee und Ausblick

Ziele und Inhalte des Moduls

In dieser letzten Sitzung haben die Teilnehmenden die Möglichkeit, die Inhalte und Erkenntnisse der letzten Sitzungen zu reflektieren und zu resümieren.

Neben dem Blick in die Vergangenheit, werden die gesetzten Ziele bzw. die Vision der Teilnehmenden nochmals thematisiert und ggf. neue Teilziele daraus abgeleitet, wobei auch das Thema „Erfolge feiern" eine Rolle spielt. Ferner wird die Rolle von Ritualen (Markierungen/Zeremonien) bei Übergängen herausgestellt und diskutiert.

Nachfolgend wird zunächst ein zusammenfassender Ablauf der Sitzung dargestellt (◘ Tab. 4.14) und die für die Sitzung relevanten Materialien aufgelistet (◘ Tab. 4.15). Eine ausführliche Beschreibung der einzelnen Elemente erfolgt ab ► Abschn. 4.7.1.

◘ **Tab. 4.14** Moderationsplan Baustein VI: Eigenständig den Weg gehen: Integration, Resümee und Ausblick

Ablauf	**Zeit (Teile)**	**Zeit (gesamt)**
7.1 Einstieg		**20 min**
- Blitzlicht - Wie fühlen Sie sich gerade, was bewegt Sie noch vom heutigen Tag? - Zentrierung: Rückblicks- und Ausbildungsreise	10 min 10 min	
7.2 Rückblick & Resümee		**15 min**
- Insel-Übung		
7.3 Meinen Weg gehen & Erfolge feiern		**25 min**
- Stages of Change: Wo befinden ich mich heute? - Zielerreichung und -skalierung - Was wurde bisher erreicht? - Was sind die nächsten Schritte (Zielstufen)? - Wie werden weitere Erfolge belohnt?	10 min 15 min	
7.4 Rituale		**20 min**

(Fortsetzung)

4

Tab. 4.14 (Fortsetzung)

Ablauf	Zeit (Teile)	Zeit (gesamt)
- Rituale - Wie habe ich Übergänge bisher gemeistert? - Gab es bisher bei anderen Übergängen Rituale oder Ähnliches (➔ Lebenslinie?)? - Ihre Rituale: - Gibt es eine Metapher oder ein Bild für diesen „Übergang“? - Was könnte ein mögliches Ritual für die nächste Zeit oder für die konkrete Übergangsphase sein? - Welches Ritual kann hilfreich beim „Ankommen“ sein?		
7.5 Auswahl des Steinsymbols		**10 min**
- Stein als Erinnerung aussuchen und ggf. mit Symbol oder Schlagwort beschriften		
7.6 Ausklang		**25 min**
- Blitzlicht - Was nehmen Sie heute mit, wie gehen Sie jetzt nach Hause? - Feedback - Handmethode - Feedback mit separaten Zetteln - Organisatorisches	10 min 10 min 5 min	

Tab. 4.15 Benötigte Materialien Baustein VI: Eigenständig den Weg gehen: Integration, Resümee und Ausblick

Material	für
Flip-Chart 29: „Agenda“	Übersicht
Sprechobjekt	Blitzlicht
Instruktion Gedankenreise	Achtsamkeit/Gedankenreise
Flip-Chart 30: „Insel Übung“	Insel-Übung
AB 32: „Insel-Übung“ (DIN A3-Format)[a]	Insel-Übung
Flip-Chart 31: „Stages of Change“	Ziele/Zielerreichung
AB 33: „Reflexion Ziele“	Ziele/Zielerreichung
Flip-Chart 32: „Meine nächsten Schritte“	Ziele/Zielerreichung
AB 34: „nächste Stufen“	Ziele/Zielerreichung
Flip-Chart 33: „Rituale“	Rituale

Tab. 4.15 (Fortsetzung)

Material	für
IB 35: „Rituale“	Rituale
AB 36: „Rituale Reflexion“	Rituale
Steine[b] und Stifte	Erinnerungs-Symbol
Flip-Chart 34: „Vielen Dank!“	Ausklang
Flip-Chart 35: „5-Finger Feedback“	Feedback

Anmerkungen: AB = Arbeitsblatt, IB = Informationsblatt
[a]Um bei dieser Übung genügend Platz für alle gewonnen Erkenntnisse zu haben, sollte ein DIN A3 Blatt zur Verfügung gestellt werden. Sollte das Drucken oder Kopieren der Vorlage au diese Größe nicht möglich sein, kann alternativ ein leeres DIN A3 Blatt genutzt werden, auf dem die Teilnehmenden selbst die Insel, das Meer etc. zeichnen.
[b]Damit die Teilnehmenden eine kleine Auswahl haben, sollten deutlich mehr Steine als Teilnehmende zur Verfügung stehen. Wir verwendeten dafür möglichst unterschiedliche (Farbe, Form, Größe) Kieselsteine. Um darauf ggf. Symbole festzuhalten eignen sich dünne Filzstifte bzw. Fineliner. Natürlich kann auch mit alternativen Andenken-Gegenständen gearbeitet werden.

4.7.1 Einstieg

- **Begrüßung und Blitzlicht (10 min)**

Ziel – Die Teilnehmenden sollen im Hier und Jetzt ankommen und sich darüber bewusst werden, was sie noch von ihrem Tag „mitbringen“, was sie beschäftigt bzw. welche Gefühle und Erwartungen sie gerade haben.

Vorgehen – Der Coach begrüßt die Teilnehmenden und stellt die Agenda (Flip-Chart 29: „Agenda“) vor. Danach wird die Blitzlichtrunde eingeleitet, indem der Coach eine bestimmte Frage stellt oder den Teilnehmenden freistellt, sich zu verschiedenen Aspekten (s. o.) zu äußern.

Hintergrund – Zum Einstieg der Sitzung soll etwas Zeit dafür genutzt werden, die Teilnehmenden abzuholen und vor dem inhaltlichen Einstieg Raum für organisatorische Aspekte und eventuelle Rückfragen der Teilnehmenden, die sich ggf. seit dem letzten Treffen ergeben haben, zu klären.

- **Achtsamkeitsübung/Gedankenreise (10 min)**

Ziel – Ziel dieser Gedankenreise ist es, die Teilnehmenden sowohl zu einem gedanklichen Rückblick als auch einem Blick in die Zukunft anzuregen.

Vorgehen – Der Coach leitet vom Blitzlicht zu der Gedankenreise über.

„An dieser Stelle haben wir in den letzten Sitzungen eine Achtsamkeitsübung durchgeführt. In dieser letzten Sitzung möchte ich Sie statt dessen zu einer Gedankenreise einladen. In dieser Gedankenreise wollen wir einen Blick in die Vergangenheit und in die Zukunft werfen und resümieren.“

→ Instruktion Gedankenreise (► Abschn. 7.1.6)

Hintergrund – Ähnlich wie die Achtsamkeitsübungen der letzten Sitzungen (vgl. auch ► Abschn. 4.3.1) soll auch diese Gedankenreise der Zentrierung dienen. D. h. die Teilnehmenden sollen im Hier und Jetzt ankommen, und sich ganz auf die Coaching-Inhalte einstimmen und einlassen. Bei dieser Gedankenreise geht es insbesondere darum, auf die Inhalte des Coachings zurückzublicken und die darin gewonnenen Erkenntnisse Revue passieren zu lassen. Ausgehend davon sollen die Teilnehmenden reflektieren, was sich seitdem vielleicht verändert hat aber auch den Blick in die Zukunft schweifen lassen und sich fragen, wie es nun weiter gehen wird.

4.7.2 Rückblick und Resümee (15 min)

Ziel – Die Teilnehmenden sollen auf die vergangenen Coaching-Einheiten zurückblicken und wesentliche Inhalte und Erkenntnisse resümieren und reflektieren.

Die Reflexion dient der individuellen differenzierten Sicherung der Coaching-Erkenntnisse und -Ergebnisse. Dabei nehmen die Teilnehmenden eine Priorisierung der im Rahmen der Intervention gewonnenen Erkenntnisse vor und erleichtern sich somit den Transfer im Alltag.

- **Insel-Übung (15 min)**

Vorgehen – Der Coach instruiert die Übung mit Hilfe des Flip-Charts 30: „Insel-Übung“ und die Teilnehmenden erhalten das AB 32: „Insel-Übung“ (s. Anhang oder elektronisches Zusatzmaterial) im DIN A3 - Format und sollen sich vorstellen, dieses Papier symbolisiere das „Meer der Möglichkeiten“, das sich nach dem Coaching auftut. Die Teilnehmenden sollen dann die drei Bereiche füllen.

„In den letzten Wochen haben wir uns mit vielen verschiedenen Aspekten des Übergangs in den Ruhestand und der Nacherwerbsphase beschäftigt. Heute, in der letzten Sitzung des Coachings möchte ich Sie nun dazu einladen, auf die gewonnenen Erkenntnisse zurückzublicken und diese für sich ein wenig zu ordnen und zu strukturieren. Hierzu nutzen wir die Insel-Übung.

Sie sehen darauf in der Mitte eine Insel. Diese symbolisiert gesicherte Erkenntnisse und Pläne aus dem Coaching, die möglichst bald praktisch umgesetzt werden sollen, oder vielleicht sogar schon umgesetzt sind.

Außen auf dem Blatt (bei den Wellen) befindet sich das Meer: dieses Meer symbolisiert die Eindrücke oder Anregungen, die Sie gewonnen haben, über die Sie vielleicht gerne noch weiter nachdenken möchten, da sie diese ggf. später noch nutzen möchten (aber die im Moment vielleicht noch nicht verwertbar oder noch nicht aktuell genug sind).

Zwischen diesen beiden Kategorien gibt es außerdem noch ‚etwas dazwischen‘, das Schwemmland: das sind (neue) Ideen, Gedanken oder Erkenntnisse, die noch nicht ganz gefestigt sind, an denen in nächster Zeit weitergearbeitet werden soll und deren Umsetzung noch etwas mehr Zeit brauchen wird.

Nutzen Sie nun die nächsten Minuten, um dieses Schaubild zu füllen und Ihr Gelerntes und Ihre Erkenntnisse der letzten Wochen einzutragen. Nutzen Sie dafür prägnante Begriffe oder auch kleine Symbole zur Veranschaulichung. Vielleicht möchten Sie in einem weiteren Schritt auch noch eine Priorisierung vornehmen. Z. B. indem

Sie markieren, welche Aspekte besonders wichtig für Sie sind oder besondere Highlights darstellen."

Hintergrund – Aufbauend auf der Gedankenreise im ersten Teil des Coachings sollen die Teilnehmenden mit Hilfe dieser Übung das Gelernte Revue passieren lassen, sammeln und strukturieren. Die Unterscheidung zwischen gesicherten Erkenntnissen bzw. bereits umgesetzten Plänen (Insel), noch nicht ausgereiften Ideen, Erkenntnissen und Gedanken, an denen nach Abschluss des Coachings weitergearbeitet werden soll (Schwemmland) und für die Zukunft möglicherweise relevanten Aspekten, die nicht verloren gehen sollen (Meer) steht dabei im Mittelpunkt. Mit Hilfe dieser Reflexion machen sich die Teilnehmenden noch einmal bewusst, wo sie aktuell stehen. Was haben sie bereits erkannt bzw. umgesetzt, wo können Sie nach dem Coaching weiter machen und was wird vielleicht in der Zukunft noch interessant sein?

Tipp

Sollte das Erstellen des Arbeitsblattes im DIN A3-Format nicht möglich sein (häufig kann das Drucken im Großformat durch eine Vergrößerungskopie ersetzt werden), erhalten die Teilnehmenden ein leeres Blatt (z. B. von einem Zeichenblock oder ähnliches). Der Coach instruiert die Teilnehmenden dann anhand des Flipcharts zur Erstellung des Insel-Arbeitsblattes: Die Teilnehmenden sollen zunächst die Umrisse einer Insel in die Blattmitte zeichnen, die in etwa die Hälfte der Fläche des Blattes einnimmt. Um diese Insel herum wird in ca. drei Zentimetern Abstand eine gestrichelte Linie gezeichnet, die das unbefestigte Schwemmland symbolisiert. Der Rest des Blattes stellt das Meer dar.

4.7.3 Den eigenen Weg gehen & Erfolge feiern

Ziel – Reflexion der gesetzten Ziele und Zielerreichung.

- **Reflexion Standort (10 Min)**

Vorgehen – Zur Reflexion der eigenen Ziele und der bisherigen Zielerreichung wird das Modell der Stages of Change nochmals am Flip-Chart 31/11: „Stages of Change" aufgehängt und präsentiert. Die Teilnehmenden befinden sich nun mindestens. im Bereich Beschäftigung mit dem Thema, vielleicht sind sie auch schon einige Stufen weiter und haben schon verschiedenes geplant, Schritte ausgeführt und Verbesserungen vorgenommen.

Auch in dieser Sitzung nehmen sich die Teilnehmenden noch einmal ihre SMART-Ziele und ihre Zielerreichungsskala vor: Mit Hilfe des Arbeitsblattes 33: „Meine Ziele – Reflexion" (s. Anhang oder elektronisches Zusatzmaterial) fragen sich die Teilnehmenden, wo sie heute stehen, und wie viele Teilschritte sie bisher schon erreicht haben.

„Mittlerweile sind Sie alle dem Konzept der „Stages of Change" schon mehrfach begegnet. Auch heute in der letzten Sitzung wollen wir uns diesem Modell noch einmal widmen. Wie Sie wissen, besteht die zentrale Annahme darin, dass Veränderungen

einen Prozess darstellen, der sich Stufenweise vollzieht und bei dem es immer auch Rückschritte und Anpassungen geben kann. Sie sind nun dazu eingeladen, mit Hilfe des Arbeitsblattes „Meine Ziele" noch einmal auf Ihren persönlichen Veränderungsprozess der letzten Wochen zurückzublicken und zu reflektieren, wo Sie aktuell stehen. Nehmen Sie sich dafür einige Minuten Zeit." [ca. 10 min]

- **Nächste Schritte (15 Min)**

Vorgehen – Außerdem sollen sich die Teilnehmenden mit Hilfe des Arbeitsblattes 34: „Meine nächsten Schritte" (s. Anhang oder elektronisches Zusatzmaterial) überlegen, was ihre nächsten Schritte auf dem Weg zu ihrem Ziel oder in der weiteren Vorbereitung auf den eigenen Übergang in den Ruhestand sein können. Dabei können sich die Teilnehmenden sowohl auf neue Schritte, als auch auf die SMART-Ziele oder Teilziele der SMART-Ziele beziehen.

Zur Erläuterung/Instruktion (mit Flip-Chart 32: „Meine nächsten Schritte"):

„Wenn wir in unserem Leben etwas verändern wollen planen wir häufig viel zu viel in zu kurzer Zeit oder definieren selbst konkrete SMART-Ziele so, dass sie eigentlich eher aus mehreren kleineren Zielen bestehen könnten. Deshalb kann es hilfreich sein, in kleinen oder sogar kleinsten Schritten zu denken. Und auch so zu planen. Dies bietet auch noch einen weiteren Vorteil, denn kleinere Schritte und Teilziele wirken häufig auch weniger einschüchternd und sind viel leichter realisierbar als große Ziele.

Allerdings können diese kleinen Schritte manchmal auch unbedeutend erscheinen aber sie führen dazu, dass etwas in Bewegung gerät – und in Bewegung bleibt. Denn genau genommen besteht unser Leben stets aus unzähligen kleinsten Veränderungen, bei denen oft nicht klar ist, an welchem Punkt die „finale Veränderung" statt findet: Wann wird aus einem Bach ein Fluss, wo beginnt ein Berg? In vielen Bereichen des Lebens – wenn nicht sogar in allen, gibt es keinen eindeutigen Punkt, an dem Veränderung festgemacht werden kann. Oft lässt sich nur rückblickend sagen, welches die bedeutsamen Momente waren, die unser Leben verändert haben.

Um diese nächsten Schritte zu visualisieren, können Sie diese – ganz konkreten und kleinen – Schritte auf dem Arbeitsblatt eintragen."

Nach einigen Minuten (ca. 10) leitet der Coach von den „small steps" zum Thema „Erfolge feiern" über: Die Teilnehmenden haben mittlerweile in jedem Fall schon Teilschritte „geschafft". In der vorangegangenen Übung haben sie reflektiert, wie weit sie auf der Zielerreichungsskala vorangekommen sind. Bei dieser Reflexion geht es nun neben einer Bestandsaufnahme darum, Erfolge zu würdigen sich dafür zu belohnen, was bereits geschafft ist.

„Wie Sie in der vorangegangenen Übung mit der Zielerreichungsskala sicher festgestellt haben, haben Sie bereits erste Schritte oder Teilschritte geschafft. Mit Blick auf diese Teilschritte und die kommenden festgehaltenen kleinen Schritte soll es bei dieser Reflexion nun nicht nur um eine Bestandsaufnahme dessen gehen, was schon geschafft ist und was gut geklappt hat. Es geht auch darum, Erfolge zu würdigen und anzuerkennen und sich dafür zu belohnen. Im Alltag geht dies manchmal unter. Gerade bei persönlichen Zielen ist es wichtig, sich eine eigene Belohnung oder ein eigenes Belohnungssystem zu schaffen. Auch für Teilziele.

Wie sieht es bei Ihnen aus? Haben Sie sich für Ihre bisherigen Erfolge schon belohnt? Wenn ja: wie? Welche Belohnung können Sie sich für das Feiern der eigenen Erfolge in der Zukunft vorstellen?

Auf Ihrem Arbeitsblatt finden Sie unter den ‚nächsten Schritten‘ Platz, um festzuhalten, wie Sie Ihre Erfolge in Zukunft feiern wollen. Das kann für jeden Erfolg oder jeden Teilschritt eine unterschiedliche „Belohnung“ sein; es können aber auch wiederkehrende Belohnungen oder Rituale zum Einsatz kommen, immer wenn ein Schritt geschafft ist.“

Hintergrund – Mit Hilfe dieser Übungen schätzen die Teilnehmenden den Zielerreichungs-Status ihrer in Sitzung 3 formulierten Ziele ein. Diese Standort-Bestimmung soll vor allem verdeutlichen, dass seit dem Beginn des Coachings schon einiges angestoßen und vielleicht sogar schon erste Erfolge zu feiern sind. Diese Erfolgserlebnisse sollen sich insbesondere positiv auf die Zuversichtlichkeit bzgl. der Zielerreichung und der Meisterung des Übergangs in den Ruhestand auswirken.

Im nächsten Schritt formulieren die Teilnehmenden außerdem konkrete nächste Schritte zur Bewältigung des Übergangs in den Ruhestand entsprechend ihrer persönlichen Ressourcen, Vorstellungen und Ziele. Dadurch sollen die Teilnehmenden den Blick von bereits geschafften Erfolgen hin zur zukunftsgerichteten Fokussierung (vgl. ▶ Abschn. 3.2) auf die nächsten konkreten Schritte lenken. Das Herunterbrechen auf klein(st)e Schritte (Prinzip der Small Steps) soll dabei ebenfalls zur Stärkung der Selbstwirksamkeitserwartung (Bandura, 1994; vgl. ▶ Abschn. 4.3.3) und der Zuversicht der Teilnehmenden beitragen.

4.7.4 Rituale: Übergänge gestalten (20 min)

Ziel – Die Teilnehmenden setzen sich mit dem Thema Rituale auseinander. Dabei entwickeln sie mögliche Rituale für den eigenen Übergang in den Ruhestand und diskutieren diese im Austausch in der Kleingruppe.

Vorgehen – Der Coach führt das Thema Rituale ein.

„Im Folgenden wollen wir uns mit dem Thema Rituale beschäftigen. Rituale sind wichtig im Leben – sie begleiten uns das ganze Leben lang. Dabei gibt es unterschiedliche Arten von Ritualen:

- Alltagsrituale (wie z. B. Aufstehen, Zähneputzen, Feierabendbier, etc.)

- Jährlich wiederkehrende/Jahreszeitgebundene Rituale (Silvester, Geburtstag o. Ä.)

- Einmalige Rituale (z. B. Einschulung, Konfirmation/Kommunion/Bar Mizwa, Hochzeit, Abschlussfeiern, oder z. B. auch die Verrentung)

Auch in unseren Sitzungen gab es einige Rituale: z. B. die Achtsamkeitsübung oder unser Blitzlicht am Anfang und am Ende. Und auch diese letzte Sitzung enthält einige Übungen mit Ritualcharakter: Rückblick, Resümee ziehen, die Würdigung der vergangenen Sitzungen.

Insbesondere für Übergangssituationen sind Rituale wichtig. Meist kommen sie dann zum Einsatz, wenn etwas Altes zu Ende geht, und etwas Neues beginnt.

Ziel dabei ist es – ähnlich wie bei den (kleinen) Erfolgen, die gefeiert werden sollten – das Alte zu würdigen. Aber auch das Neue zu begrüßen.“

Anhand des Bildes der Brücke (Flip-Chart 33: „Rituale") erläutert der Coach die drei Phasen von Übergangssituationen. Die Teilnehmenden erhalten dazu das Informationsblatt 35: „Übergänge und Rituale" (s. Anhang oder elektronisches Zusatzmaterial). Dabei soll betont werden, dass die Übergangsphase in ihrer Dauer nicht klar definiert ist. Auch ist nicht definiert, wann die Übergangsphase anfängt und aufhört. Dies hängt weniger von einem Datum als vielmehr von persönlichen Aspekten und Einstellungen ab, bzw. davon, wo „auf der Brücke" man sich gerade befindet.

„Bei der Betrachtung von Übergangssituationen können diese in drei Phasen unterteilt werden: die Trennungsphase, die Übergangsphase und die Reintegrationsphase. Natürlich ist dies eine schematische Darstellung. Wichtig dabei ist, dass die Übergangsphase in ihrer Dauer nicht definiert ist, auch nicht, wann genau sie beginnt und aufhört. Dies hängt weniger von einem konkreten Datum, als vielmehr von persönlichen Aspekten und Einstellungen ab, bzw. davon, wo ‚auf der Brücke' man sich gerade befindet.

Gerade bei einmaligen Ritualen (wie z. B. Hochzeit, Einschulung, runde Geburtstage, Verrentung) planen wir meist im Vorfeld, wie wir uns diese vorstellen. Dazu möchte ich Sie gerne auch in Bezug auf Ihre Verrentung einladen.

Welche Rituale könnte es für den Übergang in den Ruhestand geben?

- In Hinblick auf das Abschiednehmen: den letzten Arbeitstag, eine Feier/Veranstaltung

- Im Hinblick auf die nächste Zeit (bis zur Verrentung): hier können z. B. auch Rituale bei der Setzung oder Erreichung neuer Ziele oder Teilziele eine Rolle spielen

- Im Hinblick auf die Zeit nach der Verrentung: z. B. größere Reise zur Initiation der neuen Lebensphase

„Der Coach teilt das AB 36: „Rituale – Reflexion" (s. Anhang oder elektronisches Zusatzmaterial) aus.

Nutzen Sie für Ihre Reflexion das Arbeitsblatt „Rituale – Reflexion" um zu erörtern, welche Rituale Sie bisher schon genutzt haben, und welche Erfahrungen Sie damit gemacht haben. Außerdem können Sie Ideen für Symbole oder Bilder für den Übergang in den Ruhestand festhalten und über konkrete Ideen für Ihr persönliches Ritual bzw. Ihre persönlichen Rituale nachdenken. Dies können Sie entweder allein oder im Austausch mit einer Gesprächspartnerin oder einem Gesprächspartner tun."

Hintergrund – In diesem Teil der Sitzung geht es um mögliche Rituale für Übergangsprozesse. Schon von Kindheitstagen an sind Rituale ein wichtiger Bestandteil unseres Lebens und können dazu beitragen, soziale und psychologische Übergänge zu strukturieren (Bridges, 2009). Hierzu überlegen sich die Teilnehmenden mögliche Rituale für ihren Übergang in den Ruhestand und diskutierten diese in Kleingruppen.

4.7.5 Erinnerungs-Symbol (10 min)

Ziel – In Anlehnung an die Gedanken zu Ritualen sollen die Teilnehmenden ein Symbol als Erinnerung für Ihre Teilnahme am Coaching und die darin gewonnenen Erkenntnisse und Ideen aussuchen.

Vorgehen – Zum Abschluss führt der Coach mit den Teilnehmenden ein Mini-Ritual durch. Alle Teilnehmenden sollen sich als Erinnerung einen Stein (vom Coach mitgebracht) aussuchen, der ihnen spontan gefällt. Auf diesem Stein können die Teilnehmenden ggf. auch Ihr zuvor ersonnenes Bild festhalten und diesen Stein Erinnerung mitnehmen – als Erinnerung an das Coaching und an die weiteren Schritte bzw. an das, was kommt.

[Für diese Übung werden Steine und Stifte benötigt. Zur Vorbereitung werden die Steine auf einem zentralen Platz im Raum (z. B. auf dem Tisch) ausgelegt, die Stifte können auf den Tischen verteilt werden.]

„Mittlerweile sind wir fast am Ende unserer letzten Sitzung des Coachings angelangt. In Anlehnung an das Thema Rituale möchte ich gerne mit Ihnen zum Abschluss ein kleines Mini-Ritual durchführen. Hierzu möchte ich Sie einladen sich einen Stein auszusuchen, der Ihnen spontan gut gefällt. Dieser Stein soll symbolisch den ersten Grundstein für die kommende Zeit und die kommenden Veränderungen darstellen. Vielleicht möchten Sie auf diesem Stein auch ein bestimmtes Symbol oder Zeichen, das für das Coaching oder für eine gewonnene Erkenntnis aus dem Coaching steht, festhalten. Das kann vielleicht ein Symbol sein, das sie sich in der vorangegangenen Reflexion ausgesucht hatten, oder aber auch eines, das Ihnen passend als Erinnerung an das Coaching erscheint.

Diesen Stein nehmen Sie später mit nach Hause, er soll Sie an das Coaching erinnern, an Ihre bisherigen Erkenntnisse und Erfahrungen, aber auch an das, was in der Zukunft kommt."

Hintergrund – Die Teilnehmenden des Coachings suchen sich einen Stein als Erinnerungssymbol aus, um sich auch nach Abschluss des Coachings die Inhalte und Erkenntnisse der Sitzungen in Erinnerung zu rufen. Dies ist insbesondere für diejenigen Teilnehmenden von Bedeutung, bei denen der Übergang in den Ruhestand noch weiter in der Zukunft liegt. Der Stein soll außerdem auch dazu anregen sich auch in den kommenden Tagen, Wochen und Monaten mit den Themen auseinanderzusetzen.

4.7.6 Ausklang: Blitzlicht und Feedback (20 min)

Ziel – Die Teilnehmenden können das in der Sitzung Erarbeitete und Erfahrene noch einmal Revue passieren lassen und mit der Gruppe teilen. Außerdem können die Teilnehmenden Rückmeldung zu den Inhalten des Coachings, der Umsetzung sowie den organisatorischen Rahmenbedingungen geben.

■ **Blitzlicht (10 min)**

Vorgehen – Der Coach bedankt sich bei den Teilnehmenden für Ihre Teilnahme am Coaching Programm (Flip-Chart 34: „Danke") und lädt sie ein letztes Mal dazu ein, mit der Gruppe zu teilen, was sie aus der heutigen Sitzung mitnehmen, und wie sie später nach Hause gehen.

Zuvor weist der Coach darauf hin, dass anschließend noch eine kurze Feedbackrunde zum Gesamtcoaching stattfindet.

■ **Feedback mit der 5-Finger-Technik (10 min)**

Vorgehen – Der Coach bittet die Teilnehmenden zum Anschluss des Coachings noch ein kurzes Feedback zu den letzten sechs Sitzungen zu geben.

Hierzu erläutert der Coach anhand des Flip-Charts 35: „Fünf-Finger-Feedback" die Feedback-Methode und bittet die Teilnehmenden, mit Hilfe dieser Technik Feedback zu geben:

„Zum Abschluss unserer gemeinsamen Coaching-Zeit möchte ich Sie nun noch einladen, uns Feedback zum Programm zu geben. D. h. zu den Inhalten, den Methoden oder auch den organisatorischen Aspekten des Coachings. Hierzu möchte ich gerne die 5-Finger-Technik nutzen. Dabei nutzen Sie Ihre Hand folgendermaßen als Leitfragen bzw. als Feedback-Bogen:

Daumen: Daumen hoch für…

Zeigefinger: darauf möchte ich hinweisen/darauf wurde ich hingewiesen…

Mittelfinger: im Mittelpunkt stand für mich…

Ringfinger: mein Schmuckstück aus dem Seminar…

kleiner Finger: zu kurz kam für mich…"

Dabei müssen die Teilnehmenden nicht zu jedem Punkt etwas sagen, bzw. können natürlich auch zwei Aspekte an einem Finger nennen. (Ablauf: reihum oder in beliebiger Abfolge, z. B. mit Sprechobjekt).

Am Ende der Sitzung weist der Coach außerdem noch auf den Brief an mich selbst hin, der abgegeben werden soll und den Teilnehmenden dann nach einigen Wochen zugesandt wird.

Zum Abschluss bedankt sich der Coach für die aktive und engagierte Mitarbeit der Teilnehmenden: ohne dieses persönliche Einbringen wäre ein Gruppencoaching dieser Art nicht möglich.

Hintergrund – Abschließend reflektieren die Teilnehmenden über die im Rahmen der Intervention gewonnenen Anregungen und Erkenntnisse. Das Feedback zum gesamten Coaching-Programm kann außerdem der weiteren Optimierung des Coachings in Bezug auf die inhaltliche, methodische und organisatorische Ausgestaltung dienen.

Tipp

Je nach Evaluations-Ansatz kann anstelle der Feedbackrunde (z. B. aufgrund der Zeit) oder zusätzlich (um beispielsweite anonymes Feedback zu ermöglichen) auch noch ein (weiterer) Feedbackbogen eingesetzt werden.

Evaluation der Intervention

Inhaltsverzeichnis

5.1 Forschungsfragen und Hypothesen – 94

5.2 Evaluationsdesign, Methode und Ergebnisse – 99
5.2.1 Stichprobe – 100
5.2.2 Messinstrumente – 101
5.2.3 Analysen – 102
5.2.4 Ergebnisse – 103

5.3 Ergebniszusammenfassung und Diskussion der Evaluation – 106

5.4 Rückmeldungen der Teilnehmenden zu der Intervention – 111

N. Seiferling, A. Michel, *Zufrieden in den Ruhestand*, https://doi.org/10.1007/978-3-658-42728-3_5

Zusammenfassung
Im Rahmen des Frontier-Projektes „Zufrieden in den Ruhestand“ wurde die Coaching-Intervention wissenschaftlich evaluiert, um Erkenntnisse über die Wirksamkeit und Wirkweise des Programms zu gewinnen. In diesem Kapitel werden Fragestellungen und Hypothesen der Evaluationsstudien, das Vorgehen sowie die Ergebnisse der Evaluation vorgestellt.

Um Erkenntnisse über die Wirksamkeit und Wirkweise der Intervention zu gewinnen, wurde das Programm „Zufrieden in den Ruhestand“ wissenschaftlich evaluiert (eine ausführliche Darstellung der Forschungsfragen und Analysen findet sich in Seiferling, 2018 sowie bei Seiferling & Michel, 2017). Zur Evaluation der Intervention wurden verschiedene Forschungsfragen formuliert und daraus überprüfbare Hypothesen daraus abgeleitet.

5.1 Forschungsfragen und Hypothesen

Die Konzeption der Intervention erfolgte mit dem Ziel, die individuellen Ressourcen der Teilnehmenden zu aktivieren und zu stärken und sie in der Vorbereitung auf den Übergang in den Ruhestand sowie die Nacherwerbsphase zu unterstützen. Um zu überprüfen, ob diese Effekte mit dem Gruppen-Coaching erreicht werden können, wurden im Rahmen der wissenschaftlichen Intervention verschiedene Forschungsfragen erörtert.

■ Forschungsfrage 1:

Welche Effekte hat die Intervention auf ruhestandsrelevante Ressourcen, Kognitionen (Ruhestandserwartungen und Ruhestandsvorsätze) und Emotionen (Ruhestandsangst)?

Das ressourcen-orientierte Gruppen-Coaching zur Vorbereitung auf den Ruhestand wurde basierend auf bestehenden Theorien und empirischen Befunden der Ruhestandsforschung entwickelt. Inhalte, Themen und Übungen der Intervention sollen Ressourcen aktivieren und steigern und zielen auf eine zukunftsorientierte Planung sowie Vorbereitung des Übergangs in die Nacherwerbsphase ab. In den verschiedenen Coachingmodulen beschäftigen sich die Teilnehmenden mit ihren individuellen Ressourcen sowie verschiedenen Themen und Aspekten des Ruhestands und der Verrentung. Ferner werden sie dazu angeleitet, individuelle Strategien für den Übergang in den Ruhestand zu entwickeln, sodass sie positive Erwartungen in Bezug auf die anstehende neue Lebensphase stärken und dem Ruhestand mit mehr Gelassenheit entgegenblicken können. Deshalb wird bei der Evaluation des Programms die Wirksamkeit auf unterschiedliche veränderbare ruhestandsbezogene Variablen (z. B. ruhestandsrelevante Ressourcen, Ruhestandserwartungen, -ängste und -vorsätze) untersucht.

Der zeitliche Rahmen der sechswöchigen Intervention und die zukunftsorientierte Ausrichtung der Themen, Inhalte und Methoden zielen darauf ab, nicht nur kurzfristige, sondern vor allem längerfristige und nachhaltige Effekte der Intervention zu bewirken. Dies ist durch zwei Annahmen bedingt. Einerseits gehen wir entsprechend davon aus, dass die Teilnehmenden sich auch nach Abschluss des Coachings mit den Interventionsthemen beschäftigen werden. Andererseits benötigen Veränderungen in den untersuchten Konstrukten, d. h. den Reaktionen der Teilnehmenden auf die Interventionsteilnahme bzw. die Auswirkung der Teilnahme möglicherweise etwas mehr Zeit, sind dafür jedoch mit größerer Wahrscheinlichkeit auch nachhaltiger. Indem die Effekte der Intervention empirisch mit einem fundierten empirischen Design überprüft werden, soll die Wirksamkeit der Intervention belegt werden. Hypothesenkonforme Interventionseffekte sind zugleich auch eine empirische Bestätigung der Theorien, die der Intervention zugrunde liegen.

Im Folgenden werden zunächst kurz die Hypothesen skizziert, die im Rahmen der Evaluationsstudien getestet wurden, um Antworten auf die erste Forschungsfrage geben zu können:

Basierend auf der Ressourcenperspektive (Wang, 2007; Wang et al., 2011) zielen verschiedenen Techniken und Übungen des Interventionsprogramms darauf ab, Ressourcen zu aktivieren sowie zu stärken. Die Teilnehmenden werden in allen Sitzungen dazu angeregt, ihre individuellen Ressourcen zu reflektieren und zu strukturieren. Mit dem persönlichen Ressourcenportfolio werden individuelle Ressourcen visualisiert und diese dann auch in Kleingruppen und im Plenum diskutiert. Dadurch identifizieren und aktivieren sie bestehende und neue Ressourcen. Entsprechend wird folgende Hypothese aufgestellt:

*H*ypothese 1: Im Vergleich zur Wartekontrollgruppe verfügen Teilnehmende der Experimentalgruppe nach der Teilnahme an der Intervention über mehr individuelle Ressourcen.

In den wöchentlichen Sitzungen entwickeln die Teilnehmenden zudem Visionen und Ziele (z. B. Walt-Disney-Technik, Dilts et al., 1994; SMART-Ziele, Doran, 1981). Basierend auf der Motivational Life Span Developmental Theory (Heckhausen et al., 2010) ist zu erwarten, dass die Betrachtung des Ruhestands als Chance neue Ziele zu entwickeln und zu verfolgen, zu einer positiveren Ruhestandseinstellung führen sollte. Entsprechend sollten die Teilnehmenden die Verrentung eher als Neubeginn sehen. Zusätzlich wird angenommen, dass negative Ruhestandserwartungen, insbesondere der Blick auf die Nacherwerbsphase als auferzwungener Bruch, durch die Verschiebung des Fokus von unerwünschten Konsequenzen (z. B. Verlust der Arbeit und sozialer Kontakte) hin zu positiven Effekten (z. B. mehr Zeit für Enkelkinder oder Sport) die persönliche Sichtweise des Ruhestands zum Positiven hin verändern sollte. Indem in den Interventionssitzungen konkrete Ziele formuliert und individuelle Strategien zur Bewältigung möglicher Hindernisse entwickelt werden, sollen sich die Teilnehmenden für den Übergang in die Nacherwerbsphase vorbereitet fühlen. Daraus folgt Hypothese 2a:

*H*ypothese *2a:* Im Vergleich zur Wartekontrollgruppe weisen Teilnehmende der Experimentalgruppe nach der Teilnahme an der Intervention mehr positive (Ruhestand als Neuanfang) und weniger negative Ruhestandserwartungen (Ruhestand als auferzwungener Bruch) auf.

Kontrollüberzeugungen und Ziele sind wesentliche Prädiktoren für die Anpassung an die Nacherwerbsphase (Barbosa et al., 2016; van Solinge & Henkens, 2005). Im Gegensatz dazu können eine reduzierte Selbstwirksamkeitserwartung oder eine (wahrgenommene) geringe Kontrolle über den Übergang in den Ruhestand Anpassungsprobleme zur Folge haben (van Solinge & Henkens, 2005). Im Coaching lernen die Teilnehmenden verschiedene Konzepte und Strategien zur Vorbereitung auf den Übergang in den Ruhestand kennen (z. B. SOK; Baltes & Rudolph, 2013). Dabei nutzen sie ihre persönlichen Erfahrungen in der Vergangenheit zur Reflexion ihres bisherigen Umgangs mit Übergangssituationen. Indem sie konkrete Ziele und Strategien zum Umgang mit Hindernissen entwickeln, sollen die Teilnehmenden darin unterstützt werden, eine klare Vision des Übergangs und der neuen Lebensphase zu entwickeln. Dies soll die persönliche Intention zur Gestaltung des Übergangs in die Nacherwerbsphase nach eigenen Wünschen, Vorstellungen und Zielen stärken. Dementsprechend wird als Hypothese postuliert:

*H*ypothese *2*b: Im Vergleich zur Wartekontrollgruppe weisen die Teilnehmenden der Experimentalgruppe nach der Teilnahme an der Intervention stärkere Intentionen zur Gestaltung des Übergangs in den Ruhestand und der Nacherwerbsphase (Ruhestandsvorsätze) auf.

Basierend auf den Annahmen der Rollentheorie (Ashforth, 2001) und weiterer Lebensspannen-Themen, enthält das Programm auch verschiedene Elemente, die das Ziel haben, Ruhestandsangst zu verringern. Die Teilnehmenden werden dazu angeregt, sich mit den bevorstehenden Veränderungen (z. B. Rollenveränderungen) zu beschäftigen. Dabei sollen sie zugleich persönliche Ressourcen zum Umgang mit diesem Übergang identifizieren und individuelle Ziele und Strategien dafür zu entwickeln. Dadurch sollen sie sich besser auf die damit verbundenen Herausforderungen vorbereitet fühlen. Dies sollte dazu beitragen, Sorgen und Ängste der angehenden Ruheständler:innen bezüglich der Verrentung zu reduzieren. Daraus lässt sich Hypothese 2c ableiten:

*H*ypothese *2*c: Im Vergleich zur Wartekontrollgruppe weisen Teilnehmende der Experimentalgruppe nach der Teilnahme an der Intervention geringere Ruhestandsangst auf.

- **FORSCHUNGSFRAGE 2:**

Welche Wirkmechanismen liegen den Interventionseffekten zugrunde?

Mit der Evaluation sollte nicht nur untersucht werden, *ob* sondern auch *wie* die Gruppen-Intervention wirkt. Der Ressourcenperspektive (Wang et al., 2011; Wang, 2007) zufolge, ist das Vorhandensein persönlicher Ressourcen für das Gelingen und die Güte der Anpassung an den Ruhestand entscheidend. Werden die Annahmen der Ressourcenperspektive auf den Kontext der Ruhestandsvorbereitung und -planung übertragen, so sollte eine Intervention, die darauf abzielt, Ressourcen im Vorfeld der Verrentung zu identifizieren, aktivieren und zu steigern, positive Effekte auf ruhestandsrelevante Faktoren haben. Diese werden operationalisiert durch verschiedene Outcome-Variablen wie z. B. soziale Ruhestandsangst, Ruhestandsvorsätze und Ruhestandserwartungen. Wie in ▶ Abschn. 3.1 dargestellt, wurde die Intervention aufbauend auf Theorien und Forschungserkenntnissen zur Ressourcenaktivierung gestaltet. Dementsprechend wird angenommen, dass die Effekte auf die persönliche Ressourcenentwicklung die weiteren Effekte der Interventionsteilnahme auf andere Outcome-Variablen vermitteln. So wurde zum einen die vermittelnde Wirkung (Mediatorwirkung) der allgemeinen Ressourcensteigerung untersucht, zum anderen der Mediatoreffekt der spezifischen Ressource Hoffnung (State Hope) auf kurzfristige Interventionseffekte ausgewertet.

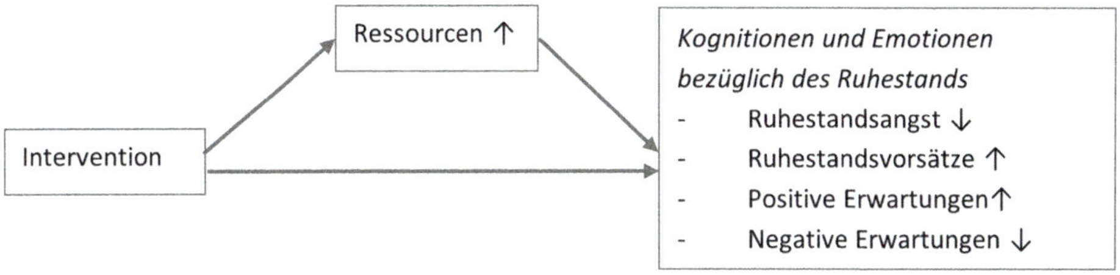

Abb. 5.1 Postulierte Interventionseffekte (selbst-berichtete Werte; in Anlehnung an Seiferling, 2018)

Mit der Untersuchung von Wirkmechanismen der Intervention leisten wir nicht nur einen Beitrag zur Ruhestandsforschung (insbesondere durch die Erweiterung und empirische Testung der Annahmen der Ressourcenperspektive), sondern tragen auch relevante Informationen zur Interventionsforschung bei, da so ein empirischer Beleg für die theoretische Grundlage der Intervention vorliegt. Mit unserem Evaluationsprojekt kommen wir außerdem der Forderung nach Studien zur Erforschung von Wirkmechanismen ressourcen-orientierter Interventionen (Michel et al., 2014) nach.

Im Rahmen der Evaluation wurde ferner die durch die Interventionsteilnahme hervorgerufene Aktivierung bzw. Steigerung persönlicher Ressourcen als Wirkmechanismus der Interventionseffekte auf ruhestandbezogene Kognitionen und Emotionen untersucht. Die Übertragung der Annahmen der Ressourcenperspektive (Wang, 2007; Wang et al., 2011; vgl. ► Abschn. 2.3.4) auf die Zeit vor dem Ruhestand und die Ruhestandsvorbereitung impliziert, dass sich positive Ressourcen-Änderungen auch positiv auf Ruhestandsemotionen und -kognitionen auswirken sollten. In Abb. 5.1 sind die postulierten Effekte der Interventionsteilnahme im Überblick sowie die vermittelnde Wirkung der Ressourcenaktivierung dargestellt. Daraus ergibt sich die folgende Hypothese:

Hypothese 3a: Veränderungen in den ruhestandsrelevanten Ressourcen mediieren die Interventionseffekte auf Ruhestandsvorsätze, -ängste und -einstellungen.

■ Forschungsfrage 3:

Welche Teilnehmenden können besonders von der Intervention profitieren?

Damit Interventionen ihre Wirksamkeit entfalten können, ist es wichtig, diese zielgruppenspezifisch zu gestalten. Der Übergang in die Nacherwerbsphase stellt aufgrund interindividueller Unterschiede (z. B. Persönlichkeitsmerkmale, demografische Variablen, Einkommen, Gesundheitszustand) und variierender Kontextfaktoren (z. B. Familienstand) eine höchst individuelle und einzigartige Erfahrung dar (Heybroek et al., 2015). Deshalb ist dieser Aspekt besonders relevant für die Gestaltung und Evaluation von Interventionen zur Vorbereitung auf den Ruhestand. Dem Positive Activity Model (Lyubomirsky & Layous, 2013) zufolge können insbesondere Personmerkmale wie beispielsweise Eigenschaften (z. B. Selbstwirksamkeit) und affektiver Status die Effekte von Interventionen beeinflussen. Ebenso postulieren die Prinzipien zur Entwicklung evidenzbasierter Interventionen (Briner & Walshe, 2015), dass insbesondere Personen mit hohem Interventionsbedarf von der Interventionsteilnahme profitieren sollten.

Dementsprechend wurde im Rahmen der Evaluation getestet, ob bestimmte Personengruppen mehr als andere von der Intervention profitieren können. Erkenntnisse über die differenzierte Wirkweise der Intervention ermöglichen das zielgruppenspezifische Angebot und damit den möglichst effizienten Einsatz der Intervention. Ausgehend von Gee und Baillie's (1999) Annahme, dass insbesondere ältere Berufstätige mit negativen Ruhestandserwartungen Interventionsbedarf haben, wurden negative Ruhestandserwartungen als Einflussfaktor (Moderator) auf die Wirksamkeit der Intervention untersucht. Ferner nehmen wir an, dass Teilnehmende mit einem hohen Ausgangsniveau sozialer Ruhestandsangst bzw. einem niedrig ausgeprägten Ausmaß an Ruhestandsvorsätzen besonders von der Teilnahme an der Intervention profitieren. Entsprechend werden für diese Variablen zusätzliche Moderatorananalysen durchgeführt. Neben einer empirischen Überprüfung der Annahmen von Gee und Baillie (1999), erweitern unsere empirischen Untersuchungen und Analysen die Ruhestandsforschung auch um Erkenntnisse bezüglich der Moderatorwirkung weiterer ruhestandsrelevanter Variablen.

- **Forschungsfrage 4:**

Welche längerfristigen Effekte hat die Interventionsteilnahme?

Aufgrund der inhaltlichen Zukunftsorientierung sowie der zeitlichen Struktur der Intervention über sechs Wochen hinweg, wird angenommen, dass die Effekte auch über längere Zeit hinweg stabil bleiben. Die in der Intervention vermittelten Techniken und Übungen des Programms zielen weniger auf schnelle Veränderungen als vielmehr auf nachhaltige persönliche Weiterentwicklung ab, die langfristige Veränderungen in Verhalten, Einstellungen und Emotionen zur Folge haben sollte. Es ist anzunehmen, dass die Interventionseffekte auf persönliche Ressourcen sowie Ruhestandskognitionen und -emotionen zwar etwas mehr Zeit en brauchen, dafür aber auch nachhaltig sein sollten. Daher wird postuliert, dass die Effekte innerhalb der Experimentalgruppe nach der Teilnahme noch mittelfristig (nach sechs Wochen) und langfristig (nach sechs Monaten) stabil bleiben sollten. Daraus lassen sich Hypothesen 4a und 4b ableiten:

*H*ypothese *4*a*:* Die Interventionseffekte der Experimentalgruppe auf ruhestandsbezogene Ressourcen, Kognitionen und Emotionen bestehen auch noch sechs Wochen nach der Teilnahme an der Intervention.

*H*ypothese *4*b: Die Interventionseffekte der Teilnehmenden der Experimental- und der Wartekontrollgruppe bleiben sechs Monate nach der Interventionsteilnahme bestehen.

Nachdem innerhalb des Untersuchungszeitraums von neun Monate sowohl die Teilnehmenden der Experimental- als auch der Wartekontrollgruppe am Coachingprogramm teilnahmen, werden nach dem zweiten Follow-up (nach neun Monaten) bei den Teilnehmenden beider Gruppen auch positive Effekte auf die Outcome-Variablen erwartet. Daher wird postuliert:

*H*ypothese 5: Verglichen mit dem ersten Messzeitpunkt, berichten alle Teilnehmenden (sowohl der Experimentalgruppe als auch der Wartekontrollgruppe) positive Effekte auf ruhestandsbezogene Ressourcen, Kognitionen und Emotionen.

5.2 Evaluationsdesign, Methode und Ergebnisse

Nachfolgend werden Evaluationsdesign, Methode und Evaluationsergebnisse vorgestellt, welche die Wirksamkeit der Intervention ‚Zufrieden in den Ruhestand' unterstreichen. Eine ausführliche deutschsprachige Darstellung von Methodik und Ergebnissen findet sich auch bei Seiferling (2018). Auch eine englischsprachige Publikation zu der vorgestellten Intervention und deren Evaluationsergebnissen wurde veröffentlicht (Seiferling & Michel, 2017).

Die Evaluation des Programmes erfolgte mit Hilfe eines Wartekontrollgruppendesigns. Für die Teilnahme an dem angebotenen Gruppencoaching registrierten sich insgesamt 74 Personen. Im Zeitraum von Januar bis September 2014 nahmen insgesamt 69 Personen in acht verschiedenen Gruppen an der Intervention teil. Dabei wurden die Teilnehmenden in zwei Gruppen bzw. Kategorien eingeteilt: Experimental-Gruppen (EG) und Warte-Kontrollgruppen (KG).

Zur Evaluation der Effektivität der Intervention erfolgten Befragungen zu mehreren Messzeitpunkten (Abb. 5.2).

Sowohl die Teilnehmenden der EG als auch der KG füllten zu mehreren Messzeitpunkten Fragebögen aus. Die KG-Teilnehmenden nahmen jedoch erst nach einer Wartezeit von sechs Wochen und nach dem Ausfüllen des des Pre- und Post-Fragebogens (T1 und T2), an der Intervention teil. Dementsprechend können die Ergebnisse der Befragungen zu T1 und T2 als Vergleich der Effekte zwischen EG-Teilnehmenden und KG-Teilnehmenden genutzt werden.

Den ersten Fragebogen erhielten die Teilnehmenden vor der Einführungsveranstaltung (Pre-Messung, T1). Hierzu wurde der Fragebogen ca. eine Woche vor der Einführungsveranstaltung postalisch an die Teilnehmenden versandt und diese wurden gebeten, ihn ausgefüllt zum ersten Treffen mitzubringen. Die zweite Befragung fand sechs Wochen später (nach der Durchführung der Intervention in der EG bzw. direkt vor dem Start des Coachings in der KG, post-Messung, T2) statt. Nach Abschluss der Intervention der KG, d. h. sechs Wochen nach T2, erfolgte die dritte Be-

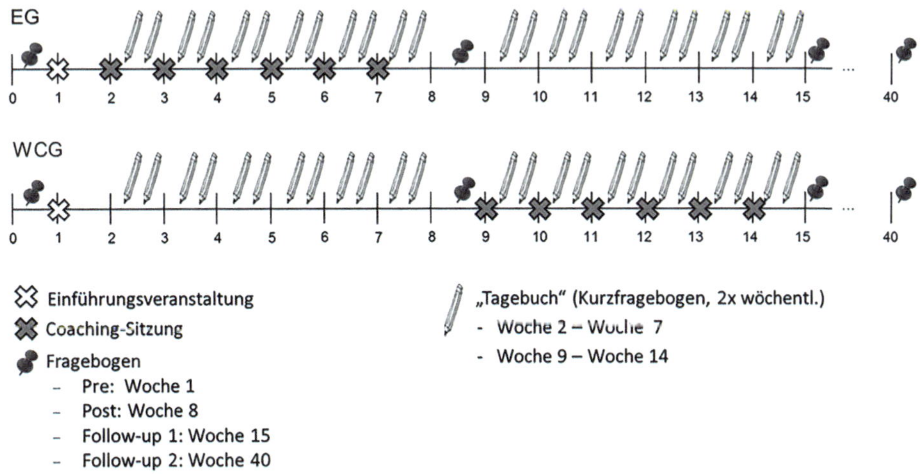

Abb. 5.2 Kombinierte Befragung (Pre-, Post- und Follow-up-Befragung sowie wöchentliche Kurzbefragungen) (aus Seiferling, 2018)

fragung (Follow-up-Befragung, T3). Schließlich wurden die Teilnehmenden ca. sechs Monate nach Ende des Gruppencoachings zum vierten und letzten Mal befragt (T4, zweite Follow-up-Befragung).

Die Bearbeitung der wöchentlichen Kurzfragebögen (Tagebücher) erfolgte entweder im Papierformat oder online. Die Bearbeitungsform konnten die Teilnehmenden im Rahmen der Einführungsveranstaltung auswählen. Entsprechend ihrer Präferenz erhielten die Teilnehmenden entweder wöchentlich per Email einen Link zum Online-Tagebuch oder die Tagebücher in ausgedruckter Form. Den EG-Teilnehmenden wurden die Tagebücher nach jeder Coaching-Sitzung ausgehändigt und in der nächsten Sitzung in einem „Briefkasten" (z. B. Papierbox) eingesammelt. Am Ende der letzten Coaching-Sitzung erhielten die EG-Teilnehmenden den Post-Fragebogen sowie ggf. die Tagebücher für die darauffolgenden sechs Wochen (inkl. frankierter Rückumschläge, zur wöchentlichen Rücksendung). Zum letzten Erhebungszeitpunkt erfolgte noch einmal eine postalische Zustellung des Follow-up-Fragebogens.

Auch die Teilnehmenden der Warte-Kontrollgruppe füllten entweder im Papierformat oder online die wöchentlichen Kurzbefragungen aus. Entweder bekamen sie hierzu wöchentlich den entsprechenden link zugesandt oder erhielten bei der Einführungsveranstaltung die Tagebücher für die nächsten sechs Wochen (in denen für sie noch kein Coaching stattfand) sowie frankierte Rückumschläge, zur wöchentlichen Rücksendung der Tagebücher. Eine Woche vor Start der Intervention (Woche 8) erhielten sie außerdem den Post-Fragebogen (T2) per Post und brachten diesen ausgefüllt zu ihrer ersten Coaching-Sitzung mit. Am Ende der ersten Coaching-Sitzung erhielten die KG-Teilnehmenden, die sich für die Bearbeitung im Papierformat entschieden hatten, dann die übrigen Tagebücher zum wöchentlichen Ausfüllen während ihrer Coaching-Phase. Nach der letzten Coaching-Sitzung außerdem den Follow-up-Fragebogen (T3) inkl. Rückumschlag.

Sechs Monate nach Abschluss der Intervention der Wartekontrollgruppe erhielten außerdem alle Teilnehmenden (WG und KG) erneut einen Fragebogen (zweite Follow-up-Befragung, T4).

5.2.1 Stichprobe

Zur Beantwortung unserer Forschungsfragen, wurden die Teilnehmenden zu vier verschiedenen Erhebungszeitpunkten (vgl. ► Abschn. 5.2) befragt. Die finale Stichprobe (nach Ausschluss von Personen, die die Studienteilnahme abgebrochen bzw. die Fragebögen nur unzureichend beantwortet haben),[1] bestand aus 56 berufstätigen Personen (31 weiblich, 25 männlich). Für diesen Personenkreis konnten Prä-Post-Vergleiche (d. h. Vergleiche der Antworten vor (T1) und nach (T2) der Interventionsteilnahme) (s. Hypothesen 1–3) durchgeführt werden. Das Durchschnittsalter der Teilnehmenden lag bei 61,73 Jahren (*SD* = 1,94). Die meisten der Studienteilnehmenden verfügten über eine Berufsausbildung (21,4 %) oder einen Hochschul-

1 Es wurden nur Datensätze von Teilnehmenden in die Untersuchung aufgenommen, die sowohl den Fragebogen zu T1 als auch T2 beantwortet und an mindestens 50 % der Sitzungen teilgenommen hatten.

abschluss (55,4 %). Über 60 % der Teilnehmenden gaben an, in einer Partnerschaft zu leben oder verheiratet zu sein, über 80 % hatten Kinder. Die durchschnittliche verbleibende Zeit bis zur Verrentung betrug 17 Monate (*SD* = 13,2). Vergleiche zwischen den Teilnehmenden der Interventionsgruppe und den Teilnehmenden der Kontrollgruppe zeigten keine signifikanten Unterschiede zwischen den Gruppen bezüglich erhobener Kontroll- und Outcome-Variablen zum ersten Messzeitpunkt.

5.2.2 Messinstrumente

Zur Evaluation der Effekte der Intervention wurden alle Maße, bis auf demografische Daten und Kontrollvariablen, zu allen vier Erhebungszeitpunkten erfasst. Einzelne Fragen (Items), die nicht auf Deutsch vorlagen, wurden mit Hilfe des bewährten Übersetzungs-Rückübersetzungs-Verfahrens (Brislin, 2000) übersetzt. Die meisten der Items wurden auf einer fünfstufigen Likert-Skala beantwortet (beim Einsatz einer anderen Antwortskala wird dies bei der Beschreibung des einzelnen Messinstruments angegeben). Eine Übersicht über alle verwendeten Items findet sich im auch Supplemental Material der Arbeit von Seiferling (2018; vgl. Anhang A). Nachfolgend findet sich eine Kurzbeschreibung der verwendeten Skalen.

Ruhestandsressourcen (RR). Es wurde eine auf den Studienkontext angepasste und ins Deutsche übersetzte Version des Retirement Resources Inventory (Leung & Earl, 2012) eingesetzt, um persönliche Ressourcen für den Übergang in den Ruhestand zu erfassen. Hierzu zählen körperliche, finanzielle, soziale, emotionale, motivationale sowie kognitive Ressourcen. Ergänzend wurde das Konstrukt des „Mattering" (Schlossberg, 2009), d. h. das individuelle Bedürfnis gebraucht zu werden und für andere wichtig zu sein, als weitere zentrale Ressource aufgenommen. Die Reliabilität der Skala Ruhestandsressourcen lag zu den vier Messzeitpunkten bei: $\alpha_{T1} = 0{,}82$, $\alpha_{T2} = 0{,}85$, $\alpha_{T3} = 0{,}85$ und $\alpha_{T4} = 0{,}85$.

Ruhestandserwartungen. Erwartungen bezüglich der Verrentung wurden mit zwei an den Studienkontext adaptierten und übersetzten Subskalen des Retirement Expectations Inventory (Gee & Baillie, 1999) erhoben. Dabei wurden zum einen positive Erwartungen als „Neubeginn" (new beginnng, NB) mit drei Items, sowie negative Erwartungen als „auferzwungener Bruch" (imposed disruption, ID) mit fünf Items untersucht. Cronbachs Alphas für beide Subskalen zu den vier Messzeitpunkten waren:$\alpha_{T1} = 0{,}87$, $\alpha_{T2} = 0{,}90$, $\alpha_{T3} = 0{,}90$, $\alpha_{T4} = 0{,}83$ für ID und $\alpha_{T1} = 0{,}87$, $\alpha_{T2} = 0{,}80$, $\alpha_{T3} = 0{,}89$, $\alpha_{T4} = 0{,}88$ für NB.

Ruhestandsvorsätze (Retirement Concepts, RC). Um Ruhestandsvorsätze erfassen zu können, entwickelten wir in Anlehnung an Evers und Sieverding (2015) drei Items, die folgende Reliabilitäten zu den vier Messzeitpunkten aufwiesen: $\alpha_{T1} = 0{,}72$, $\alpha_{T2} = 0{,}80$, $\alpha_{T3} = 0{,}79$ und $\alpha_{T4} = 0{,}72$.

Ruhestandsangst (RA). Ruhestandsangst beschreibt die Sorgen und Ängste bezüglich des Ruhestands. Diese wurde mit einer ebenfalls übersetzten und an den Studienkontext adaptierten Version der Social Components of Retirement Anxiety Scale (SCRAS; Fletcher & Hansson, 1991) erhoben (Cronbachs Alphas zu den vier Messzeitpunkten: $\alpha_{T1} = 0{,}88$, $\alpha_{T2} = 0{,}88$, $\alpha_{T3} = 0{,}87$, und $\alpha_{T4} = 0{,}89$).

Kontrollvariablen. Um für mögliche Drittvariableneinflüsse kontrollieren zu können, wurden sowohl verschiedene demografische Variablen (Alter, Geschlecht und Freiwilligkeit der Entscheidung in den Ruhestand zu gehen) mit einzelnen Items erfasst. Zudem wurden die Variablen Depression und Neurotizismus zu T0 erhoben, da bisherige Forschung gezeigt hat, dass diese mit allgemeiner Angst und Ruhestandsangst in Verbindung stehen können (Fletcher & Hansson, 1991; Gana et al., 2009). Zur Erfassung von Depression kam die deutsche Kurzversion der Center for Epidemiologic Studies Depression Scale (Hautzinger & Bailer, 1993), für Neurotizismus eine Subskala der deutschen Kurzversion (Körner et al., 2008) des NEO-FFI (Costa & McCrae, 1992) zum Einsatz. Die Cronbachs Alphas für die beiden (Kurz-) Skalen lagen bei: $\alpha_{Depression} = 0{,}88$ und $\alpha_{Neurotizismus} = 0{,}90$.

5.2.3 Analysen

Die Interventionseffekte (H1 und H2) wurden mit Hilfe einer 2×2 (Zeit x Gruppe) Multivariaten Kovarianzanalyse mit Messwiederholung (Multivariate Analysis of Covariance; MANCOVA) untersucht (IBM SPSS Statistics, Version 22). Alter, Geschlecht, Depression, Neurotizismus sowie Freiwilligkeit des Ruhestands wurden in den Analysen als Kontrollvariablen berücksichtigt. Regressionsanalysen (PROCESS; Hayes, 2009) wurden eingesetzt, um Mediatoranalysen zur Testung von Hypothese 3 durchzuführen. Die Gruppenzugehörigkeit fungierte hierbei als Prädiktor, Ruhestandserwartungen, -vorsätze, sowie -angst als Zielvariablen. Zusätzlich wurde zu den Kontrollvariablen jeweils für die Werte der abhängigen Variablen zu T1 kontrolliert. Die Mediatorwirkung der Ressourcenveränderung ($RR\Delta = RR_{T2} - RR_{T1}$; vgl. ◘ Abb. 5.3) stand hierbei im Fokus der Analysen und wurde empirisch untersucht.

Eine MANOVA mit Messwiederholung, im Rahmen derer Kontraste zwischen T2 und T3 berechnet werden konnten, wurde eingesetzt, um die Nachhaltigkeit der Effekte innerhalb der EG (H4a) zu überprüfen. Zusätzlich wurde die Stabilität der Effekte in der Experimentalgruppe und der Warte-Kontrollgruppe sechs Monate nach Abschluss der Teilnahme an der Intervention (H4b) sowie der Gesamteffekt (H5) mittels einer Multivariaten Varianzanalyse (Multivariate Analysis of Variance;

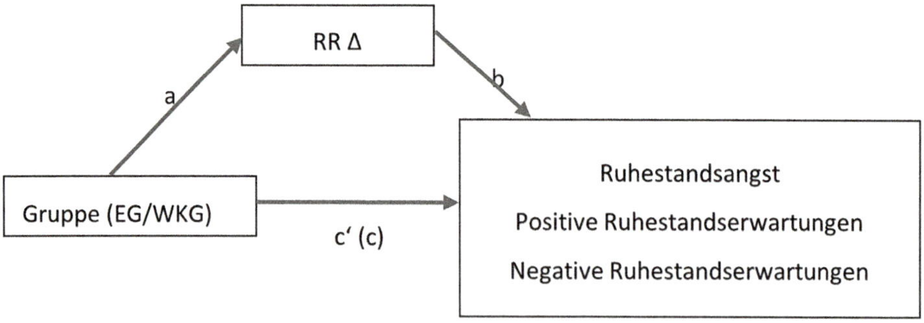

◘ **Abb. 5.3** Postulierte Mediation des Coaching-Effektes durch die Ressourcenveränderungen zwischen T1 und T2 (RR Δ) (vgl. Seiferling, 2018)

Anmerkung. a = Pfad von Prädiktor auf Mediator. b = Pfad von Mediator auf abhängige Variable. c′ = indirekter Pfad von Prädiktor auf abhängige Variable unter Berücksichtigung des Mediators. c = direkter Pfad von Prädiktor auf abhängige Variable ohne Berücksichtigung des Mediators. $RR\Delta = RR_{T2} - RR_{T1}$. Kodierung von Gruppe: 0 = Wartekontrollgruppe, 1 = Experimentalgruppe

Tab. 5.1 In Studie 1 durchgeführte Analysen zur Testung der Hypothesen (aus Seiferling, 2018)

Hypothese	Datenbasis		Analysen
	Gruppe	Messzeitpunkte	
H1, H2	EG vs. WKG	T1 – T2	MANCOVA Mwdh
H3	EG vs. WKG	T2, T1	Regression
H4a	EG	T1 – T2 – T3	MANOVA Mwdh
H4b, H5	EG + WKG	T_{pre} – T_{post} – T4	MANOVA Mwdh

Anmerkung. H = Hypothese; EG = Experimentalgruppe; WKG = Wartekontrollgruppe; T1 = Messzeitpunkt 1 (vor der Einführungsveranstaltung); T2 = Messzeitpunkt 2 (6 Wochen nach T1; nach der Teilnahme der EG); T3 = Messzeitpunkt 3 (Follow-up, 6 Wochen nach T2); T4 = Messzeitpunkt 4 (Follow-up, 6 Monate nach T3); T_{pre} = $T1_{EG}$ bzw. $T2_{WKG}$; T_{post} = $T2_{EG}$ bzw. $T3_{WKG}$.

MANOVA) mit Messwiederholung geprüft. Zu diesem Zweck wurden die Werte aller Teilnehmenden (EG und KG) direkt vor der Intervention (T_{pre} = T1 in der EG und T2 in der KG), direkt nach der Intervention (T_{post} = T2 in der EG, T3 in der KG) sowie sechs Monate nach der Teilnahme (T4 für WKG und EG) kontrastiert (H4b: T_{post} –T4; H5: T_{pre} –T4). Tab. 5.1 gibt eine Übersicht über die durchgeführten Analysen.

5.2.4 Ergebnisse

Nachfolgend sind die Analyseergebnisse zu den verschiedenen Forschungsfragen dargestellt.

Forschungsfrage 1:

Welche Effekte hat die Intervention auf ruhestandsrelevante Ressourcen, Kognitionen (Ruhestandserwartungen und Ruhestandsvorsätze) und Emotionen (Ruhestandsangst)?

Die MANCOVA mit Messwiederholung zur Testung der ersten beiden Hypothesen zeigte einen signifikanten Interaktionseffekt für Zeit und Gruppe ($F(5,45) = 3{,}47$; $p = 0{,}010$; $\eta^2 = 0{,}278$). Dieses Ergebnis belegt den allgemeinen Effekt der Intervention und verdeutlicht deren Wirksamkeit. Die im Rahmen der MANCOVA durchgeführten univariaten Tests zeigten signifikante Interaktionseffekte (Zeit x Gruppe) für Ruhestandsressourcen ($F(1,49) = 4{,}23$; $p = 0{,}045$; $\eta^2 = 0{,}079$), negative Ruhestandserwartungen ($F(1,49) = 5{,}97$; $p = 0{,}018$; $\eta^2 = 0{,}109$) sowie Ruhestandsangst ($F(1,49) = 8{,}39$; $p = 0{,}006$; $\eta^2 = 0{,}146$). Hypothesen H1, H2b und H2c können folglich bestätigt werden. Hypothese H2a kann hingegen nur zum Teil bestätigt werden, weil sich für positive Ruhestandserwartungen kein signifikanter Interaktionseffekt ($F(1,49) = 0{,}48$; $p = 0{,}492$) zeigte. Simple-Effect Tests (das sind sogenannte Follow-up Tests bei signifikanter Interaktion), bestätigten zudem Signifikanz und Richtung der Effekte innerhalb der Interventionsgruppe (EG).

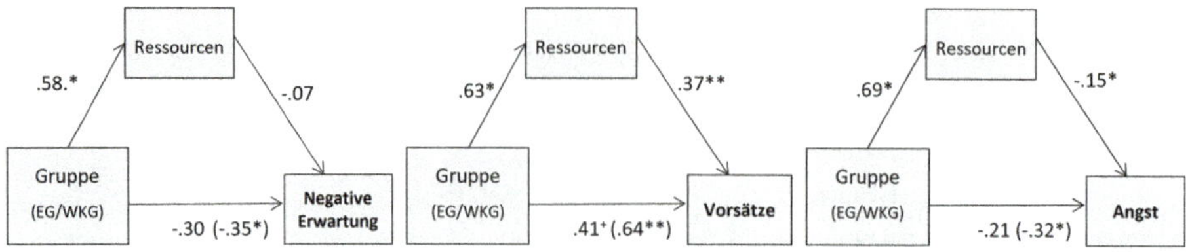

Abb. 5.4 Mediatoreffekte der Ressourcenveränderung (RR Δ) auf **a** Ruhestandsangst (RA), **b** Ruhestandsvorsätze (RV), und **c** negative Ruhestandserwartungen (ID)

Anmerkung. $N = 57$; Kovariaten: Depression, Neurotizismus, Alter, Bildung, Geschlecht. Berichtet werden standardisierte B, direkte Effekte in Klammern. Bootstrap sample size = 1000; $^{**}p < .01$, $^{*}p < .05$, $^{+}p < .07$

■ Forschungsfrage 2:

Welche Wirkmechanismen liegen den Interventionseffekten zugrunde?

Es wurden drei Regressionsanalysen (vgl. Abb. 5.4) zur Testung der Mediatorwirkung von Ruhestandsressourcen durchgeführt. Diese zeigten signifikante indirekte Effekte für Ruhestandsangst (b = −0,10; SE_b = 0,08; CI95 % = −0,34 to −0,01) sowie Ruhestandsvorsätze (b = 0,23; SE_b = 0,17; CI95 % = 0,01 to 0,73). Für negative Ruhestandserwartungen konnte hingegen kein Effekt (b = −0,04; SE_b = 0,07; CI95 % = −0,24 to 0,04; PM = 0,12) gefunden werden. Entsprechend konnte auch Hypothese 3 nur teilweise bestätigt werden.

■ Forschungsfrage 3:

Welche Teilnehmenden können besonders von der Intervention profitieren?

Es wurden weitere Analysen durchgeführt, um die Annahme, dass insbesondere diejenigen angehenden Ruheständler:innen mit vorwiegend negativen Erwartungen bezüglich der Nacherwerbsphase Interventionsbedarf zur Vorbereitung auf den Ruhestand haben sollten, empirisch zu überprüfen. Dazu wurden in einer Substichprobe der Teilnehmenden mit stärker ausgeprägten negativen Ruhestandserwartungen (>Median, N = 19) die o. g. MANCOVAs erneut durchgeführt. Die Analysen bestätigten, dass diese Personengruppe besonders von der Intervention profitiert. Univariate Tests ergaben signifikante Interaktionseffekte für Gruppe und Messzeitpunkt für die Variablen Ressourcen (F(1,18) = 9,22; p = 0,007; η^2 = 0,339), negative Ruhestandserwartungen (F(1,18) = 5,22; p = 0,035; η^2 = 0,225), Ruhestandsvorsätze (F(1,18) = 9,65; p = 0,006; η^2 = 0,349) sowie Ruhestandsangst (F(1,18) = 6,87; p = 0,017; η^2 = 0,276). Ein signifikanter Mediatoreffekt (Regressionsanalysen; SPSS macro PROCESS, model 1; Hayes, 2013) für Ruhestandsangst zu T1 fand sich für die Variable Ruhestandsvorsätze (b = 0,41, p = 0,02). Dabei profitierten Teilnehmende mit mittleren oder höheren Levels (Mittelwert +1SD) negativer Ruhestandserwartungen mehr von der Intervention als Teilnehmende mit niedrigeren Werten (Mittelwert −1SD).

■ Forschungsfrage 4:

Welche längerfristigen Effekte hat die Interventionsteilnahme?

MANOVAs mit Messwiederholung in der Experimentalgruppe (T1, T2, T3) zur Überprüfung der Nachhaltigkeit der Effekte zeigten einen Haupteffekt für den Messzeitpunkt (F(10,12) = 3,45; p = 0,023; η^2 = 0,742). Univariate Tests zeigten Haupt-

Tab. 5.2 Ergebnisse der Kontraste zwischen T2 und T3 sowie T1 und T3 im Rahmen der MANOVA

	Mittelwerte (EG)			*Kontrast T2 – T3*			*Kontrast T1 – T3*		
	T1	*T2*	*T3*	*F*	*P*	η^2	*F*	*p*	η^2
RR	3,81	3,88	3,95	2,41	0,135	0,103	10,43	0,004	0,332
RA	2,36	2,15	2,07	2,83	0,107	0,119	17,69	0,000	0,457
ID	2,01	1,83	1,75	0,72	0,406	0,033	5,57	0,028	0,210
NB	3,79	3,95	4,12	3,25	0,086	0,134	8,25	0,009	0,282
RC	3,80	4,12	4,27	2,85	0,106	0,120	12,51	0,002	0,373

Anmerkung. RR = ruhestandsbezogene Ressourcen; RA = Ruhestandsangst; ID = Negative Ruhestanderwartungen; NB = positive Ruhestanderwartungen; RC = Ruhestandsvorsätze $n = 22$, $df = 1$.

effekte für die Variablen Ressourcen ($F(2{,}42) = 5{,}28$; $p = 0{,}009$; $\eta^2 = 0{,}201$), Ruhestandsangst ($F(2{,}42) = 12{,}71$; $p = 0{,}000$; $\eta^2 = 0{,}377$), negative Ruhestandserwartungen ($F(2{,}42) = 3{,}60$; $p = 0{,}036$; $\eta^2 = 0{,}146$), positive Ruhestandserwartungen ($F(2{,}42) = 4{,}20$; $p = 0{,}022$; $\eta^2 = 0{,}167$) sowie Ruhestandsvorsätze ($F(2{,}42) = 8{,}35$; $p = 0{,}001$; $\eta^2 = 0{,}284$). Kontrastanalysen ergaben, dass keine der T2-T3 Veränderungen signifikant waren, d. h. es keine signifikante Abnahme der Effekte gab. Dies bestätigt Hypothese 4a. Auch weisen die T1-T3 Vergleiche auf einen stabilen längerfristigen Effekt sechs Wochen nach der Intervention hin. Die Ergebnisse der Kontrastanalysen sind in Tab. 5.2 dargestellt.

Ferner zeigte die letzte MANOVA mit Messwiederholung für Teilnehmende beider Gruppen (EG und KG) direkt vor und direkt nach der Intervention sowie sechs Monate später (T_{pre}, T_{post}, T4) einen signifikanten Haupteffekt für den Messzeitpunkt ($F(10{,}31) = 2{,}47$; $p = 0{,}026$; $\eta^2 = 0{,}444$). Jedoch wurde kein signifikanter Interaktionseffekt für Gruppe und Messzeitpunkt ($F(10{,}31) = 0{,}79$; $p = 0{,}639$; $\eta^2 = 0{,}203$) gefunden. Dies zeigt, dass es keine Gruppenunterschiede gab, sondern sowohl die Teilnehmende der Experimental- als auch der Wartekontrollgruppe von der Trainingsteilnahme profitierten. (Abb. 5.5 zeigt die Verläufe der untersuchten Variablen.

Univariate Tests ergaben signifikante Effekte für die Outcome-Variablen Ressourcen ($F(2{,}80) = 5{,}25$; $p = 0{,}007$; $\eta^2 = 0{,}116$), Ruhestandsangst ($F(2{,}80) = 9{,}39$; $p = 0{,}000$; $\eta^2 = 0{,}190$), negative Ruhestanderwartungen ($F(2{,}80) = 4{,}48$; $p = 0{,}014$; $\eta^2 = 0{,}101$) und Ruhestandsvorsätze ($F(2{,}80) = 8{,}74$; $p = 0{,}000$; $\eta^2 = 0{,}179$), jedoch nicht für positive Ruhestanderwartungen ($F(2{,}80) = 1{,}54$; $p = 0{,}221$; $\eta^2 = 0{,}037$). Within-subject Kontraste für T_{post} – T4 ergaben außerdem, dass alle Effekte bis auf Ruhestandsangst auch über sechs Monate hinweg stabil blieben. Dennoch bestätigt dies Hypothese 4a, da diese Veränderung auf eine weitere Reduktion der Ruhestandsangst zurückgeht. Zusätzlich zeigten die Kontraste für T_{pre} – T4 signifikante hypothesenkonforme Effekte für alle abhängigen Variablen außer positive Ruhestanderwartungen (die detaillierte Darstellung der Kontrastanalysen findet sich in Seiferling, 2018; Anhang A).

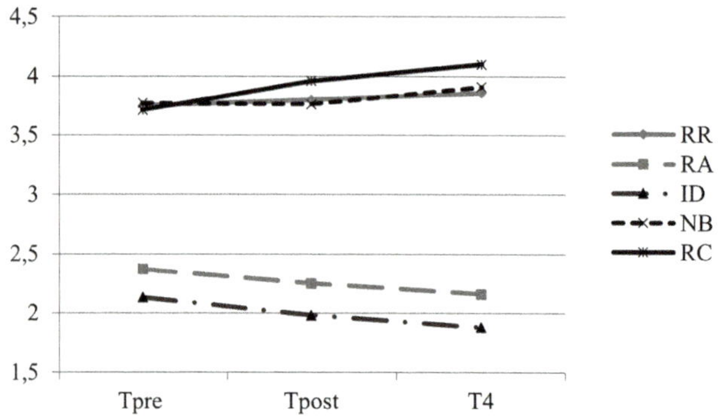

Abb. 5.5 Verläufe der untersuchten Variablen direkt vor (T_{pre}), direkt nach (T_{post}) und sechs Monate nach der Teilnahme an der Intervention für alle Teilnehmenden (EG und WKG)

Anmerkung. RR = ruhestandsbezogene Ressourcen, RA = Ruhestandsangst, ID = negative Ruhestandserwartungen, NB = positive Ruhestandserwartungen, RC = Ruhestandsvorsätze; $T_{pre} = T1_{EG}$ bzw. $T2_{WKG}$, $T_{post} = T2_{EG}$ bzw. $T3_{WKG}$, T4 = Messzeitpunkt 4 (Follow-up, 6 Monate nach T3)

5.3 Ergebniszusammenfassung und Diskussion der Evaluation

Die Wirksamkeit der Intervention wurde mit einem randomisierten Warte-Kontrollgruppendesign mit längsschnittlichen Messungen evaluiert. Im Fokus der Evaluation stehen die Effekte einer ressourcen-orientierten Gruppenintervention für ältere Berufstätige zur Vorbereitung auf den Ruhestand. Gefördert werden sollten durch die Teilnahme an der Intervention ruhestandsbezogene Ressourcen, Kognitionen und Emotionen. Zusätzlich wurde evaluiert, ob das Coaching Programm seine Wirkung entfaltet, indem Ressourcen gesteigert werden. Auch wurde die Zielgruppenspezifität der Intervention untersucht.

- **Forschungsfrage 1:**

Welche Effekte hat die Intervention auf ruhestandsrelevante Ressourcen, Kognitionen (Ruhestandserwartungen und Ruhestandsvorsätze) und Emotionen (Ruhestandsangst)?

Die Analysen zeigen eine signifikante Steigerung der individuellen Ressourcen sowie der Ruhestandsvorsätze der Teilnehmenden. Zudem nahmen negative Ruhestandserwartungen und Ruhestandsängste durch die Interventionsteilnahme signifikant ab. Zwar zeigte sich ein positiver Effekt für Steigerung positiver Ruhestandserwartungen, jedoch war dieser nicht signifikant. Hervorzuheben ist, dass die gefundenen Effekte sowohl in der Experimentalgruppe über sechs Wochen als auch in der Gesamtstichprobe sechs Monate nach Teilnahme an der Intervention stabil waren (vgl. Abb. 5.5). Die Ergebnisse zeigen hypothesenkonform, dass das Gruppencoaching wirksam ist um individuelle ruhestandsbezogene Ressourcen sowie Ruhestandsvorsätze zu fördern und negative Ruhestandserwartungen und -ängste zu reduzieren. Die Annahme, dass die Intervention auch positive Ruhestandserwartungen fördert, konnte hingegen nicht statistisch bestätigt werden. Verantwortlich hierfür könnte ein möglicher Deckeneffekt sein, der darin begründet ist, dass die Teilnehmenden schon vor der Teilnahme relativ hohe positive Erwartungen aufwiesen. Ebenfalls denkbar ist, dass die – zum Teil auch konstruktiv kritische –

inhaltliche Beschäftigung mit dem Thema Ruhestand in der Tat keinen Effekt auf positive Einstellungen zum Ruhestand hat, sondern vorrangig dazu beiträgt negative Einstellungen zu reduzieren und Visionen und Ziele zu stärken.

▪ Forschungsfrage 2:

Welche Wirkmechanismen liegen den Interventionseffekten zugrunde?

Die durchgeführten Regressionsanalysen zeigten außerdem signifikante Mediatoreffekte der Ressourcensteigerung für die Outcome-Variablen Ruhestandsangst und Ruhestandsvorsätze, jedoch nicht für negative Ruhestanderwartungen (◘ Abb. 5.4). Auch wenn sich die Mediatorwirkung der Ressourcensteigerung für die Effekte negativer Ruhestanderwartungen nicht bestätigte, konnte dennoch die Annahmen der Ressourcenperspektive (Wang, 2007; Wang et al., 2011) durch die gezeigte Mediatorwirkung der Ressourcensteigerung für Ruhestandsangst und Ruhestandsvorsätze zumindest teilweise empirisch gestützt werden. Entsprechend scheint die Übertragung der Annahmen der Ressourcenperspektive für ältere Beschäftige vor der Verrentung sinnvoll.

▪ Forschungsfrage 3:

Welche Teilnehmenden können besonders von der Intervention profitieren?

Zusätzliche Moderatoranalysen zeigten, dass die Effekte in einer Substichprobe von Teilnehmenden mit einem hohen Ausgangsniveau negativer ruhestandsbezogener Einstellungen (Median-Split) stärker waren als in der Gesamtstichprobe. Die signifikanten Effekte der Analysen in dieser Substichprobe zeigen also, dass diese Personengruppe besonders von der Intervention profitiert. Auch die Effektstärken waren für diese Gruppe deutlich höher als in den vorangegangenen Analysen. Dies betont die differenziellen Effekte der Intervention. Entsprechend können die Ergebnisse Aufschluss über die zielgruppenspezifische Wirkweise der Intervention geben. Dies entspricht auch den Annahmen der Prinzipien evidenzbasierter Interventionen (Briner & Walshe, 2015), nach denen Interventionen vor allem Personen mit bestehendem Bedarf angeboten werden sollten.

▪ Forschungsfrage 4:

Welche längerfristigen Effekte hat die Interventionsteilnahme?

Die Evaluationsergebnisse bestätigten zudem auch die nachhaltige Wirkung der Intervention. Die Effekte der Intervention blieben auch sechs Wochen sowie sechs Monate nach der Teilnahme bestehen. Teilweise verstärkten sich die Effekte sogar noch im Nachgang. Diese Entwicklung wird von der theoretische Annahme gestützt, dass Inhalte einer Intervention auch zwischen den Sitzungen und nach der Teilnahme (nach)wirken. Dadurch wird die Effizienz des gewählten intermittierenden Interventionsdesigns bestätigt (Cepeda et al., 2006; Donovan & Radosevich, 1999; Green et al., 2006).

▪ Limitationen und Empfehlungen für zukünftige Forschung

Die Ergebnisse des Forschungsprojekts zeichnen sich insbesondere durch ihren hohen Anwendungsbezug sowie das längsschnittliche randomisierte Kontrollgruppendesign aus, das die Ableitung kausaler Schlussfolgerungen erlaubt. Zusätzlich wurden neben den Effekten der Intervention auch zugrunde liegende Wirkmechanismen näher betrachtet sowie der Nutzen für bestimmte Zielgruppen evaluiert.

Dennoch sind bei der Interpretation der Ergebnisse, wie bei jeder empirischen Studie, Limitationen bezüglich Stichprobe und Untersuchungsdesign zu berücksichtigen.

Erstens ist hier die relativ kleine Stichprobengröße zu nennen, die möglicherweise die Teststärke beeinflusst. Allerdings zeigen die Evaluationsergebnisse trotz dieser Eingrenzung signifikante mittlere und große Effekte. Auch entspricht die Stichprobengröße vergleichbaren Interventionsstudien (Comish, 1996; Green et al., 2006; Peila-Shuster, 2012). Trotzdem ist es empfehlenswert, dass zukünftige Forschung die Effekte der Intervention mit größeren Stichproben evaluiert.

Bei der Evaluation der Intervention war es ferner nicht möglich, eine vollständige Randomisierung durchzuführen, da die Teilnehmenden sich freiwillig zur Programmteilnahme anmeldeten. Sie wurden je nach Terminpräferenz in eine von acht Gruppen eingeteilt. Aufgrund des gewählten Studiendesigns und auch der Inhalte und Themen der Intervention ist dies jedoch eine angemessene Vorgehensweise. Denn insbesondere die Selbstselektion ist eine bedeutsame Voraussetzung für die Effektivität von Interventionen (Lyubomirsky et al., 2011). Zudem hätte eine zufällige Zuteilung zu den Gruppen ohne Berücksichtigung von Terminpräferenzen aufgrund der siebenwöchigen Dauer mit großer Wahrscheinlichkeit zu sehr hohen Ausfallquoten geführt. Schließlich zeigten Gruppenvergleiche, dass sich Experimental- und Wartekontrollgruppe in ihrem Ausgangsniveau der verschiedenen Untersuchungsvariablen nicht unterschieden.

Eine weitere Limitation könnte in dem Untersuchungsdesign liegen. Denn ein Wartekontrollgruppendesign könnte aufgrund der Wartezeit unter Umständen auch zu negativen Effekten im Sinne eines „Nocebo-Effektes" (Furukawa et al., 2014) und Demand-Effekten führen. Die durchgeführten Analysen bestätigen jedoch die Effekte innerhalb der Experimentalgruppe. Es scheint daher empfehlenswert, dass zukünftige Evaluationen die Intervention mit Kontroll-Interventionen sowie inaktiven Kontrollgruppen vergleichen (Boot et al., 2013; Briner & Walshe, 2015).

Ferner wurden in der Studie ausschließlich Skalen, die Selbstangaben verwenden, in die Analysen einbezogen. Dadurch kann das Risiko für Antworttendenzen oder soziale Erwünschtheit bei der Untersuchung erhöht werden (Grant, 2003; Green et al., 2005). Allerdings stellt in der Forschungspraxis die Verwendung eines randomisierten experimentellen Wartekontrollgruppendesigns mit subjektiven Befragungen eine bewährte und aussagekräftige Methode zur Evaluation von Interventionseffekten dar (Elliott & Brown, 2002). Ferner weisen auch die ermittelten Effektgrößen in den Gruppen nicht auf Verzerrungen oder Zufallseffekte hin.

Die Studienergebnisse unterstreichen die Relevanz der Zielgruppendefinition und Spezifikation von Interventionen. Denn sie zeigen, dass angehende Ruheständler:innen mit negativen Ruhestandserwartungen, hohen Ruhestandsängsten und wenig ausgeprägten Ruhestandsvorsätzen insbesondere von der Intervention profitierten. Zukünftige Studien zur Evaluation psychosozialer Vorbereitungsprogramme auf den Ruhestand sollten zusätzliche Moderatoren untersuchen, um weitere Erkenntnisse über die Zielgruppenspezifizität der Intervention zu gewinnen. Relevant sind hier beispielsweise unterschiedliche Aspekte der Vorbereitung außerhalb des Trainings (z. B. finanziell, informell) und individuelle Unterschiede (z. B. Ruhestandseinstellung, Ruhestandsangst, Freiwilligkeit der Verrentung, Gesundheit, Depressionslevel). Bei der Konzeption der Intervention wurden verschiedene Übungen und Techniken kombiniert, um eine umfangreiche Vorbereitung auf den Ruhestand zu ermöglichen. Zukünftige Forschung sollte die differenzielle Wirksamkeit dieser (einzelnen) Übungen und Techniken untersuchen und überprüfen, ob auch einzelne Teile oder deren Kombination Wirksamkeit entfalten können und gegebenenfalls ein Modularer Einsatz bzw. eine Verkürzung des Trainings möglich ist.

Um die Wirkmechanismen und die Dynamik ruhestandsbezogener Ressourcen, Kognitionen und Emotionen im Prozess des Übergangs in und der Anpassung an den Ruhestand noch besser verstehen zu können, sollten Effekte ressourcen-orientierter Programme zukünftig mit Hilfe größerer Stichproben und im Längsschnitt, d. h. über mehrere Messzeitpunkte hinweg, untersucht werden. Dabei sollten die Übergangs- und Anpassungsphase im Mittelpunkt der Evaluation stehen. Dieses Vorgehen stellt einen ersten empirischen Test der *ressourcenbasierten dynamischen Perspektive* (Wang et al., 2011; Wang & Shi, 2014) dar, die als eine Weiterentwicklung der Ressourcenperspektive gilt. Diese postuliert, dass Ruhestandsanpassung eine direkte Folge von Fluktuationen in individuellen Ressourcen darstellt.

Implikationen für Theorien im Kontext der Ruhestandsforschung

Die in diesem Buch beschriebene ressourcen-orientierte Intervention wurde mit dem Ziel entwickelt, Forschung und Praxis zu verbinden. Zum einen wurde aufbauend auf bestehenden Theorien und Forschungserkenntnissen ein praxisrelevantes Vorbereitungsprogramm für den Übergang in die Nacherwerbsphase entwickelt. Zum anderen wurde das Programm in der Praxis erprobt sowie wissenschaftlich evaluiert und dadurch Erkenntnisse gewonnen, die wiederum Implikationen für Wissenschaft und Praxis beinhalten.

Die Evaluationsergebnisse bestätigen sowohl die langfristige als auch – zumindest teilweise – die kurzfristige Effektivität der Intervention. Dies ist ein empirischer Test der Annahme, dass neben den bislang meist untersuchten finanziellen oder organisatorischen (Earl et al., 2015; Elder & Rudolph, 1999; Kim et al., 2005) Vorbereitungsprogrammen auch eine psychosoziale Vorbereitung und Planung für den Ruhestand relevant ist und mit positiven Auswirkungen auf relevante ruhestandsbezogene Reaktionen, Emotionen und Einstellungen einhergeht.

Durch die Untersuchung der Mediatorwirkung, d. h. vermittelnder Mechanismen, der Ressourcenaktivierung tragen die Analyseergebnisse zur Forschung zu ressourcen-orientierten Interventionen bei. Denn sie liefern Erkenntnisse über die zugrunde liegenden Wirkmechanismen der ressourcen-orientierten Intervention. Die Ergebnisse unterstreichen die Schlüsselrolle von Ressourcen im Prozess des Übergangs in den Ruhestand, die auch in der Phase vor der Verrentung relevant ist. Indem die Annahmen der Ressourcenperspektive (Wang, 2007; Wang et al., 2011) auf den Kontext der Phase vor der Verrentung übertragen und empirisch getestet werden, hat das Forschungsprojekt einen Beitrag zur Ruhestandsforschung mit einem empirischen Theorietest geleistet.

Die Evaluationsergebnisse zeigen die Relevanz der Zielgruppenspezifikation im Kontext der Interventionsgestaltung und -disponierung hin. So kann eine gute Person-Intervention-Passung erreicht werden. Es lässt sich entsprechend sagen, dass die Intervention besonders für ältere Erwerbstätige mit hoher Ruhestandsangst, besonders negativen Einstellungen zur Verrentung und weniger ausgeprägten Ruhestandsvorsätzen hilfreich ist. Dies bestätigt die Forderung, dass Interventionen insbesondere Personen mit bereits bestehendem Interventionsbedarf angeboten werden sollte (Briner & Walshe, 2015). Allerdings sollten Zielgruppendefinitionen nicht potenzielle präventive Interventionseffekte positiver Interventionen begrenzen

(Green et al., 2005; Seligman & Csikszentmihalyi, 2000; Sin & Lyubomirsky, 2009). Denn auch die Teilnahme von Personen mit niedrigen Ausprägungen sozialer Ruhestandsangst, negativer Ruhestandseinstellungen oder hohen Ausprägungen von Ruhestandsvorsätzen könnte präventiv negative Veränderungen dieser Faktoren vorbeugen.

- **Implikationen für die Praxis: Wie sollte die Vorbereitung auf den Ruhestand gestaltet werden?**

Neben Implikationen für die Forschung bietet die vorliegende Evaluation auch praktische Implikationen für angehende Ruheständler:innen, Organisationen und Praktiker (z. B. HR-Verantwortliche, Trainer:innen, Coaches). Die gewonnenen Erkenntnisse unterstreichen die Relevanz psychosozialer Vorbereitung und Planung für den Ruhestand. Zudem konnte gezeigt werden, dass die entwickelte ressourcen-orientierte Intervention wirkungsvoll ist, ruhestandsbezogenen Ressourcen, Kognitionen und Emotionen positiv zu beeinflussen.

Aufbauend auf unseren Forschungsergebnissen empfehlen wir, *Anbieter:innen und Entwickler*:innen von Vorbereitungsprogrammen die Gestaltung ganzheitlicher Interventionen, die psychosoziale Aspekte und insbesondere die Aktivierung und Förderung von Ressourcen beinhalten sollten. Allerdings sollten strukturierte Programme zur Ruhestandsvorbereitung immer auch die Individualität der Teilnehmenden und deren individuelles Erleben des Übergangs in den Ruhestand integrieren. Da insbesondere angehende Ruheständler:innen mit negativen Einstellungen zum Ruhestand, sozialer Ruhestandsangst und wenig ausgeprägten Ruhestandsvorsätzen von der Intervention zu profitieren scheinen, sollten Berater:innen, Therapeut:innen und Coaches insbesondere diese Personengruppe zur Teilnahme an Vorbereitungsprogrammen ermuntern.

Unternehmen empfehlen wir, ressourcen-orientierte Ruhestandsvorbereitung im Rahmen des betrieblichen Gesundheitsmanagements anzubieten. Dies könnte als eigenständiges Trainingsprogramm oder als ergänzendes Modul bei finanziellen oder organisatorischen Vorbereitungsprogrammen eingesetzt werden. *Führungskräfte* sollten zudem ältere Beschäftigte darin unterstützen, an entsprechenden Programmen teilzunehmen.

Zuletzt zeigen unsere Forschungsergebnisse, dass psychosoziale Ruhestandsvorbereitung grundsätzlich hilfreich und wirkungsvoll ist. Entsprechend empfehlen wir angehenden Ruheständler:innen sich über finanzielle Aspekte hinaus auf die Verrentung vorzubereiten. Strukturierte Programme können hier wertvolle Beiträge leisten. Selbstverständlich kann aber auch im informellen Austausch mit Peers eine gute Vorbereitung stattfinden. Auf jeden Fall sollten bei jeder Beratung und jedem Austausch persönliche Stärken und Ressourcen sowie individuelle Ziele, Bedürfnisse und Vorstellungen dabei im Fokus stehen. Denn eine bedarfsorientierte Auseinandersetzung mit Inhalten und Herausforderungen der Verrentung ermöglicht es, sich erfolgreich auf den Übergang in den Ruhestand vorzubereiten.

5.4 Rückmeldungen der Teilnehmenden zu der Intervention

Neben den standardisierten Fragen zur Evaluation der Intervention ‚Zufrieden in den Ruhestand', wurden die Teilnehmenden über offene Fragen im Rahmen der Fragebögen gebeten, Rückmeldung zu der Gestaltung der Intervention und den Inhalten und Themen der Sitzungen zu geben. Sowohl in den Tagebüchern als auch im Follow-up-Fragebogen waren diesbezüglich offene Fragen enthalten. Insbesondere in den Follow-up-Befragung gaben die Teilnehmenden Feedback zu dem Programm. Zusätzlich wurden sie befragt, welche eingesetzten Methoden und Techniken sowie Erklärungsmodelle sie besonders hilfreich fanden. In den Tagebüchern wurde ferner nach Aspekten der Intervention, die besonders gut gefallen hatten, gefragt. Zusätzlich wurden die Teilnehmenden gebeten, mögliche Verbesserungsvorschläge zu benennen und konnten zusätzliche Anregungen zu Inhalt, Aufbau und Durchführung der Gruppensitzungen geben.

In der Abschlussrunde der letzten Sitzung hatten die Teilnehmenden zudem die Gelegenheit, direktes Feedback zur Gestaltung und zu den Inhalten der Intervention zu geben. Nachfolgend werden die Rückmeldungen der Teilnehmenden zusammenfassend dargestellt.

Insgesamt wurden Gestaltung und Inhalte der Intervention sehr positiv bewertet. Viele Teilnehmende gaben an, dass sie viele gute Anregungen bekommen und „mitgenommen" hätten. Ferner hätten sie davon profitiert, dass sie sich nun vor allem eigener Stärken und Schwächen bewusster seien. Auch der Austausch mit der Gruppe wurde als sehr positiv bewertet. Einige Befragte gaben an, dass sie sich nach der Teilnahme an der Intervention vermehrt persönliche Ziele setzten. Das Feedback in den Tagebüchern variierte stark, je nach Sitzung und Person. So wünschten sich einige Teilnehmende mehr Dialog und Diskussion in der Gruppe, wohingegen andere angaben sich eher mehr „wissenschaftlichen Input" zu präferieren. Konstant über alle Sitzungen und Teilnehmende hinweg wiederholte sich die Aussage, dass insbesondere der Austausch mit der Gruppe als sehr fruchtbar erlebt wurde. Auch bewerteten die Befragten den generellen Aufbau der Intervention, das Thema selbst und die Aufbereitung sehr häufig als positiv.

Auf Fragen hinsichtlich der Sitzungsinhalte nannten die Teilnehmenden verschiedene Techniken, Methoden, Theorien und Erklärungsmodelle, die sie als besonders hilfreich einschätzten. Genannt wurden besonders häufig die Achtsamkeitsübungen zu Beginn der Sitzung, Zielsetzungstechniken sowie das Lob-Album und der Brief an sich selbst. Außerdem wurden persönliche Rituale, das Haus des Lebens und individuelle Rollen zu den besonders relevanten Theorien bzw. Modellen gezählt.

Am Ende des sechswöchigen Interventionszeitraums gaben die Teilnehmenden im Rahmen des Abschluss-Feedbacks außerdem Rückmeldung zu Inhalten, Aufbau und Durchführung der Intervention. Auch hier wurde die besondere Bedeutung des Gruppensettings betont. Insbesondere der Austausch mit anderen Personen, die sich in der gleichen Situation befinden, wurde als durchweg positiv empfunden. Einige Personen merkten auch in diesem Feedback an, dass sie sich für den Austausch in der Großgruppe und mit anderen Teilnehmenden in Kleingruppen teilweise noch mehr Zeit gewünscht hätten. Auch Struktur und Aufbau der Intervention bewerteten die Teilnehmenden positiv. Insgesamt empfanden die Teilnehmenden das Konzept, vor allem die Kombination aus informativem Input und Reflexion, als gelungen. Auch fanden sie die Sitzungen inhaltlich sehr gut strukturiert. Bezüglich des inhaltlichen Umfangs war das Feedback hingegen entsprechend der unterschiedlichen Vorstellungen, Wünsche und Bedarfe eher heterogen: einige Teilnehmende gaben an, dass manche Sitzungen teilweise sehr umfangreich und manchmal sehr theoretisch gewesen seien. Im Gegensatz dazu hätten sich einige Teilnehmende hingegen eher noch mehr (theoretischen) Input gewünscht, da sie gerade diesen als besonders hilfreich empfanden.

Außerdem lobten die Teilnehmenden auch die gute Durchführung durch die Coaches sowie die kurzweilige und interessante Gestaltung der Sitzungen. Auch die eingesetzten Techniken und Methoden wurden positiv hervorgehoben. Insgesamt empfanden die Teilnehmenden die Intervention als sehr anregend, da sie dabei viele neue Erkenntnisse und Impulse erhielten. Das Coaching habe sie darin unterstützt, sich individuellen Wünschen und Zielen für den Ruhestand bewusst zu werden. Außerdem berichteten viele Teilnehmende, dass sich ihre Einstellung zum Ruhestand positiv verändert habe. Sie könnten nun den bevorstehenden Veränderungen gelassener und mit weniger Sorge entgegen blicken. Schließlich sagten einige Personen auch, dass die Teilnahme schlichtweg „Spaß gemacht" habe. Viele Teilnehmende bedankten sich abschließend für das Coaching.

Die Teilnehmenden nannten als Verbesserungsvorschlag besonders häufig den begrenzten Zeitrahmen der einzelnen Sitzungen sowie den Interventionszeitraum. Einige Teilnehmenden regten sogar an, das Coaching über einen längeren Zeitraum anzubieten und daran anschließende Gruppentreffen zu initiieren. Einige Gruppen haben dies getan und im Nachgang an die Gruppentermine eigeninitiativ einen Stammtisch ins Leben gerufen.

Fazit

N. Seiferling, A. Michel, *Zufrieden in den Ruhestand*, https://doi.org/10.1007/978-3-658-42728-3_6

Ziel des von der Exzellenzinitiative II der DFG – Innovationsfond „FRONTIER" der Universität Heidelberg geförderten Projekts „Entwicklung eines Coaching-Ansatzes zur Förderung von Selbstregulation, Wohlbefinden und Gesundheit beim Übergang in den Ruhestand" war es, eine evidenzbasierte ressourcenorientierte Gruppen-Intervention zu entwickeln, die angehende Ruheständler:innen befähigen soll, eigene Ressourcen zu aktivieren und Strategien zu entwickeln, den Übergang in den Ruhestand und die Nacherwerbsphase gesund und zufrieden zu gestalten. Dabei wurden wir in unserer Arbeit insbesondere durch die Erkenntnisse unserer Recherchen zu bislang bestehenden Interventionen bestärkt und motiviert. Diese zeigten, dass bisherige Interventionen für ältere Berufstätige überwiegend Maßnahmen der Arbeitszeitpolitik, der Finanzplanung sowie Bildungsmaßnahmen zu veränderten Zeit- und Tätigkeitsstrukturen sowie Angebote zum Wissensmanagement umfassten. Evaluierte Interventionen, die psychosoziale Aspekte der Vorbereitung des Übergangs in den Ruhestand sowie der Nacherwerbshase adressierten, existierten zu diesem Zeitpunkt kaum. Uns war es deshalb wichtig, einen Beitrag zur Schließung dieser Lücke in den Angeboten zu leisten und eine psychosoziale Coaching-Intervention zu entwickeln. Bei dieser sollte auch die Individualität des bevorstehenden Ereignisses mit einbezogen werden, damit die Teilnehmenden ausgehend von ihrer aktuellen Situation, ihrer Persönlichkeit und ihren Bedürfnissen ihre eigenen Visionen und Strategien entwickeln und verfolgen konnten.

Nach der Konzeption, Erprobung und Evaluation blicken wir nun zufrieden auf unser Projekt zurück und freuen uns, dass es uns gelungen ist, eine evidenzbasierte Gruppencoaching-Intervention zu entwickeln, die angehende Ruheständlerinnen und Ruheständler tatsächlich befähigt hat, für ihren bevorstehenden Übergang Ressourcen aufzubauen sowie Unsicherheiten und Ängste bezüglich dieses neuen Lebensabschnitts zu reduzieren.

Wertvoll war bei unserer Arbeit, dass wir während der Durchführung der Gruppensitzungen immer direkt das Feedback der Teilnehmenden erhielten und dadurch im Prozess Anpassungen und Optimierungen in der Vorgehensweise vornehmen konnten. Auch haben uns die positiven Rückmeldungen gezeigt, dass wir mit unserer Maßnahme ein wertvolles Produkt zur Ressourcensteigerung, zur Schaffung realistischer Erwartungen sowie zum Abbau von Unsicherheiten und Ängsten geschaffen haben, das den individuellen Bedürfnissen der Teilnehmenden gerecht wird. Die Rückmeldungen haben uns darin bestärkt, dass es bei diesem Thema sinnvoll ist, Wissensvermittlung mit Selbsterfahrungsprozessen, dem interaktivem Austausch in Dyaden und Kleingruppen sowie der Netzwerkbildung zu verknüpfen. Eine alleinige Online-Intervention in diesem Thema könnte dies nicht leisten, auch wenn diese möglichweise auf den ersten Blick kostenökonomischer erscheinen mag. Zudem zeigen die Ergebnisse unserer Evaluationsstudie, die wir mit einem randomisierten-Kontrollgruppendesign durchgeführt haben, die nicht nur kurz-, sondern auch längerfristige Wirksamkeit des Trainings.

Daher hoffen und wünschen wir, dass möglichst viele ältere Berufstätige von den Inhalten und Strategien unserer Intervention profitieren könnten. Entsprechend wäre es unser Wunsch, dass möglichst viele Coaches, Trainer:innen, HR- und Bildungsverantwortliche dieses Training nutzen werden, um ältere Berufstätige in dieser Lebensphase des Übergangs und Neuanfangs zu unterstützen.

Material

Inhaltsverzeichnis

7.1 Instruktionen Achtsamkeit – 116
7.1.1 Instruktion Achtsames Essen (Baustein2) – 116
7.1.2 Instruktion Achtsam Atmen (Baustein 3) – 117
7.1.3 Instruktion der Träumer (Baustein 3) – 118
7.1.4 Instruktion Achtsames Hören (Baustein 4) – 119
7.1.5 Instruktion Gedankenzug (Baustein 5) – 120
7.1.6 Instruktion Gedankenreise (Baustein 6) – 121

N. Seiferling, A. Michel, *Zufrieden in den Ruhestand*, https://doi.org/10.1007/978-3-658-42728-3_7

Zusammenfassung
Dieses Kapitel enthält Vorlagen bzw. Anleitungen zur Erstellung der benötigten Materialien für die einzelnen Sitzungen (z. B. Arbeitsblätter, Informationsblätter).

7.1 Instruktionen Achtsamkeit

Nachfolgend finden sich die Instruktionen für die Achtsamkeitsübungen der einzelnen Bausteine.

7.1.1 Instruktion Achtsames Essen (Baustein2)

Einleitung: Oft nehmen wir im Alltag gar nicht richtig wahr, ob wir Hunger haben oder nicht oder was genau wir essen. Stattdessen tun wir während des Essens häufig alle möglichen anderen Dinge (reden, den Nachmittag oder den nächsten Tag planen oder sogar fernsehen, telefonieren, etc. …)

Im Folgenden geht es darum, das einmal bewusst ganz anders zu machen. Wir wollen die Konzentration vollständig darauf lenken die Rosine mit allen fünf Sinnen ganz genau wahrzunehmen und gedanklich zu benennen, was Sie wahrnehmen. Versuchen Sie, dabei ganz konzentriert zu bleiben. Wenn Sie bemerken, dass andere Gedanken oder Gefühle Sie ablenken, die nichts mit der Übung oder der Rosine zu tun haben, ist das völlig in Ordnung. Geben Sie diesen Gedanken oder Gefühlen einfach einen Namen und kehren Sie wieder zurück zur Wahrnehmung der Rosine.

[Rosine austeilen]

Anleitung [Langsam und ruhig vorlesen. Pausen beachten]:

Halten Sie die Rosine in der Hand oder legen Sie sie vor sich hin.

Schauen Sie sich nun die Rosine genau an – so, als hätten Sie so etwas noch nie zuvor gesehen. Und vergessen Sie vielleicht sogar, dass es Rosine genannt wird. Betrachten Sie genau die Farbe, die Oberfläche, die Form …. (Pause …)

Fühlen Sie nun die Rosine: wie fühlt sie sich an? Ist sie eher weich oder hart? Wie schwer oder leicht ist sie? Wenn Sie möchten, können Sie dabei auch die Augen schließen, um sich ganz auf das Fühlen zu konzentrieren. (Pause …)

Halten Sie nun die Rosine an Ihr Ohr und reiben Sie sie zwischen den Fingern – Wie hört sich das an, was können Sie hören? (Pause …)

Nun riechen Sie an der Rosine: Wie riecht die Rosine, hat sie überhaupt einen Geruch? Benennen Sie diesen Geruch. (Pause …)

Falls Sie die Augen geschlossen haben, können Sie sie nun wieder öffnen und die Rosine weiterhin in Ihren Fingern halten, sie fühlen und betrachten.

Führen Sie die Rosine nun nach und nach zu Ihren Lippen.

Nehmen Sie die Rosine nun in den Mund, aber kauen Sie noch nicht!

Vielleicht können Sie fühlen, dass Ihnen schon buchstäblich das Wasser im Mund zusammen läuft?

Halten Sie die Rosine zwischen Ihren Zähen: Schmecken Sie bereits etwas, bevor Sie wirklich auf die Rosine beißen? Was schmecken Sie?

Schließen Sie nun die Augen und konzentrieren Sie sich voll und ganz auf den Geschmack.

Beobachten Sie dabei Ihre Gedanken und Erwartungen.

Würden Sie nun gerne endlich die Rosine essen und sich vielleicht sogar eine weitere nehmen? Oder genießen Sie einfach die Erfahrung dieser einen Rosine, die gerade in Ihrem Mund ist?

Beißen Sie nun auf die Rosine.

Nehmen sie den Geschmack wahr, der sich in Ihrem Mund ausbreitet.

Nehmen Sie jede Veränderung – von Geschmack, Textur – wahr, während Sie langsam kauen.

Vielleicht schmecken Sie auch Unterschiedliches an unterschiedlichen Stellen in Ihrem Mund?

Wenn Sie so weit sind, schlucken Sie die Rosine und nehmen Sie bewusst wahr, wie es sich anfühlt.

Achten Sie auch auf das Gefühl danach. Welchen Nachgeschmack können Sie in Ihrem Mund wahrnehmen?

(Vielleicht bemerken Sie schon, dass es jetzt immer schwerer wird, mit den Gedanken dabei zu bleiben. Das ist in Ordnung.)

Beenden Sie die Übung, indem Sie Ihre Aufmerksamkeit von Ihrem Körper auf den Raum ausweiten, in dem Sie sitzen. Wenn Sie so weit sind, öffnen Sie die Augen.

7.1.2 Instruktion Achtsam Atmen (Baustein 3)

Instruktion:

Setzen Sie sich bequem hin. Spüren Sie genau, wie es sich anfühlt, auf diesem Stuhl zu sitzen.

Lehnen Sie sich für einen Moment zurück und schließen Sie die Augen …

Lenken Sie nun Ihre Aufmerksamkeit auf Ihren Atem …

Konzentrieren Sie sich auf das Ein- und Ausatmen …

und auch auf die Pausen zwischen dem Ein- und Ausatmen …

Versuchen Sie, ganz bewusst nur Ihren Atem wahrzunehmen. Und nichts anderes …

Zählen Sie nun Ihren Atem für einige Zeit. Für jedes Ein- und Ausatmen zählen Sie eine Zahl. D. h. beim Einatmen 1, beim Ausatmen 2 …

Bleiben Sie mit Ihrer Aufmerksamkeit beim Zählen …

Wenn andere Gedanken oder Gefühle aufkommen, nehmen Sie diese nur kurz wahr und benennen Sie sie (so wie Sie es bereits bei der Übung mit der Rosine getan haben) …

Beginnen Sie dann einfach wieder von Neuem. Lenken Sie Ihre Aufmerksamkeit auf Ihren Atem und starten Sie beim Zählen wieder mit der 1 …

[ca. 1–2 min]

Die Zeit ist nun um …

Atmen Sie noch ein oder zweimal tief ein und lauschen Sie dabei Ihrem Atem – dem Ein- und Ausatmen …

Beenden Sie die Übung dann, indem Sie Ihre Aufmerksamkeit wieder auf den ganzen Körper ausweiten …

und auf dem Raum, in dem Sie sitzen …

Sie können die Augen nun wieder öffnen.

(ggf. kann im Anschluss gefragt werden, wie häufig mit dem Zählen wieder bei 1 begonnen wurde).

7.1.3 Instruktion der Träumer (Baustein 3)

Wir befinden uns nun im Raum des Träumers. Hier finden Sie verschiedene Bilder.

Wenn Sie an die nächste Zeit oder an Ihren Ruhestand denken, sich Ihren Ruhestand vorstellen, wie sieht das für Sie aus? Suchen Sie sich bitte ein Bild aus, das zu Ihrer Vision für den Ruhestand oder die Übergangsphase passt.

Am besten wählen Sie das Bild aus, das Sie spontan besonders anspricht.

[3 min]

Ich möchte Sie nun dazu einladen, diese Vision weiter zu träumen. Dabei geht es nicht um eine möglichst realistische Vorstellung oder gar einen Plan, sondern darum, diesen „angeträumten" Traum „weiter zu spinnen".

Sie können sich dafür wieder setzen – wenn Sie möchten auch an einen anderen Platz.

Setzen Sie sich bequem auf Ihren Stuhl … Schauen Sie sich Ihr Bild noch einmal genau an, und schließen Sie die Augen.

In Gedanken packen Sie Ihre Sachen zusammen – auch das Bild nehmen Sie mit. Stecken Sie es in Ihre Tasche. Mit dem Bild im Gepäck machen Sie sich auf dem Weg.

Sie gehen aus diesem Zimmer. Und auch aus diesem Haus hinaus, ins Freie.

Sie schauen sich um und entdecken einen kleinen Weg.

Diesen Weg kennen Sie noch nicht.

Wie sieht er aus? Was sehen Sie links und rechts des Weges?

Sie folgen dem Weg …

gehen immer weiter auf Ihrem Weg und kommen zu einer Brücke.

Sie gehen über die Brücke und gelangen dort an einem Ort und zu einer Zeit ein Stück in der Zukunft:

einige Monate vielleicht sogar Jahre sind vergangen, Sie sind Ihrem Ruhestand nähergekommen oder bereits in Rente gegangen/pensioniert worden.

Vielleicht erst vor Kurzem, vielleicht schon seit einiger Zeit.

Vielleicht möchten Sie auch noch einmal ein paar Schritte zurückgehen, oder sich auf die Brücke begeben um diesen „Übergang" genauer zu betrachten.

Sie selbst wählen den Zeitpunkt, den Sie sich nun genauer „erträumen" wollen. Stellen Sie sich diese Zeit so konkret wie möglich vor.

Nehmen Sie sich ein wenig Zeit, um dort „anzukommen"…

Schauen Sie sich genau um:

Wie sieht es dort aus?

…

Wo sind Sie? Und mit wem?

…

Was hören Sie?

…

Was tun Sie?

Jetzt gerade? Was später?

Wie fühlt sich das an?
Worüber freuen Sie sich?
Was beschäftigt Sie?
Was genießen Sie?
Bleiben Sie noch einen Moment hier an diesem Ort, und nehmen Sie alle Eindrücke noch einmal ganz genau wahr …
Beenden Sie nun langsam Ihre Reise in die Zukunft.
Verabschieden Sie sich von dem, was Sie hier erlebt, gesehen und gehört haben … und halten Sie diese Gedanken auf Ihrem Bild, wie auf einer Postkarte, fest.
Kommen Sie nun über die Brücke zurück und entlang des Weges, den Sie gegangen sind …
er scheint kürzer als auf dem Weg hierher …
und kommen wieder in diesem Raum zurück. Zurück auf Ihrem Stuhl, auf dem Sie gerade sitzen.
Und wenn Sie bereit sind, dann öffnen Sie jetzt die Augen.

7.1.4 Instruktion Achtsames Hören (Baustein 4)

Instruktion:
Setzen Sie sich bequem hin. Atmen Sie einige Züge ganz bewusst ein und aus.
Konzentrieren Sie sich nun voll und ganz auf Ihr Gehör. Nehmen Sie sich dafür einen Moment lang Zeit, und kommen Sie im Hier und Jetzt an.
Schließen Sie die Augen. So ist es leichter, sich auf Ihr Gehör zu konzentrieren.
Richten Sie nun Ihre Aufmerksamkeit voll und ganz auf das, was Sie – neben meiner Stimme – hören. Sie hören vielleicht ganz entfernte Geräusche (z. B. draußen ein Flugzeug, ein Auto, einen Bus, Baustellenlärm [ggf. an Bedingungen anpassen] …) und ganz nahe Geräusche (z. B. Ihren eigenen Atem). Vielleicht hören Sie auch den Atem anderer Personen im Raum.
Versuchen Sie, jedes Geräusch ganz genau zu hören und im Geiste zu beschreiben (z. B. „das ist ein vorbeifahrendes Auto").
Vielleicht fällt Ihnen auch zunächst auf, dass es sehr ruhig ist.
Gehen Sie danach weiter zum nächsten Geräusch. Nehmen Sie auch dieses ganz genau und bewusst wahr. Versuchen Sie auch diesem Geräusch einen Namen zu geben. Schreiten Sie so die verschiedenen Geräusche, die Sie wahrnehmen können, ab.
Vielleicht verändert sich die Geräuschkulisse mit der Zeit. Nehmen Sie auch das ganz genau wahr.
Wenn Sie bemerken, dass Ihre Gedanken abschweifen oder andere Gedanken und Gefühle auftauchen, benennen Sie diese und lenken Sie Ihre Aufmerksamkeit einfach wieder auf die Geräusche um Sie herum.
Dieses Abschweifen ist ganz normal. Ärgern Sie sich nicht darüber, dass Ihre Aufmerksamkeit nicht 100 % bei Ihrem Gehör ist. Freuen Sie sich vielmehr, dass es Ihnen nicht entgangen ist, und hören Sie wieder genau hin!
Zum Abschluss atmen Sie noch ein oder zwei mal tief ein, und lauschen Sie dabei Ihrem Atem – dem Ein- und Ausatmen.

Beenden Sie die Übung, indem Sie Ihre Aufmerksamkeit von Ihrem Gehör auf Ihren ganzen Körper und auf den Raum, in dem Sie sitzen ausweiten. Wenn Sie soweit sind, öffnen Sie die Augen.

7.1.5 Instruktion Gedankenzug (Baustein 5)

Hintergrund/Einleitung (frei erläutern):

Bei der folgenden Atemübung sollen Sie sich ganz genau auf Ihren Atem und Ihre Empfindungen konzentrieren. Wie in den Übungen zuvor werden auch hier Ihre Gedanken ab und zu abschweifen. Nehmen Sie jeden Ihrer ablenkenden Gedanken ganz genau wahr und „lassen Sie ihn ziehen". Das heißt, registrieren Sie ihn zuerst, und geben Sie ihm einen Namen, um ihn dann wieder bewusst zu verabschieden. Stellen Sie sich dabei vor, Sie nehmen diesen Gedanken an die Hand und begleiten ihn in einen Zug. Der Gedanke steigt ein, der Zug fährt ab. Sie selbst bleiben am Gleis stehen und sehen ihm nach. Sollte der Gedanke trotzdem wiederkehren, ist das nicht schlimm. Begleiten Sie ihn geduldig noch einmal zum Zug und verabschieden Sie ihn erneut. Dies kann sich mehrmals wiederholen. Ziel der Übung ist es, jeden Gedanken wahrzunehmen und ziehen zu lassen, nicht, keine Gedanken zu haben.

Jetzt geht es los:

Lehnen Sie sich zurück und schließen Sie die Augen. Lenken Sie Ihre Aufmerksamkeit auf sich und auf Ihren Körper, was fühlen Sie gerade?

Nehmen Sie Ihren Körper einmal ganz genau von Kopf bis Fuß wahr. Spüren Sie, dass Sie hier und jetzt in diesem Raum sind. Fühlen Sie, wie Sie auf Ihrem Stuhl sitzen. Kommen Sie ganz „im Moment an"…

Gehen Sie nun zu Ihren Atem …

Fühlen Sie auch hier genau nach: Atmen Sie gerade durch die Nase oder durch den Mund? …

Wo genau können Sie den Luftzug Ihres Atems spüren? …

Beobachten Sie Ihren Körper beim Atmen – wie sich die Bauchdecke auf- und niederbewegt – im Rhythmus Ihrer Atmung …

Und sobald irgendein Gedanke Ihre Aufmerksamkeit ablenkt, begleiten Sie ihn zum Zug …

Stellen Sie sich alles genau vor: Den Bahnsteig, den haltenden Zug.

Die Ausfahrt des Zuges. Die Geräusche dabei, die langsam leiser werden, wenn der Zug sich entfernt. Schauen Sie ihm nach, wie er kleiner wird und warten Sie, bis er am Horizont verschwindet …

Danach kommen Sie wieder zu Ihrem Atem zurück.

[ca. 3–5 min]

(… Wenn Sie möchten, können Sie bei der Wahrnehmung Ihres Atems auch zu Zählen beginnen. Mit „1" beim Einatmen, „2" beim Ausatmen und „3" beim Einatmen …

Und wenn ein Gedanke kommt, setzen Sie ihn in den Zug … und kommen wieder zu Ihrem Atem zurück und beginnen erneut, den Atem zu verfolgen und ihn zu zählen …)

(Pause …)

Zum Abschluss atmen Sie noch ein oder zweimal tief ein und konzentrieren sich ganz auf Ihren Atem. Beenden Sie die Übung, indem Sie Ihre Aufmerksamkeit von Ihrem Körper auf den Raum ausweiten, in dem Sie sitzen. Wenn Sie soweit sind, öffnen Sie die Augen.

7.1.6 Instruktion Gedankenreise (Baustein 6)

Einleitung:

Im Folgenden möchte ich Sie gerne dazu einladen, die letzten Wochen des Coachings in einer Gedankenreise Revue passieren zu lassen.

Instruktion:

Setzen Sie sich bequem auf Ihren Stuhl und schließen Sie die Augen.

In Gedanken gehen Sie nun aus diesem Raum hinaus … Sie gehen den gleichen Weg, den Sie hierher gekommen sind, wieder zurück. Jetzt gehen Sie hinaus ins Freie. Die Sonne scheint, es ist angenehm war. Dort draußen schauen Sie um sich, und entdecken einen Weg … vielleicht kennen Sie diesen Weg schon, vielleicht ist er Ihnen auch ganz neu.

Gehen Sie nun auf diesen Weg. Schauen Sie sich wieder um: Links und rechts sehen Sie grüne Wiesen und neben dem Weg schlängelt sich ein kleiner Bach.

Genießen Sie die frische Luft und die Geräusche und Farben der Natur. Nehmen Sie die schöne Umgebung ganz genau wahr.

Und da; ein Stück den Weg entlang sehen Sie eine Bank. Sie gehen weiter und setzen sich auf diese Bank, um sich ein wenig auszuruhen, Kraft zu tanken.

Während Sie dort sitzen, schauen Sie auf den Weg zurück, den Sie hierhergekommen sind ….

Blicken Sie nun auch zurück auf die letzten sechs Wochen: Sie haben im Coaching viele Anregungen bekommen und zu vielen verschiedenen Themen Informationen und eigene Gedanken gesammelt…

Vielleicht haben Sie auch Neues über sich gelernt oder an sich entdeckt…

In der ersten Sitzung haben Sie sich mit Ihren Rollen beschäftigt, damit wie diese heute und in Zukunft sein werden und sein sollen…

Sie haben sich dann mit wichtigen Menschen in Ihrem Umfeld und mit Ihren persönlichen Stärken und Ressourcen auseinandergesetzt (Lobalbum)…

Beim dritten Treffen haben Sie in die Zukunft geblickt und sich persönliche Ziele für die nächste Zeit gesetzt und angefangen konkrete Pläne zu schmieden, wie Sie diese erreichen können…

In den letzten beiden Sitzungen ging es um Ihren bisherigen Umgang mit Übergängen oder schwierigen Situationen in Ihrem Leben, Ihre Strategien, und das Überwinden von Hindernissen und Stolpersteinen…

Wenn Sie an den Beginn des Coachings zurückdenken; wie fühlten Sie sich bei dem ersten Treffen? Wo standen Sie am Anfang des Coachings? [Pause]

Und wie ist das heute? Wo stehen Sie heute? Wie fühlen Sie sich? Und wie blicken Sie auf die gemeinsame Zeit des Coachings zurück? [Pause]

Wie schauen Sie in die Zukunft – den Weg entlang, der sich durch die Wiesen, durch Täler und über Berge hinwegschlängelt?

Mit diesen Gedanken im Gepäck wollen wir uns wieder auf den Rückweg machen. Nehmen Sie noch einmal die Aussicht an diesem schönen Ort war, atmen Sie noch einmal die frische Luft ein .... und genießen Sie es hier zu sein ...

Dann stehen Sie langsam auf und gehen den Weg zurück ... zu diesem Gebäude und hinein, in diesen Raum...

Wenn Sie bereit sind, dann öffnen Sie jetzt die Augen.

Serviceteil

Anhang – 161

Literatur – 163

N. Seiferling, A. Michel, *Zufrieden in den Ruhestand*, https://doi.org/10.1007/978-3-658-42728-3

Anhang

Materialien zum Coaching

Quelle: pixabay (https://pixabay.com/de/photos/br%c3%bccke-weg-park-holzbr%c3%bccke-pfad-3024773/)

Zufrieden in den Ruhestand

- das Coaching-Programm: Termine -

Datum	Titel & Inhalte
	Einführungsveranstaltung
	- Organisatorisches - Überblick über die Themen & Einstieg ins Thema
1.	**Blick in die Gegenwart und in die Zukunft**
	- Vorstellung übergreifender Modelle - Meine Rollen
2.	**Ressourcen – heute und in Zukunft**
	- Menschen und Beziehungen in meinem Leben - Ressourcen und Stärken
3.	**Träume realisieren – meine Ziele**
	- Den Ruhestand visualisieren und daraus Ziele ableiten
4.	**Strategien und Ressourcen für die Zukunft**
	- Umgang mit Übergängen und schwierigen Situationen - Mein Ressourcen- Portfolio
5.	**Auf den Weg machen – unterwegs sein**
	- Zielerreichung: Förderliche und hinderliche Bedingungen - Hilfreiche Ressourcen & Strategien
6.	**Eigenständig den Weg gehen**
	- Rückblick & Resümee - Ausblick & nächste Schritte - Rituale: Meinen Weg gestalten

§ Unsere Spielregeln §

-
-
-
-
-
-
-
-
-
-
-
-
-
-
-
-

Feedback

Regeln beim Feedback-Geben:

... wertschätzend formuliert sein.
... als ich-Botschaft formuliert sein (Feedback ist immer subjektiv).
... spezifisch sein (klar und genau formuliert).
... beschreibend konkret und umsetzbar sein (auf Verhalten bezogen; nicht bewertend oder interpretierend).
... nützlich sein.
... ausgewogen sein (**Positives** sowie **Negatives** hat seinen Platz; Prioritäten setzen).
... auf zukünftiges Verhalten blicken.

Regeln beim Feedback-Annehmen

Der/Die Feedback-Nehmer/in sollte ...

... den/die Feedback-Geber/in ausreden lassen.
... das Feedback zunächst nur annehmen und so stehen lassen (keine Erklärung/Rechtfertigung).
... sich Zeit nehmen, um über die Inhalte des Feedbacks nachzudenken und für sich zu bestimmen, was daraus mitgenommen werden kann.
... sich für das Feedback bedanken.

Blitzlicht

Während der Blitzlichtrunde äußern sich die Teilnehmer mit ein bis zwei Sätzen – nicht länger als eine Minute – zu einer vom Moderator oder von einer Moderatorin gestellten Frage.

- Wortbeiträge maximal 1 – 2 Sätze
- Informationen über eigene Person (persönliche Vorstellungen / Erwartungen/ Gefühle)
- Bezug auf Frage nehmen
- Während eines Redebeitrags sind die anderen Teilnehmer Zuhörer
- Äußerungen werden nicht kommentiert, kritisiert oder bewertet
- Jede/r darf eine Stellungnahme abgeben
- Niemand muss eine Stellungnahme abgeben

HAUS DES LEBENS

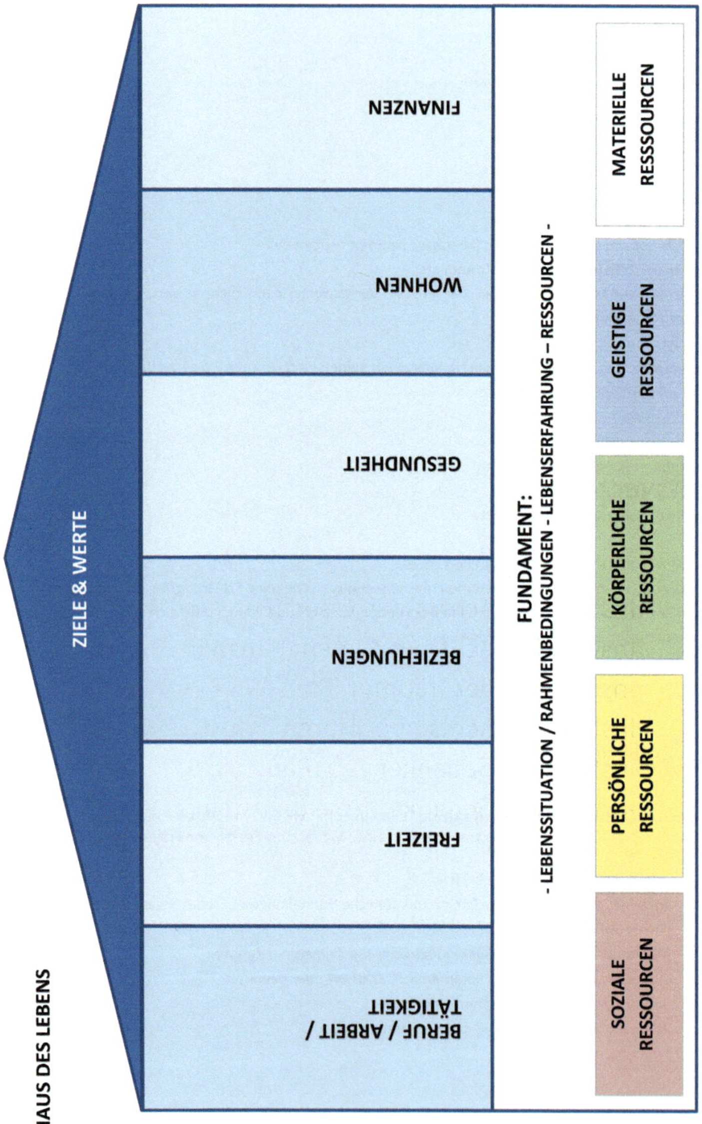

Meine derzeitigen Rollen

15'

Meine zukünftigen Rollen

15'

„Meine Rollen“ – Interview Leitfragen

1. **Was ist die größte Veränderung in Bezug auf Ihre neuen Rollen? Was ist daran positiv?**

2. **Was fehlt noch oder sollte noch passieren, damit Sie mit Ihren zukünftigen Rollen zufrieden sein können?**

3. **Haben Sie dazu schon konkrete Ideen?**

Stages of Change

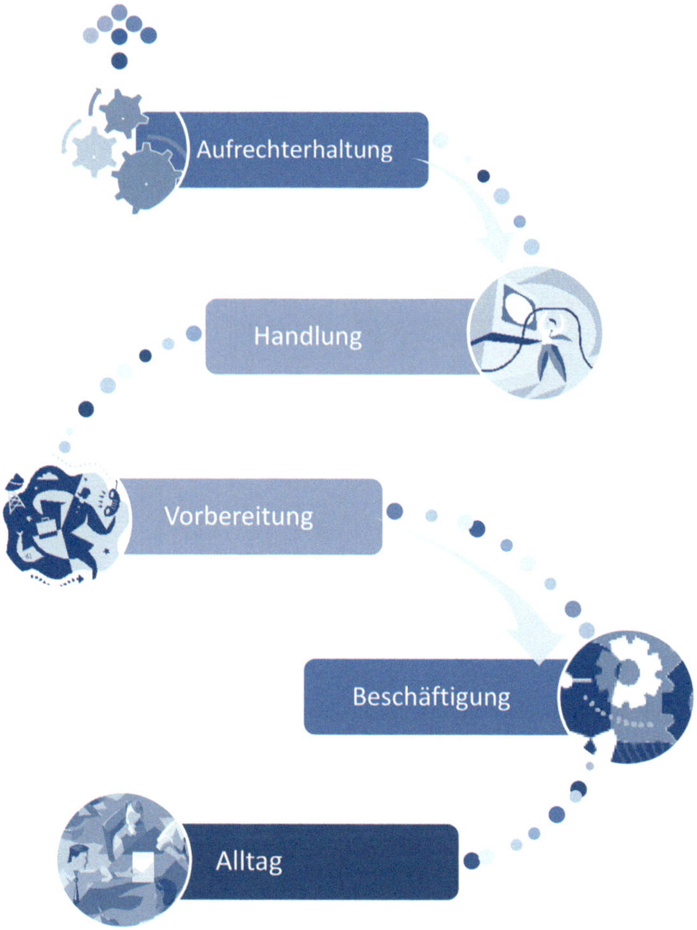

Was ist Achtsamkeit?

Der Begriff der Achtsamkeit lässt sich durch zwei Merkmale beschreiben. Sie beinhaltet zum einen die **Lenkung der eigenen Aufmerksamkeit** und zum anderen eine bestimmte **Orientierung,** die von Offenheit, Akzeptanz und Neugier geprägt ist.

Lenkung der Aufmerksamkeit:

Ein Aspekt der Achtsamkeit ist die **bewusste Lenkung der Aufmerksamkeit**. Das Üben von Achtsamkeit führt zu einem Bewusstsein für das, was gerade im **hier und jetzt** passiert. Die Aufmerksamkeit wird dabei immer wieder zurück gelenkt auf den Atem, den eigenen Körper und die eigenen Gedanken, die kommen und wieder gehen.

Orientierung:

Zusätzlich zur Lenkung der Aufmerksamkeit entsteht Achtsamkeit aus einer bestimmten Orientierung heraus. Achtsamkeit bedeutet **neugierig sein** auf die eigenen Gedanken, die während der Übung ins Bewusstsein gelangen und wieder gehen. Achtsamkeit bedeutet auch alle Gedanken zu **akzeptieren** und **offen zu sein** für alle Erfahrungen.

Achtsamkeit – Damals und Heute

Achtsamkeit zu üben ist seit Jahrtausenden Teil vieler spiritueller Wege, vor allem im **Buddhismus**.

Heute ist das Thema Achtsamkeit in der **Psychotherapie oder im Coaching** wieder hoch aktuell. Achtsamkeitsübungen werden zum Beispiel erfolgreich zur Stressreduzierung eingesetzt. Und auch in der **psychologischen Forschung** ist Achtsamkeit ein „boomendes" Thema mit Vielversprechenden Ergebnissen.

Wozu führt Achtsamkeit?

Achtsamkeit schafft Klarheit!

„Was machst du, um dich zu entspannen?", fragt der Schüler seinen Meister.
"Nichts", erwiderte der Meister.
"Wenn ich gehe, gehe ich, wenn ich esse, esse ich, und wenn ich schlafe, schlafe ich."
"Das tun doch alle", meinte der Schüler darauf.
"Eben nicht!", antwortete der Meister.
(Buddhistische Anekdote)

Achtsamkeit kann wie ein Mikroskop wirken: man kann damit etwas sehen, was mit bloßem Auge nicht wahrnehmbar ist. Im Coaching und bei Therapien kann Achtsamkeitstraining bei der „Erforschung der Innenwelt" helfen. Aber auch im Arbeitsalltag kann ein kurzes Verweilen und Öffnen dazu führen, dass ich die Dinge, die mir zuvor im Kopf herumgeisterten wieder klarer sehen kann.

Achtsamkeit bringt Ruhe und Gelassenheit!

Wenn Sie während dem Tag gelegentlich innehalten werden Sie feststellen, dass es zunehmend leichter wird einmal auszusteigen aus dem täglichen Hamsterrad.

Achtsamkeit macht gesund!

Studien zeigen, dass Achtsamkeits-übungen dabei helfen, Stress abzubauen, Burnout zu verhindern, Angst und Depressionen zu mindern und Krankheiten wie Krebs besser zu bewältigen.

Achtsamkeit macht offen für positive Erlebnisse!

Statistisch gesehen erlebt jeder Mensch mehr positive Erlebnisse als negative. Wenn Sie Achtsamkeit üben, werden Sie also auch mehr Positives wahrnehmen. Menschen, die sehr achtsam sind, haben deswegen mehr positive Gefühle und sind offener für positive Erfahrungen.

Achtsamkeit im Arbeitsalltag

Achtsamkeit lässt sich ohne große Schwierigkeiten in den Arbeitsalltag integrieren. Gerade in stressigen Phasen des Tages kann eine Achtsamkeitsübung Ihnen helfen, wieder einen **klaren Kopf** zu bekommen.

Sie versuchen einmal auf dem Weg zur Arbeit oder beim Spaziergang in Ihrer Mittagspause nicht an Ihre „To do"- Liste zu denken. Sie nehmen einmal die Farbe der Blätter an den Bäumen und der Blumen wahr. Sie öffnen sich für die Geräusche der Vögel, den Geruch von feuchtem Gras, dem Gefühl der kühlen Morgenluft in Ihrem Gesicht oder dem Boden unter Ihren Füßen. Sie beobachten dabei Ihren Atem, der ein- und ausströmt.

Das Beispiel mit dem achtsamen Spaziergang sollte Ihnen zeigen, wie einfach kurze Achtsamkeitsmomente und Übungen sich in den Arbeitsalltag integrieren lassen. Schon wenn Sie nur **5 Minuten täglich** dafür nutzen, können Sie Ihre Achtsamkeit trainieren.

Wichtig ist allerdings, dass Achtsamkeitsübungen nicht einfach nebenbei durchgeführt werden sollen. Es reicht also nicht zum Beispiel morgens im Auto eine CD mit Achtsamkeitsübungen einzulegen. Sie sollten sich **bewusst auf die Übung konzentrieren** können.

Wichtige Menschen in meinem Leben - *heute*

Legende:

Linien: **Länge (Entfernung): wie nahe steht Ihnen die Person?**
Struktur: ________: häufiger Kontakt
_ _ _ _ _ _ : weniger häufiger Kontakt

Symbole: z.B. ↯ : Schwierigkeiten
♥ : Partner/in

Wichtige Menschen in meinem Leben - *heute*

Legende:

Linien: **Länge (Entfernung): wie nahe steht Ihnen die Person?**
Struktur: ________: häufiger Kontakt
_ _ _ _ _ _ : weniger häufiger Kontakt

Symbole: z.B. ϟ : Schwierigkeiten
♥ : Partner/in

„Wichtige Menschen in meinem Leben"

- Leitfragen -

1. Welche Personen in Ihrem Leben sind für Sie aus welchem Grund jetzt und auch zukünftig wichtig?
   Auf wen können Sie sich verlassen, wer unterstützt Sie?

2. Welche positiven Veränderungen wird es durch Ihre Verrentung ergeben?
   Welche Kontakte möchten Sie beibehalten?
   Welche Kontakte möchten Sie ausbauen? Warum?

3. Was können Sie zukünftig tun, um bestehende „gute" Kontakte zu pflegen und um „gewünschte" Kontakte zu intensivieren?

15'

Mein Lobalbum

Lob	Wer	Wofür	Begründung	Stärke

15'

Mein Lobalbum

Lob	*Wer*	*Wofür*	*Begründung*	*Stärke*

„Mein Lobalbum" - Leitfragen

1. Welche positiven Stärken, Eigenschaften und Kompetenzen fielen Ihnen auf? Wodurch?

2. Wie können Sie Ihre Eigenschaften, Stärken und Kompetenzen optimal nutzen? Heute und in Zukunft?

3. Welche Stärken, Kompetenzen und Eigenschaften stehen (noch) nicht in Ihrem Album?

Die Walt-Disney-Strategie

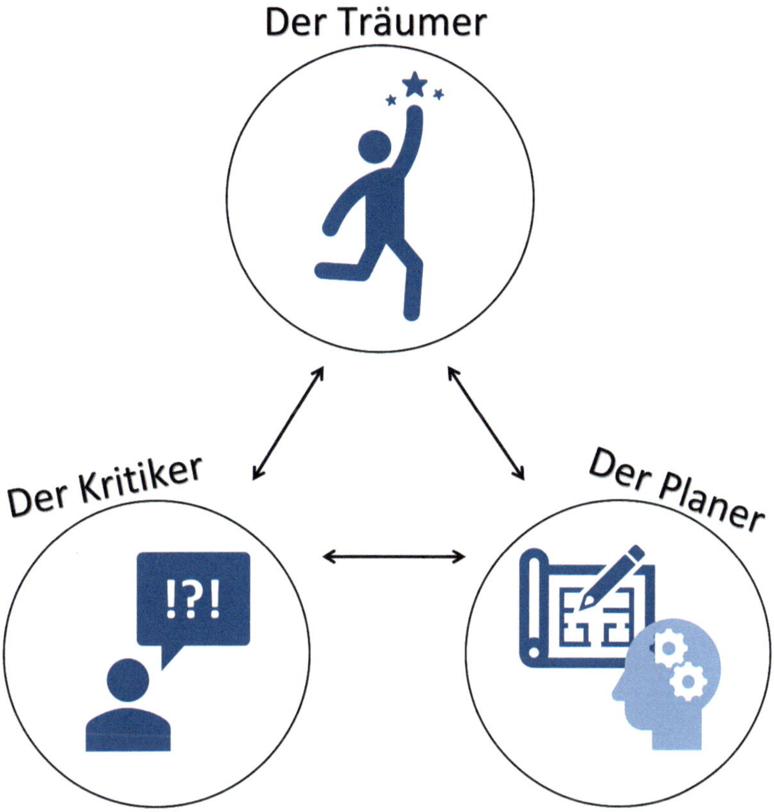

Die Walt-Disney-Strategie

- Der Träumer -

Mein Traum/meine Vision:

Beschreiben Sie Ihren Traum oder Ihre Vision von eben in einigen Stichworten. Sie können auch Symbole nutzen.

Was war das Besondere an Ihrer Vision?

Die Walt-Disney-Strategie

- Der Träumer: Leitfragen -

Bitte notieren Sie während des Gesprächs Stärken oder Ressourcen, die Ihnen im Traum/ in der Vision Ihres Gegenübers auffallen:

1. **Was hat Sie spontan an dem Bild angesprochen, das Sie ausgewählt haben?**

2. **Beschreiben Sie Ihren Traum oder Ihre Vision. Wie war das?**
   Was haben Sie gesehen, gehört und gespürt?

3. **Was war das Besondere an Ihrem „Traum"?**
   Was war positiv? Was hat Sie überrascht?

4. **Wenn Sie Ihren Traum noch „weiterspinnen" könnten, wie würde das aussehen?**

Walt-Disney-Strategie

- Der Planer 1 -

Mein/e Traum/ Vision:

Ein Ziel sollte immer „SMART“ formuliert sein, damit es messbar und überprüfbar wird.

„SMART“ sind Ziele immer dann, wenn sie diese 5 Bedingungen erfüllen:

Spezifisch	Ziele sollen eindeutig und so präzise wie möglich definiert sein
Messbar	Ziele müssen messbar sein
Attraktiv	Ziele müssen positiv und aktiv formuliert sein
Realistisch	Ziele müssen machbar sein und aktiv beeinflusst werden können
Terminiert	Ein konkreter Zeitpunkt soll definiert werden zu dem das Ziel erreicht werden soll

SMARTe Formulierung:

____

____

____

____

Die Walt-Disney-Strategie

- Der Kritiker: Reflexion -

Sie können diese Reflexion (zunächst) allein oder zu zweit durchführen!

1. **Was ist Ihr SMART- Ziel?**
   Passt dieses SMART – Ziel zu Ihrem Traum / Ihrer Vision?

2. **Überprüfen Sie, ob diese den SMART-Kriterien entsprechen.**

   - ☐ **Spezifisch** (präzise formuliert, eindeutig: mehr Sport)
   - ☐ **Messbar** (damit Fortschritte feststellbar sind)
   - ☐ **Attraktiv** (positiv und aktiv formuliert)
   - ☐ **Realistisch** (machbar, aktiv beeinflussbar)
   - ☐ **Terminiert** (Zeitpunkt/-raum)

3. **Können Sie diesen Plan noch optimieren? Wie?**

10'

Walt- Disney – Strategie

- Der Planer 2 -

Skalierung des Ziels

Überlegen Sie sich wo sie sich heute auf der Skala von 1 – 10 in Bezug auf Ihre Zielerreichung sehen. Was genau ist der Stand der Dinge?
Die 10 auf der Zielerreichungsskala steht für „Ich habe mein Ziel erreicht". Beschreiben Sie wie die Nummer 10 für Sie aussieht!
Woran werden Sie merken, dass Sie Ihr Ziel erreicht haben?

Heute

____

____

____

____

____

Mein Smartes Ziel ist erreicht, wenn:

____

____

____

____

____

Meine Lebenslinie

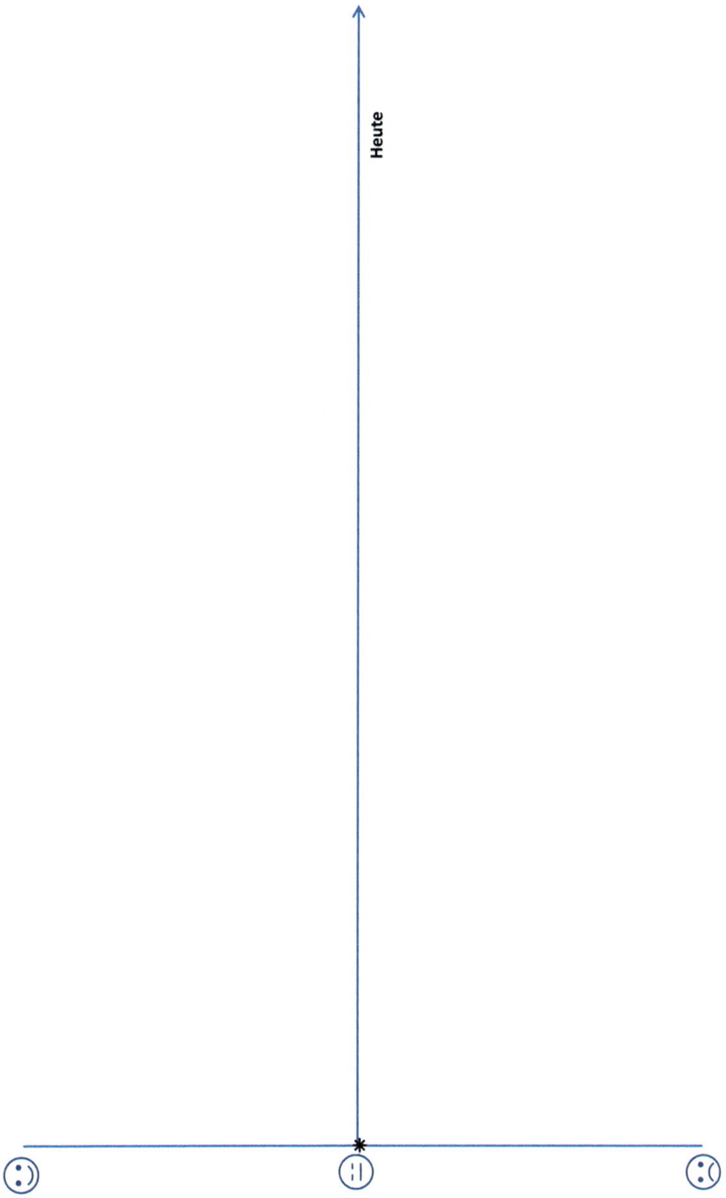

Meine Lebenslinie

– Reflexion –

Hier finden Sie Platz, während der Reflexion Stärken und Ressourcen zu notieren, die Ihnen in den Sinn kommen.

1. **Gibt es etwas, das Ihnen beim Umgang / bei der Meisterung von Übergangssituationen besonders geholfen hat?**

2. **Wenn Sie auf die verschiedenen Übergänge in Ihrer Lebenslinie schauen – Welche grundsätzlichen Fähigkeiten (Ressourcen) tauchen immer wieder auf?**
   - **Welche sind besonders gut?**
   - **Welche könnten Sie noch mehr nutzen?**

3. **Welche Strategien könnten auch jetzt von Vorteil sein? Wie / Wo können Sie diese einsetzen?!**

SOK

Selektion – Optimierung – Kompensation

Zentrale Annahme:
Menschliche Ressourcen sind begrenzt – Strategien helfen, Sie optimal einzusetzen und zu stärken.

Selektion:

➔ Entwicklung, Auswahl und Priorisierung von Zielen
- *Z.B. durch:*
    - *Schwerpunkte setzen: was ist wichtig, was geht vor?*
    - *Konzentration auf einen/wenige Punkte*
    - *Zeitplanung: wann werde ich was tun?*

Optimierung:

➔ Zielverfolgung (bei vorhandenen Ressourcen)
- *Erwerb/Übung/Perfektionierung neuer Fertigkeiten/ Fähigkeiten/ Ressourcen. Z.B. durch:*
    - *verstärkte Beschäftigung mit Inhalten/Strategien;*
    - *Investition von Zeit und Anstrengung;*
    - *Fokussierung auf Zielverfolgung*

Kompensation:

➔ **Zielverfolgung** bei **drohenden oder tatsächlichen Verlusten** von Ressourcen (z.B. durch Veränderung, Krankheit, etc.)
- *Kompensation ist notwendig, um ursprüngliches Ziel beibehalten zu können. Z.B. durch:*
    - *Ausgleich durch den Einsatz oder die Verstärkung anderer Ressourcen*
    - *Unterstützung durch andere Personen*
    - *„Planänderungen"*

SOK: Selektion – Optimierung - Kompensation

– Reflexion –

Hier finden Sie Platz, um Stärken oder Ressourcen einzutragen, die Ihnen bei der Reflexion auffallen.

Im Hinblick auf Ihre Lebenslinie:

1. **Erkennen Sie Situationen, in denen Sie die eben angesprochenen Strategien eingesetzt haben?**
   Wo zum Beispiel? Mit welchem Erfolg?

Wenn Sie in die Zukunft blicken:

2. **Wo können für Sie SOK-Strategien für Ihre Gestaltung des Übergangs in den Ruhestand hilfreich sein? Welche SOK – Strategien möchten Sie einsetzen?**

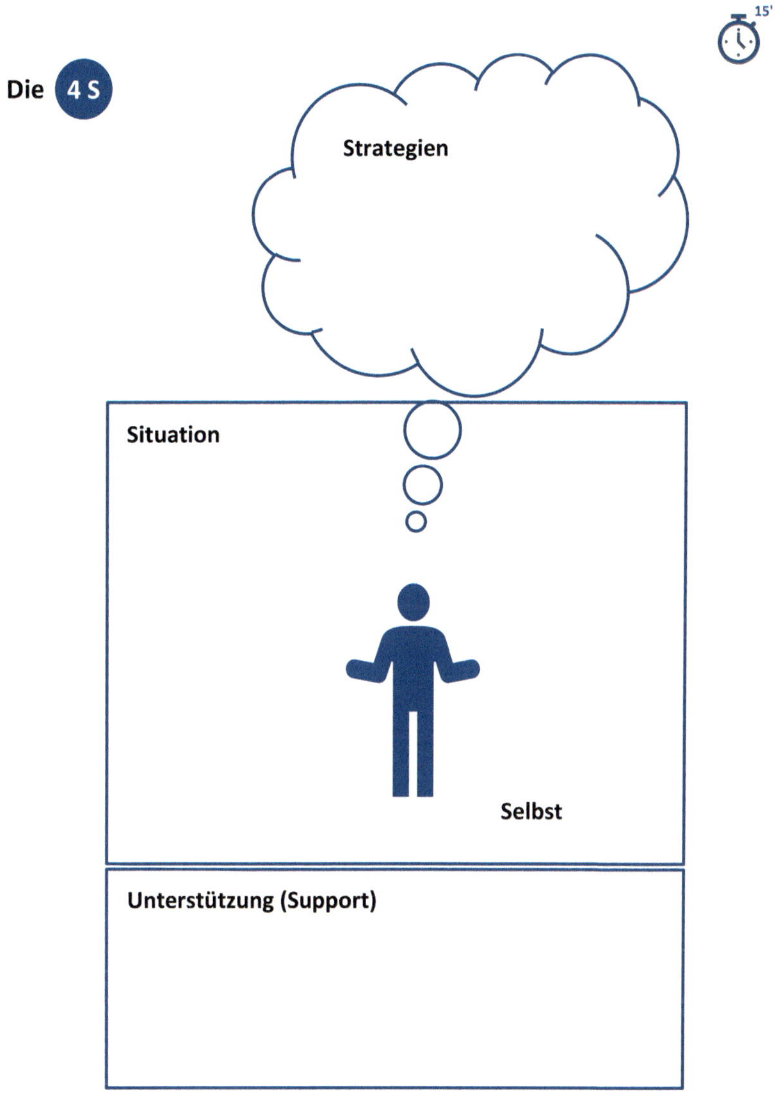
15'
Die 4 S
Strategien
Situation
Selbst
Unterstützung (Support)

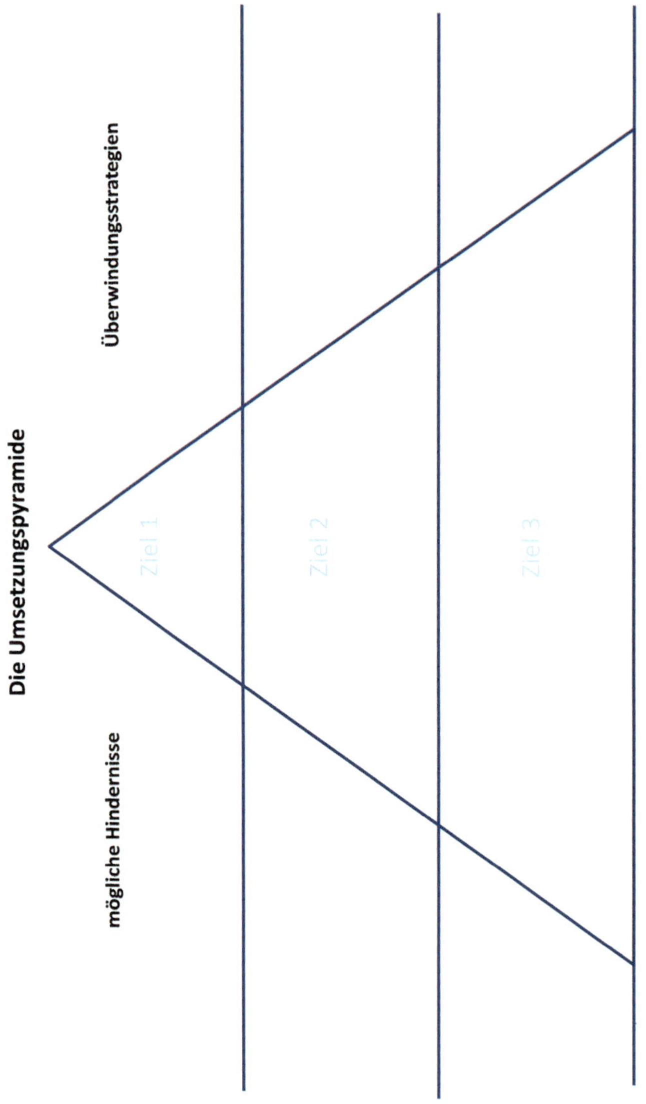
Die Umsetzungspyramide
mögliche Hindernisse
Überwindungsstrategien
Ziel 1
Ziel 2
Ziel 3

Die Umsetzungspyramide

– *Leitfragen* –

Bitte notieren Sie während des Gesprächs Stärken oder Ressourcen Ihres Gesprächspartners, die Ihnen auffallen.

1. **Welchen Hindernissen könnten Sie evtl. bei der Erreichung Ihrer Ziele begegnen und welche Strategien zum Umgang haben Sie dafür? (fallen Ihnen im gemeinsamen Gespräch weitere Möglichkeiten ein?)**

2. **Wo werden Sie bei der Überwindung eines Hindernisses persönliche Ressourcen oder Stärken einsetzen? Werden Sie vielleicht auch SOK-Strategien nutzen?**

Mein Ressourcenportfolio

– Reflexion –

Bitte betrachten Sie Ihr persönliches Ressourcenportfolio

1. Wie hat sich Ihr Ressourcenportfolio in den letzten 4 Wochen verändert?

2. Gibt es Ressourcen, die Sie noch benötigen?
- **(z.B. um ein „gut sortiertes" Ressourcenportfolio zu haben, oder um Ihre Ziele zu erreichen?)**

3. Welche Ressourcen können Sie gut nutzen? Heute – und in Zukunft?
- **Welche Ressourcen nutzen Sie bisher nicht ausreichend?**
  → Wie können Sie das ändern?
- **Welche Ressourcen setzen Sie häufig und erfolgreich ein?**
  → Können Sie das noch optimieren? – Wie?

Brief an mich selbst

Instruktion:

Schreiben Sie einen Brief an sich selbst.

Bitte schreiben Sie diesen Brief aus Sicht eines „wohlwollenden Begleiters“, d.h. aus Sicht einer Person, die Sie sehr gut kennt, die Sie gern hat, und Sie unterstützt:

- **Was möchte Ihr „wohlwollender Begleiter“ Ihnen mitteilen?**
- **Schreiben Sie auf, was Ihnen bisher gut gelungen ist.**
  - **Was haben Sie gut gemeistert / gut hinbekommen?**
  - **Worauf können Sie stolz sein?**
- **Nennen Sie dabei Ihre Stärken und konkrete Beispiele.**
  - **Wo setzten und setzen Sie diese Stärken gut ein?**
  - **Was werden Sie auch in Zukunft mit Hilfe dieser Ressourcen meistern?**
- **Was möchten der „wohlwollende Begleiter“ Ihnen noch mitgeben?**

Die Insel Übung

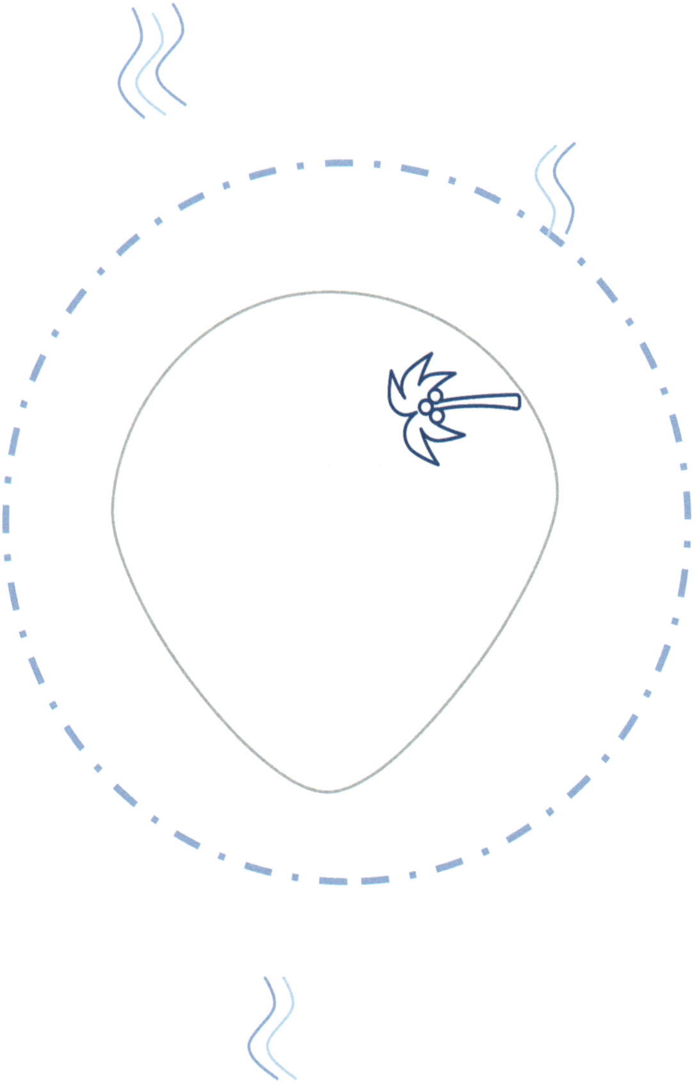

Zufrieden in den Ruhestand - Meine Ziele

– Reflexion –

Wenn Sie Ihr persönliches Coaching-Ziel (SMART-Ziel) und Ihre Zielerreichungs-Skala betrachten:

1. Wo sehen Sie sich im Moment im Hinblick auf das Stages of Change Modell?

2. Auf welcher Stufe der Zielerreichungsskala würden Sie sich heute sehen?

1 › 2 › 3 › 4 › 5 › 6 › 7 › 8 › 9 › 10

- **Welche Schritte haben Sie seit Beginn des Coachings gemacht?**
- **Was waren die wichtigsten?**

3. Was haben Sie bisher erreicht?

15'

Zufrieden in den Ruhestand - Meine nächsten Schritte

Schritt 5:

Bis:

Schritt 4:

Bis:

Schritt 3:

Bis:

Schritt 2:

Bis:

Schritt 1:

Bis:

Erfolge feiern - Wie belohne ich mich?

Übergänge & Rituale

Übergänge lassen sich in drei Phasen gliedern.

Veranschaulicht anhand der Brücken-Metapher bedeutet dies: Die linke Uferseite repräsentiert die aktuelle (oder gerade vergangene, „alte“) Lebensphase bzw. Identität, die rechte steht für die neue, zukünftige Lebensphase. Dazwischen befindet sich die Übergangsphase (neutrale Phase), die mit Veränderungen und Lernprozessen, zeitweise aber vielleicht auch mit Ungewissheit, Unsicherheit oder auch Unklarheiten einhergeht.

Gerade in Übergangssituationen haben Rituale (oder auch Zeremonien) eine wichtige Bedeutung.

Sie können dabei an unterschiedlichen Stellen des Übergangsprozesses (bildlich: auf der Brücke) eingesetzt werden (z.B. im Sinne von Würdigung, Verabschiedung, Veränderung, Erprobung, Ankommen, Begrüßung etc.).

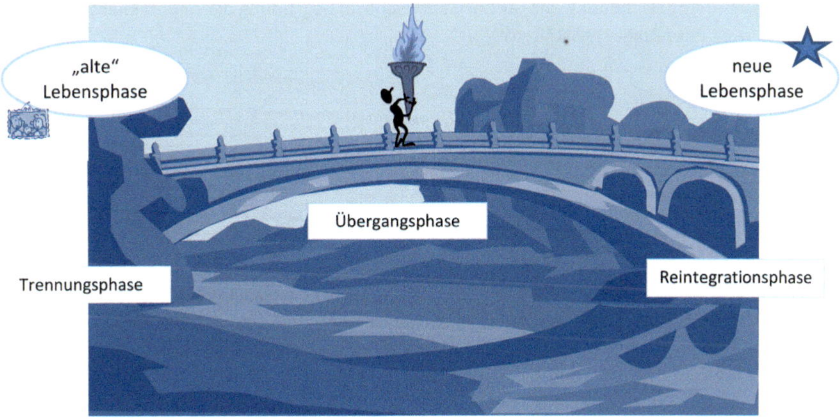

Rituale

– Reflexion –

1. Welche positiven Erfahrungen haben Sie in bisherigen Übergangssituationen mit Ritualen (persönlichen Zeremonien / „Markierungen“, Symbolen o. ä.) gesammelt?

2. Können Sie sich ein (oder mehrere) persönliche „Rituale“ für Ihren Übergang in den Ruhestand vorstellen?
   - Wie könnte das aussehen? Wie können Sie dieses Ritual ((egal ob Verabschiedung der „alten“ Lebensphase, Begrüßung der neuen Phase oder Beides) gestalten?

3. Wenn Sie an die nächste Zeit und Ihren bevorstehenden Übergang in den Ruhestand denken, fällt Ihnen ein dazu passendes Bild oder Symbol ein?

Anhang

Arbeitsblätter und Informationsblätter zum Ausdrucken und Verteilen an die Teilnehmenden

Dieser Anhang enthält die Arbeitsblätter (ABs) und Informationsblätter (IBs), die für die Durchführung des Coachings verwendet werden können. Diese finden Sie auch in den elektronischen Zusatzmaterialien im druckfähigen pdf-Format. Drucken Sie diese für alle Teilnehmenden einmal aus. Alle Arbeitsblätter werden im DIN A4-Format benötigt. Mit Ausnahme von AB 23 und AB 32, diese werden – wenn möglich – im DIN A3-Format erstellt.

Übersicht der Arbeits- und Informationsblätter

(Die Nummerierung entspricht den Seitenzahlen der Arbeits- und Informationsblätter im Anhang)

- IB 1: „Übersicht Coaching Termine“
- AB 2: „Spielregeln“
- IB 3: „Feedback & Blitzlicht
- AB 4: „Haus des Lebens“
- AB 5: „Meine Rollen – heute“
- AB 6: „Meine Rollen – in Zukunft“
- AB 7: „Meine Rollen – Leitfragen“
- AB 8: „Stages of Change“
- IB 9/10: „Achtsamkeit“
- IB 9/10: „Achtsamkeit“
- AB 11: „Menschen in meinem Leben heute“
- AB 12: „Menschen in meinem Leben in Zukunft“
- AB 13: „Menschen in meinem Leben – Leitfragen“
- AB 14/15 „Lobalbum“ (2x pro Person)
- AB 14/15 „Lobalbum“ (2x pro Person)
- AB 16: „Lobalbum – Leitfragen“
- AB 17: „Walt-Disney-Strategie“
- AB 18: „Träumer“

AB 19: „Träumer Leitfragen“
AB 20: „Planer 1“ (SMART)
AB 21: „Kritiker – Reflexion“
AB 22: „Planer 2“ (Skalierung des Ziels)
AB 23: „Lebenslinie“
(DIN A3-Ausdruck)
AB 24: „Lebenslinie Reflexion“
IB 25: „SOK – Selektion, Optimierung, Kompensation“
AB 26: „SOK – Reflexion“
AB 27: „Die 4 S“
AB 28: „Umsetzungspyramide“
AB 29: „Umsetzungspyramide – Leitfragen“
AB 30: „Mein Ressourcenportfolio – Reflexion“
AB 31: „Brief an mich selbst“
AB 32: „Insel-Übung“
(DIN A3-Ausdruck)
AB 33: „Meine Ziele – Reflexion“
AB 34: „Meine nächsten Schritte“
IB 35: „Übergänge und Rituale“
AB 36 „Rituale – Reflexion“

Literatur

Adams, G. A., & Beehr, T. A. (1998). Turnover and retirement: A comparison of their similarities and differences. *Personnel Psychology, 51*(3), 643–665.

Althammer, S. E., Reis, D., van der Beek, S., Beck, L., & Michel, A. (2021). A mindfulness intervention promoting work–life balance: How segmentation preference affects changes in detachment, well-being, and work–life balance. *Journal of Occupational and organizational Psychology.* https://doi.org/10.1111/joop.12346

Anderson, M. L., Goodman, J., & Schlossberg, N. K. (2012). *Counseling adults in transition: Linking Schlossberg's theory with practice in a diverse world* (4. Aufl.). Springer.

Ashforth, B. E. (2001). *Role transitions in organizational life: An identity-based perspective*. Lawrence Erlbaum Associates Publishers.

Atchley, R. C. (1989). A continuity theory of normal aging. *The Gerontologist, 29*(2), 183–190. https://doi.org/10.1093/geront/29.2.183

Atchley, R. C. (1999). Continuity theory, self, and social structure. In C. D. Ryff & V. W. Marshall (Hrsg.), *Families and retirement* (S. 145–158). Sage.

Atchley, R. C. (2003). Why most people cope well with retirement. In J. L. Ronch & J. A. Goldfield (Hrsg.), *Mental wellness in aging: Strengths-based approaches* (S. 123–138). Health Professions Press.

Baer, R. A. (2003). Mindfulness training as a clinical intervention: A conceptual and empirical review. *Clinical Psychology: Science and Practice, 10*, 125–143. https://doi.org/10.1093/clipsy/bpg015

Baltes, P. B., & Baltes, M. M. (1989). Erfolgreiches Altern: Mehr Jahre und mehr Leben. In M. M. Baltes, M. Kohli, & K. Sames (Hrsg.), *Erfolgreiches Altern: Bedingungen und Variationen* (S. 5–10). Huber. isbn:978-3-456-81841-2.

Baltes, P. B., & Baltes, M. M. (1990). Psychological perspectives on successful aging: The model of selective optimization with compensation. In P. B. Baltes & M. M. Baltes (Hrsg.), *Successful aging: Perspectives from the behavioral sciences* (S. 1–34). Cambridge University Press. isbn:978-0-521-43582-6.

Baltes, B. B., & Rudolph, C. W. (2013). The theory of selection, optimization, and compensation. In M. Wang (Hrsg.), *The Oxford handbook of retirement* (S. 89–101). Oxford University Press.

Bandura, A. (1994). Self-efficacy. In V. S. Ramachaudran (Hrsg.), *Encyclopedia of human behavior* (Bd. 4, S. 71–81). Academic Press.

Barbosa, L. M., Monteiro, B., & Murta, S. G. (2016). Retirement adjustment predictors – A systematic review. *Work, Aging and Retirement, 2*(2), 262–280. https://doi.org/10.1093/workar/waw008

Beehr, T. A., Glazer, S., Nielson, N. L., & Farmer, S. J. (2000). Work and nonwork predictors of employees' retirement ages. *Journal of Vocational Behavior, 57*(2), 206–225. https://doi.org/10.1006/jvbe.1999.1736

Beehr, T. A., & Bowling, N. A. (2013). Variations on a retirement theme: Conceptual and operational definitions of retirement. In M. Wang & M. Wang (Eds.), The Oxford handbook of retirement. (pp. 42–55). New York, NY, US: Oxford University Press.

Behncke, S. (2012). Does retirement trigger ill health? *Health Economics, 21*(3), 282–300. https://doi.org/10.1002/hec.1712

Bender, K. A. (2012). An analysis of well-being in retirement: The role of pensions, health, and 'voluntariness' of retirement. *The Journal of Socio-Economics, 41*(4), 424–433. https://doi.org/10.1016/j.socec.2011.05.010

Bishop, S. R., Lau, M., Shapiro, S., Carlson, L., Anderson, N. D., Carmody, J., et al. (2004). Mindfulness: A proposed operational definition. *Clinical Psychology: Science and Practice, 11*, 230–241.

Bonsang, E., Adam, S., & Perelman, S. (2012). Does retirement affect cognitive functioning? *Journal of Health Economics, 31*(3), 490–501. https://doi.org/10.1016/j.jhealeco.2012.03.005

Boot, W. R., Simons, D. J., Stothart, C., & Stutts, C. (2013). *The pervasive problem with placebos in psychology: Why active control groups are not sufficient to rule out placebo effects*. SAGE Publications Ltd.

Bosch, C., & Michel, A. (2016). Achtsamkeit und Coaching. In I. S. Greif, H. Möller, & W. Scholl (Hrsg.), *Handbuch Schlüsselkonzepte im Coaching*. Springer. https://doi.org/10.1007/978-3-662--45119-9_2-1

Bosch, C., & Michel, A. (2022). Mindfulness in coaching. In S. Greif, H. Möller, W. Scholl, J. Passmore, & F. Müller (Hrsg.), *International handbook of evidence-based coaching*. Springer International Publishing.

Bridges, W. (2009). *Managing transitions: Making the most of change* (2. Aufl.). DeCapo Press.

Briner, R. B., & Walshe, N. D. (2015). An evidence-based approach to improving the quality of resource-oriented well-being interventions at work. *Journal of Occupational and Organizational Psychology, 88*(3), 563–586. https://doi.org/10.1111/joop.12133

Brislin, R. W. (2000). Back-translation. In A. E. Kazdin (Ed.), Encyclopedia of psychology, Vol. 1. (Vol. 1, pp. 359–360). Washington, DC and New York: American Psychological Association and Oxford University Press.

Brussig, M. (2015). *Altersübergangs-Report 2015–01*. Institut für Arbeit und Qualifikation der Universität Duisburg-Essen.

Cavanagh, M. J., & Spence, G. B. (2013). Mindfulness in coaching. In J. Passmore, D. Peterson, & T. Freire (Eds.), *The Wiley-Blackwell handbook of the psychology of coaching and mentoring* (pp. 112–134). Malden, MA: John Wiley & Sons, Ltd.

Cepeda, N. J., Pashler, H., Vul, E., Wixted, J. T., & Rohrer, D. (2006). Distributed practice in verbal recall tasks: A review and quantitative synthesis. Psychological Bulletin, 132(3), 354–380. https://doi.org/10.1037/0033-2909.132.3.354

Clemens, W. (2012). Vorbereitung auf und Umgang mit Pensionierung. In H.-W. Wahl, C. Tesch-Römer, & J. P. Ziegelmann (Hrsg.), *Angewandte Gerontologie* (S. 218–223). Kohlhammer.

Coe, N. B., & Zamarro, G. (2011). Retirement effects on health in Europe. *Journal of Health Economics, 30*(1), 77–86.

Comish, S. E. (1996). Changing images of self: The efficacy of retirement preparation programmes for women [ProQuest Information & Learning]. *Dissertation Abstracts International: Section B: The Sciences and Engineering, 56*(8–B), 4575. Retrieved April 18, 2023 from http://www.redi-bw.de/db/ebsco.php/search.ebscohost.com/login.aspx%3fdirect%3dtrue%26db%3dpsyh%26AN%3d1996--95003-004%26site%3dehost-live

Costa, P. T., & McCrae, R. R. (1992). Revised NEO-Personality Inventory (NEO-PI-R) and NEO-Five-Factor Inventory (NEO-FFI) professional manual. Odessa, FL.: Psychological Assessment Resources.

Curl, A. L., & Ingram, J. G. (2013). Anticipatory socialization for retirement: A multilevel dyadic model. *Clinical Gerontologist: The Journal of Aging and Mental Health, 36*(4), 375–393. https://doi.org/10.1080/07317115.2013.788117

Dave, D., Rashad, I., & Spasojevic, J. (2008). The Effects of Retirement on Physical and Mental Health Outcomes. *Southern Economic Journal, 75*(2), 497–523.

Davies, E., & Cartwright, S. (2011). Psychological and psychosocial predictors of attitudes to working past normal retirement age. Employee Relations, 33(3), 249–268. https://doi.org/10.1108/01425451111121768

Dilts, R. B., Epstein, T., & Dilts, R. W. (1994). *Know-how für Träumer. Strategien der Kreativität – NLP & Modelling – Struktur und Innovation*. Junfermann.

Donovan, J. J., & Radosevich, D. J. (1999). A Meta-Analytic Review of the Distribution of Practice Effect. Journal of Applied Psychology, 84 (5), 795–805. https://doi.org/10.1037/0021-9010.84.5.795

Doran, G. T. (1981). There's a S.M.A.R.T. way to write managements's goals and objectives. *Management Review, 70*(11), 35.

Dörhöfer, P. (2017, 30. Juni). „Ältere Menschen sind so fit wie noch nie". Alternsforscher Hans-Werner Wahl über die Chancen des Lebens jenseits der 65, falsche Klischees, die Notwendigkeit des Umdenkens und die allerletzten Jahre vor dem Tod. *Frankfurter Rundschau online.* http://www.fr.de/wissen/alternsforscher-hans-werner-wahl-aeltere-menschen-sind-so-fit-wie-noch-nie-a-1305182. Zugegriffen am 17.04.2018.

Earl, J. K., Bednall, T. C., & Muratore, A. M. (2015). A matter of time: Why some people plan for retirement and others do not. *Work, Aging and Retirement, 1*(2), 181–189. https://doi.org/10.1093/workar/wau005

Elder, G. H., Jr. (1995). The life course paradigm: Social change and individual development. In P. Moen, G. H. Elder Jr., & K. Lüscher (Hrsg.), *Examining lives in context: Perspectives on the ecology of human development* (S. 101–139). American Psychological Association.

Elder, H. W., & Rudolph, P. M. (1999). Does retirement planning affect the level of retirement satisfaction? Financial Services Review, 8, 117–127.

Elliott, S. A., & Brown, J. S. L. (2002). What are we doing to waiting list controls? *Behaviour Research and Therapy, 40*(9), 1047–1052. https://doi.org/10.1016/S0005-7967(01)00082-1
Eurostat. (2017). *Regional yearbook – Edition 2017*. European Union. https://doi.org/10.2785/257716. http://ec.europa.eu/eurostat/en/web/products-statistical-books/-/KS-HA-17-001). Zugegriffen am 11.02.2018.
Eurostat. (2022). *Key figures on Europe. 2022 edition*. Publications Office of the European Union. https://doi.org/10.2785/851035. https://ec.europa.eu/eurostat/documents/3217494/14871939/KS--EI-22-001-EN-N.pdf/9ad193b2-fb0e-7ef3-2200-053f845df1be?t=1657630160989. Zugegriffen am 31.08.2022.
Evers, A., & Sieverding, M. (2015). Academic career intention beyond the PhD: can the theory of planned behavior explain gender differences? Journal of Applied Social Psychology, 45 (3), 158–172.
Fehr, R. (2012). Is retirement always stressful? The potential impact of creativity. *American Psychologist, 67*(1), 76–77. https://doi.org/10.1037/a0026574
Feldman, D. C. (1994). The decision to retire early: A review and conceptualization. *The Academy of Management Review, 19*(2), 285–311. https://doi.org/10.2307/258706
Fischer-Epe, M., & Epe, C. (2012). *Selbstcoaching: Hintergrundwissen, Anregungen und Übungen zur persönlichen Entwicklung*. Rowohlt.
Fletcher, W. L., & Hansson, R. O. (1991). Assessing the social components of retirement anxiety. *Psychology and Aging, 6*(1), 76–85. https://doi.org/10.1037/0882-7974.6.1.76
Flückiger, C., Wüsten, G., Zinbarg, R. E., & Wampold, B. E. (2010). *Resource activation*. Hogrefe.
Fretz, B. R., Kluge, N. A., Ossana, S. M., Jones, S. M., & Merikangas, M. W. (1989). Intervention targets for reducing preretirement anxiety and depression. *Journal of Counseling Psychology, 36*(3), 301–307. https://doi.org/10.1037/0022-0167.36.3.301
Froidevaux, A., Hirschi, A., & Wang, M. (2016). The role of mattering as an overlooked key challenge in retirement planning and adjustment. *Journal of Vocational Behavior, 94*, 57–69. https://doi.org/10.1016/j.jvb.2016.02.016
Furukawa, T. A., Noma, H., Caldwell, D. M., Honyashiki, M., Shinohara, K., Imai, H., et al. (2014). Waiting list may be a nocebo condition in psychotherapy trials: A contribution from network meta-analysis. *Acta Psychiatrica Scandinavica, 130*, 181–192.
Gall, T. L., Evans, D. R., & Howard, J. (1997). The retirement adjustment process: Changes in the well-being of male retirees across time. *The Journals of Gerontology: Series B: Psychological Sciences and Social Sciences, 52B*(3), 110–117. https://doi.org/10.1093/geronb/52B.3.P110
Gana, K., Blaison, C., Boudjemadi, V., Mezred, D., K'Delant, P., Trouillet, R., . . . Fort, I. (2009). Étude de quelques déterminants del'anxiété face au passage à la retraite. Canadian Journal of Behavioural Science/Revue canadienne des sciences du comportement, 41 (4), 260–271.
Gassmann, D., & Grawe, K. (2006). General change mechanisms: The relation between problem activation and resource activation in successful and unsuccessful therapeutic interactions. *Clinical Psychology & Psychotherapy, 13*(1), 1–11. https://doi.org/10.1002/cpp.442
Gee, S., & Baillie, J. (1999). Happily ever after? An exploration of retirement expectations. *Educational Gerontology, 25*(2), 109–128.
George, L. K. (1993). Sociological perspectives on life transitions. *Annual Review of Sociology, 19*, 353–373. https://doi.org/10.1146/annurev.so.19.080193.002033
Glamser, F. D., & DeJong, G. F. (1975). The efficacy of preretirement preparation programs for industrial workers [based on conference paper]. *Journal of Gerontology, 30*(5), 595–600.
Gollwitzer, P. M. (1999). Implementation intentions: Strong effects of simple plans. *American Psychologist, 54*(7), 493–503. https://doi.org/10.1037/0003-066X.54.7.493
Gollwitzer, P. M., & Sheeran, P. (2006). Implementation intentions and goal achievement: A meta-analysis of effects and processes. In M. P. Zanna & M. P. Zanna (Hrsg.), *Advances in experimental social psychology* (Bd. 38, S. 69–119). Elsevier Academic Press.
Goodman, J., Schlossberg, N. K., & Anderson, M. L. (2006). *Counseling adults in transition: Linking practice with theory* (3. Aufl.). Springer Publishing Co.
Grant, A. M. (2003). The impact of life coaching on goal attainment, metacognition and mental health. *Social Behavior and Personality, 31*(3), 253–264. https://doi.org/10.2224/sbp.2003.31.3.253
Grassinger, U., & Kunze, T. (2011). Evaluation eines Coaching-Programms für Schüler: Life Coaching im Bildungskontext. Unveröffentlichte Bachelorarbeit, Universität Heidelberg.
Grawe, K. (2004). *Psychological therapy*. Hogrefe & Huber Publishers.

Green, S., Oades, L. G., & Grant, A. M. (2005). An evaluation of a life-coaching group program: Initial findings from a waitlist control study. In M. Cavanagh, A. M. Grant, & T. Kemp (Hrsg.), *Evidence-based coaching, Vol 1: Theory, research and practice from the behavioural sciences* (S. 127–141). Australian Academic Press.

Green, S., Oades, L. G., & Grant, A. M. (2006). Cognitive-behavioral, solution-focused life coaching: Enhancing goal striving, well-being, and hope. *The Journal of Positive Psychology, 1*(3), 142–149. https://doi.org/10.1080/17439760600619849

Greene, G. W., Redding, C. A., Prochaska, J. O., Paiva, A. L., Rossi, J. S., Velicer, W. F., et al. (2013). Baseline transtheoretical and dietary behavioral predictors of dietary fat moderation over 12 and 24 months. *Eating Behaviors, 14*(3), 255–262. https://doi.org/10.1016/j.eatbeh.2013.01.014

Gutierrez, H. C., & Hershey, D. A. (2013). Impact of retirement worry on information processing. *Journal of Neuroscience, Psychology, and Economics, 6*(4), 264–277. https://doi.org/10.1037/npe0000013

Halbesleben, J. R. B., Neveu, J.-P., Paustian-Underdahl, S. C., & Westman, M. (2014). Getting to the "COR". *Journal of Management, 40*(5), 1334–1364. https://doi.org/10.1177/0149206314527130

Haug, S., Gabriel, C., Flückiger, C., & Kordy, H. (2010). Ressourcenaktivierung bei Patienten. *Psychotherapeut, 55*(2), 128–135.

Hautzinger, M., & Bailer, M. (1993). Allgemeine Depressions Skala. Manual. Göttingen: Beltz Test GmbH.

Hayes, A. F. (2009). Beyond Baron and Kenny: Statistical mediation analysis in the new millennium. Communication Monographs, 76(4), 408–420. https://doi.org/10.1080/03637750903310360

Hayslip, B., Jr., Beyerlein, M., & Nichols, J. A. (1997). Assessing anxiety about retirement: The case of academicians. *The International Journal of Aging & Human Development, 44*(1), 15–36. https://doi.org/10.2190/BY4B-HMQA-RDY1-HF5B

Heaven, B., Brown, L. J. E., White, M., Errington, L., Mathers, J. C., & Moffatt, S. (2013). Supporting well-being in retirement through meaningful social roles: Systematic review of intervention studies. *Milbank Quarterly, 91*(2), 222–287.

Heckhausen, J., Wrosch, C., & Schulz, R. (2010). A motivational theory of life-span development. *Psychological Review, 117*(1), 32–60. https://doi.org/10.1037/a0017668

Henkens, K., & Tazelaar, F. (1997). Explaining retirement decisions of civil servants in the Netherlands: Intentions, behavior, and the discrepancy between the two. *Research on Aging, 19*(2), 139–173. https://doi.org/10.1177/0164027597192001

Hershey, D. A., Mowen, J. C., & Jacobs-Lawson, J. M. (2003). An experimental comparison of retirement planning intervention seminars. *Educational Gerontology, 29*(4), 339–359. https://doi.org/10.1080/713844333

Heybroek, L., Haynes, M., & Baxter, J. (2015). Life satisfaction and retirement in Australia: A longitudinal approach. *Work, Aging and Retirement, 1*(2), 166–180.

Hobfoll, S. E. (1989). Conservation of resources: A new attempt at conceptualizing stress. *American Psychologist, 44*(3), 513–524. https://doi.org/10.1037/0003-066X.44.3.513

Hobfoll, S. E. (2002). Social and psychological resources and adaptation. *Review of General Psychology, 6*(4), 307–324. https://doi.org/10.1037/1089-2680.6.4.307

Hobfoll, S. E., & Wells, J. D. (1998). Conservation of resources, stress, and aging: Why do some slide and some spring? In J. Lomranz & J. Lomranz (Hrsg.), *Handbook of aging and mental health: An integrative approach* (S. 121–134). Plenum Press.

Kabat-Zinn, J. (2013). *Achtsamkeit für Anfänger*. Arbor.

Kim, J., Kwon, J., & Anderson, E. A. (2005). Factors related to retirement confidence: Retirement preparation and workplace financial education. *Financial Counseling and Planning, 16*(2), 77–89.

Kim, J. E., & Moen, P. (2002). Retirement transitions, gender, and psychological well-being: A life-course, ecological model. *The Journals of Gerontology: Series B: Psychological Sciences and Social Sciences, 57B*(3), 212–222. https://doi.org/10.1093/geronb/57.3.P212

Kim, S., & Feldman, D. C. (2000). Working in retirement: The antecedents of bridge employment and its consequences for quality of life in retirement. *Academy of Management Journal, 43*(6), 1195–1210. https://doi.org/10.2307/1556345

Kloep, M., & Hendry, L. B. (2007). Retirement: A new beginning? *The Psychologist, 20*(12), 742–745.

Koivisto, P., Vuori, J., & Nykyri, E. (2007). Effects of the school-to-work group method among young people. *Journal of Vocational Behavior, 70*(2), 277–296. https://doi.org/10.1016/j.jvb.2006.12.001

Kornadt, A. E., Voss, P., & Rothermund, K. (2015). Hope for the best, prepare for the worst? Future self-views and preparation for age-related changes. *Psychology and Aging, 30*(4), 967–976. https://doi.org/10.1037/pag0000048

Körner, A., Geyer, M., Roth, M., Drapeau, M., Schmutzer, G., Albani, C., . . . Brähler, E. (2008). Persönlichkeitsdiagnostik mit dem NEO-Fünf-Faktoren-Inventar: Die 30-Item-Kurzversion (NEO-FFI-30). Psychotherapie Psychosomatik Medizinische Psychologie, 58, 238–245. https://doi.org/10.1055/s-2007-986199

Kubicek, B., Korunka, C., Raymo, J. M., & Hoonakker, P. (2011). Psychological well-being in retirement: The effects of personal and gendered contextual resources. *Journal of Occupational Health Psychology, 16*(2), 230–246. https://doi.org/10.1037/a0022334

Latif, E. (2011). The impact of retirement on psychological well-being in Canada. *The Journal of Socio-Economics, 40*(4), 373–380. https://doi.org/10.1016/j.socec.2010.12.011

Leung, C. S. Y., & Earl, J. K. (2012). Retirement resources inventory: Construction, factor structure and psychometric properties. *Journal of Vocational Behavior, 81*(2), 171–182. https://doi.org/10.1016/j.jvb.2012.06.005

Locke, E. A., & Latham, G. P. (1990). *A theory of goal-setting and task performance*. Prentice Hall.

Löckenhoff, C. E., Terracciano, A., & Costa, P. T., Jr. (2009). Five-factor model personality traits and the retirement transition: Longitudinal and cross-sectional associations. *Psychology and Aging, 24*(3), 722–728. https://doi.org/10.1037/a0015121

Lyubomirsky, S., & Layous, K. (2013). How do simple positive activities increase well-being? *Current Directions in Psychological Science, 22*(1), 57–62. https://doi.org/10.1177/0963721412469809

Lyubomirsky, S., Dickerhoof, R., Boehm, J. K., & Sheldon, K. M. (2011). Becoming happier takes both a will and a proper way: An experimental longitudinal intervention to boost well-being. *Emotion, 11*(2), 391–402. https://doi.org/10.1037/a0022575

Maertz, C. P., & Boyar, S. L. (2011). Work–family conflict, enrichment, and balance under "Levels" and "Episodes" approaches. *Journal of Management, 37*(1), 68–98.

Mariappanadar, S. (2013). Do retirement anxieties determine bridge employment preference?: A study among pre-retirees in the Australian construction industry. *Personnel Review, 42*(2), 176–204. https://doi.org/10.1108/00483481311309375

Matthews, A. M., Brown, K. H., Davis, C. K., & Denton, M. A. (1982). A crisis assessment technique for the evaluation of life events: Transition to retirement as an example. *Canadian Journal on Aging, 1*(3–4), 28–39. https://doi.org/10.1017/S071498080001360X

Mayring, P. (2000). Pensionierung als Krise oder Glücksgewinn? Ergebnisse aus einer quantitativ–qualitativen Längsschnittuntersuchung. *Zeitschrift für Gerontologie und Geriatrie, 33*(2), 124–133. https://doi.org/10.1007/s003910050168

Mein, G., Martikainen, P., Hemingway, H., Stansfeld, S., & Marmot, M. (2003). Is retirement good or bad for mental and physical health functioning? Whitehall II longitudinal study of civil servants. *Journal of Epidemiology and Community Health, 57*(1), 46–49. https://doi.org/10.1136/jech.57.1.46

Michel, A., Bosch, C., & Rexroth, M. (2014). Mindfulness training and its effects on well-being and work-life-balance. *Journal of Occupational and organizational Psychology, 87*, 733–754. https://doi.org/10.1111/joop.12072

Newman, D. A., Jeon, G., & Hulin, C. L. (2013). Retirement Attitudes: Considering Etiology, Measurement, Attitude-Behavior Relationships and Attitudinal Ambivalence. In M. Wang (Ed.), The Oxford Handbook of Retirement (pp. 228–248). New York: Oxford University Press.

Norcross, J. C., Krebs, P. M., & Prochaska, J. O. (2011). Stages of change. *Journal of Clinical Psychology, 67*(2), 143–154. https://doi.org/10.1002/jclp.20758

Nuttman-Shwartz, O. (2004). Like a high wave: Adjustment to retirement. *The Gerontologist, 44*(2), 229–236. https://doi.org/10.1093/geront/44.2.229

Osborne, J. W. (2012). Psychological effects of the transition to retirement. *Canadian Journal of Counselling and Psychotherapy, 46*(1), 45–58.

Paukert, A. L., Pettit, J. W., Kunik, M. E., Wilson, N., Novy, D. M., Rhoades, H. M., et al. (2010). The roles of social support and self-efficacy in physical health's impact on depressive and anxiety symptoms in older adults. *Journal of Clinical Psychology in Medical Settings, 17*(4), 387–400. https://doi.org/10.1007/s10880-010-9211-6

Peila-Shuster, J. J. (2011). Retirement self-efficacy: The effects of a pre-retirement strengths-based intervention on retirement self-efficacy and an exploration of relationships between positive affect and retirement self-efficacy. Dissertation Abstracts International: Section B: The Sciences and Engineering. ProQuest Information & Learning. Retrieved from http://www.redi-bw.de/db/ebsco.php/search.ebscohost.com/login.aspx?direct=true&db=psyh&AN=2012-99100-020&site=ehost-live Available from EBSCOhost psyh database.

Peila-Shuster, J. J. (2012). Retirement self-efficacy: The effects of a pre-retirement strengths-based intervention on retirement self-efficacy and an exploration of relationships between positive affect and retirement self-efficacy [ProQuest Information & Learning]. *Dissertation Abstracts International: Section B: The Sciences and Engineering, 72*(11–B), 7086. http://www.redi-bw.de/db/ebsco.php/search.ebscohost.com/login.aspx?direct=true&db=psyh&AN=2012-99100-020&site=ehost-live. Zugegriffen am 18.04.2023. Available from EBSCOhost psyh database.

Petkoska, J., & Earl, J. K. (2009). Understanding the influence of demographic and psychological variables on retirement planning. Psychology and Aging, 24(1), 245–251. https://doi.org/10.1037/a0014096

Pinquart, M., & Schindler, I. (2007). Changes of life satisfaction in the transition to retirement: A latent-class approach. *Psychology and Aging, 22*(3), 442–455. https://doi.org/10.1037/0882-7974.22.3.442

Prochaska, J. M., Prochaska, J. O., Cohen, F. C., Gomes, S. O., Laforge, R. G., & Eastwood, A. L. (2004). The transtheoretical model of change for mutli-level interventions for alcohol abuse on campus. *Journal of Alcohol and Drug Education, 47*(3), 34–50.

Quine, S., Wells, Y., de Vaus, D., & Kendig, H. (2007). *When choice in retirement decisions is missing: Qualitative and quantitative findings of impact on well-being*. Blackwell Publishing.

Reitzes, D. C., & Mutran, E. J. (2004). Transition to retirement: Stages and factors that influence retirement adjustment. *International Journal of Aging & Human Development, 59*(1), 63–84.

Richardson, V., & Kilty, K. M. (1991). Adjustment to retirement: Continuity vs. discontinuity. *The International Journal of Aging & Human Development, 33*(2), 151–169. https://doi.org/10.2190/6rpt-u8gn-vucv-p0tu

Riley, M. W., & Riley, J. W., Jr. (1994). Structural lag: Past and future. In M. W. Riley, R. L. Kahn, A. Foner, & K. A. Mack (Hrsg.), *Age and structural lag: Society's failure to provide meaningful opportunities in work, family, and leisure* (S. 15–36). John Wiley & Sons.

Robinson, O. C., Demetre, J. D., & Corney, R. (2010). Personality and retirement: Exploring the links between the big five personality traits, reasons for retirement and the experience of being retired. *Personality and Individual Differences, 48*(7), 792–797. https://doi.org/10.1016/j.paid.2010.01.014

Rosenkoetter, M. M., & Garris, J. M. (2001). Retirement planning, use of time, and psychosocial adjustment. *Issues in Mental Health Nursing, 22*(7), 703–722. https://doi.org/10.1080/016128401750434491

Schlossberg, N. K. (2009). *Revitalizing retirement: Reshaping your identity, relationships, and purpose*. American Psychological Association.

Schmidt, J. A., & Lee, K. (2008). *Voluntary retirement and organizational turnover intentions: The differential associations with work and non-work commitment constructs*. Springer Science + Business Media, Inc.

Seiferling, N. (2018). Otium ante portas!: Entwicklung und Evaluation einer ressourcen-orientierten Intervention zur Vorbereitung auf den Übergang in den Ruhestand. Heidelberg. (Online verfügbar über: https://www.ub.uni-heidelberg.de/archiv/26355; abgerufen am 23.08.2022). https://doi.org/10.11588/heidok.00026355

Seiferling, N. (2019). *Otium ante portas!: Entwicklung und Evaluation einer ressourcen-orientierten Intervention zur Vorbereitung auf den Übergang in den Ruhestand*. Heidelberg. http://www.ub.uni-heidelberg.de/archiv/26355; https://doi.org/10.11588/heidok.00026355. Zugegriffen am 23.08.2022.

Seiferling, N., & Michel, A. (2017). Building resources for retirement transition: Effects of a resource-oriented group intervention on retirement cognitions and emotions. *Work, Aging and Retirement, 3*(4), 325–342. https://doi.org/10.1093/workar/wax011

Seiferling, N., & Michel, A. (2022). Gestaltung von Interventionen für ältere Beschäftigte und Gestaltung des Übergangs in den Ruhestand. In A. Michel A. & A. Hoppe A. (Hrsg.), Handbuch Gesundheitsförderung bei der Arbeit. Springer. https://doi.org/10.1007/978-3-658-28654-5_9-1

Seligman, M. E. P., & Csikszentmihalyi, M. (2000). Positive psychology: An introduction. *American Psychologist, 55*(1), 5–14. https://doi.org/10.1037/0003-066X.55.1.5

Shultz, K. S., & Wang, M. (2011). Psychological perspectives on the changing nature of retirement. *American Psychologist, 66*(3), 170–179. https://doi.org/10.1037/a0022411

Snyder, C. R. (2002). Hope theory: Rainbows in the mind. *Psychological Inquiry, 13*(4), 249–275.

Snyder, C. R., Sympson, S. C., Ybasco, F. C., Borders, T. F., Babyak, M. A., & Higgins, R. L. (1996). Development and validation of the state hope scale. *Journal of Personality and Social Psychology, 70*(2), 321–335.

van Solinge, H. (2013). Adjustment to retirement. In M. Wang (Hrsg.), *The Oxford handbook of retirement* (S. 311–324). Oxford University Press.

van Solinge, H., & Henkens, K. (2005). Couples' adjustment to retirement: A multi-actor panel study. *The Journals of Gerontology: Series B: Psychological Sciences and Social Sciences, 60B*(1), 11–20. https://doi.org/10.1093/geronb/60.1.S11

van Solinge, H., & Henkens, K. (2008). Adjustment to and satisfaction with retirement: Two of a kind? *Psychology and Aging, 23*(2), 422–434. https://doi.org/10.1037/0882-7974.23.2.422

Statistisches Bundesamt. (2015). *Bevölkerung Deutschlands bis 2060. 13. koordinierte Bevölkerungsvorausberechnung*. Wiesbaden: Statistisches Bundesamt. https://www.destatis.de/DE/Publikationen/Thematisch/Bevoelkerung/VorausberechnungBevoelkerung/BevoelkerungDeutschland2060Presse5124204159004.pdf?__blob=publicationFile). Zugegriffen am 11.02.2018.

Statistisches Bundesamt. (2022). *Demografischer Wandel.* https://www.destatis.de/DE/Themen/Querschnitt/Demografischer-Wandel/_inhalt.html. Zugegriffen am 31.08.2022.

Statistisches Bundesamt. (2022). *14. Koordinierte Bevölkerungsvorausberechnung für Deutschland.* https://service.destatis.de/bevoelkerungspyramide/index.html. Zugegriffen am 31.08.2022.

Storch, M., Gaab, J., Küttel, Y., Stüssi, A.-C., & Fend, H. (2007). Psychoneuroendocrine effects of resource-activating stress management training. *Health Psychology, 26*(4), 456–463. https://doi.org/10.1037/0278-6133.26.4.456

Taylor, M. A., & Schaffer, M. (2013). Planning and adaptation to retirement: The post-retirement environment, change management resources, and need-oriented factors as moderators. In M. Wang & M. Wang (Hrsg.), *The Oxford handbook of retirement* (S. 249–266). Oxford University Press.

Taylor, M. A., & Shore, L. M. (1995). *Predictors of planned retirement age: An application of Beehr's model.* American Psychological Association.

Taylor, M. A., Goldberg, C., Shore, L. M., & Lipka, P. (2008). The effects of retirement expectations and social support on post-retirement adjustment: A longitudinal analysis. *Journal of Managerial Psychology, 23*(4), 458–470. https://doi.org/10.1108/02683940810869051

Taylor-Carter, M. A., & Cook, K. (1995). Adaptation to retirement: Role changes and psychological resources. *The Career Development Quarterly, 44*(1), 67–82.

Taylor-Carter, M. A., Cook, K., & Weinberg, C. (1997). Planning and expectations of the retirement experience. *Educational Gerontology, 23*(3), 273–288. https://doi.org/10.1080/0360127970230306

Thiele, G. (2017). *Selektive Optimierung mit Kompensation (SOK) nach Baltes & Baltes 1990* [online]. Altenarbeit.info. Bonn: socialnet GmbH. https://www.altenarbeit.info/sok-modell.html. Zugegriffen 10.10.2022.

Topa, G., & Alcover, C.-M. (2015). Psychosocial factors in retirement intentions and adjustment: A multi-sample study. *The Career Development International, 20*(4), 384–408. https://doi.org/10.1108/CDI-09-2014-0129

Topa, G., Moriano, J. A., Depolo, M., Alcover, C.-M., & Morales, J. F. (2009). Antecedents and consequences of retirement planning and decision-making: A meta-analysis and model. *Journal of Vocational Behavior, 75*(1), 38–55. https://doi.org/10.1016/j.jvb.2009.03.002

United Nations, Department of Economic and Social Affairs, Population Division. (2017). *World population prospects: The 2017 revision, key findings and advance tables* (Working paper no. ESA/P/WP/248). https://esa.un.org/unpd/wpp/Publications/Files/WPP2017_KeyFindings.pdf. Zugegriffen am 11.02.2018.

van Solinge, H. (2007). Health change in retirement: A longitudinal study among older workers in the Netherlands. Research on Aging, 29 (3), 225–256. https://doi.org/10.1177/0164027506298223

Vuori, J., Price, R. H., Mutanen, P., & Malmberg-Heimonen, I. (2005). Effective group training techniques in job-search training. *Journal of Occupational Health Psychology, 10*(3), 261–275. https://doi.org/10.1037/1076-8998.10.3.261

Vuori, J., Toppinen-Tanner, S., & Mutanen, P. (2012). Effects of resource-building group intervention on career management and mental health in work organizations: Randomized controlled field trial. *Journal of Applied Psychology, 97*(2), 273–286. https://doi.org/10.1037/a0025584

Wahl, H.-W. (2017). *Die neue Psychologie des Alterns: überraschende Erkenntnisse über unsere längste Lebensphase*. Kösel.

Wang, M. (2007). Profiling retirees in the retirement transition and adjustment process: Examining the longitudinal change patterns of retirees' psychological well-being. *Journal of Applied Psychology, 92*(2), 455–474. https://doi.org/10.1037/0021-9010.92.2.455

Wang, M., & Shi, J. (2014). Psychological research on retirement. *Annual Review of Psychology, 65*, 209–233. https://doi.org/10.1146/annurev-psych-010213-115131

Wang, M., & Shultz, K. S. (2010). Employee Retirement: A Review and Recommendations for Future Investigation. Journal of Management, 36 (1), 172-206. https://doi.org/10.1177/0149206309347957

Wang, M., Zhan, Y., Liu, S., & Shultz, K. S. (2008). Antecedents of bridge employment: A longitudinal investigation. *Journal of Applied Psychology, 93*(4), 818–830. https://doi.org/10.1037/0021-9010.93.4.818

Wang, M., Henkens, K., & van Solinge, H. (2011). Retirement adjustment: A review of theoretical and empirical advancements. *American Psychologist, 66*(3), 204–213. https://doi.org/10.1037/a0022414

Wehrle, M. (2016). *Die 100 besten Coaching-Übungen: das große Workbook für Einsteiger und Profis zur Entwicklung der eigenen Coaching-Fähigkeiten* (9. Aufl.). managerSeminare Verlags GmbH.

Wendlandt, H. (Produzent) & von Bülow, V. (Regisseur) (1991). *Pappa ante Portas*. Berlin/München: Rialto Film GmbH/Bavaria Filmproduktion GmbH.

Wetzel, M., Huxhold, O., & Tesch-Römer, C. (2015). Transition into retirement affects life satisfaction: Short- and long-term development depends on last labor market status and education. *Social Indicators Research, 125*(3), 991–1009. https://doi.org/10.1007/s11205-015-0862-4

Wong, J. Y., & Earl, J. K. (2009). Towards an integrated model of individual, psychosocial, and organizational predictors of retirement adjustment. *Journal of Vocational Behavior, 75*(1), 1–13. https://doi.org/10.1016/j.jvb.2008.12.010

Yeung, D. Y. (2013). Is pre-retirement planning always good? An exploratory study of retirement adjustment among Hong Kong Chinese retirees. *Aging & Mental Health, 17*(3), 386–393. https://doi.org/10.1080/13607863.2012.732036

Zaniboni, S. (2015). The interaction between older workers' personal resources and perceived age discrimination affects the desired retirement age and the expected adjustment. *Work, Aging and Retirement, 1*(3), 266–273.

Zhan, Y., Wang, M., Liu, S., & Shultz, K. S. (2009). Bridge employment and retirees' health: A longitudinal investigation. *Journal of Occupational Health Psychology, 14*(4), 374–389. https://doi.org/10.1037/a0015285

GPSR Compliance

The European Union's (EU) General Product Safety Regulation (GPSR) is a set of rules that requires consumer products to be safe and our obligations to ensure this.

If you have any concerns about our products, you can contact us on ProductSafety@springernature.com

In case Publisher is established outside the EU, the EU authorized representative is:

Springer Nature Customer Service Center GmbH
Europaplatz 3
69115 Heidelberg, Germany

Batch number: 10852849

Printed by Printforce, the Netherlands